Les Juifs et le divorce

Gabrielle Atlan

Les Juifs et le divorce

Droit, histoire et sociologie du divorce

Préface du Pr. Jean Carbonnier

PETER LANG
Bern · Berlin · Bruxelles · Frankfurt am Main · New York · Oxford · Wien

Information bibliographique publiée par «Die Deutsche Nationalbibliothek»
«Die Deutsche Nationalbibliothek» répertorie cette publication dans la «Deutsche Nationalbibliografie»; les données bibliographiques détaillées sont disponibles sur Internet sous ‹http://dnb.d-nb.de›.

Ouvrage publié avec le concours de la Fondation Rothschild – Institut Alain de Rothschild.

ISBN 3-906769-17-8

Hochfeldstrasse 32, CH-3012 Berne
info@peterlang.com, www.peterlang.com, www.peterlang.net

Imprimé en Allemagne

La vie est simple pour ceux qui ne
cherchent pas à comprendre, soit parce
qu'ils sont très naïfs, soit parce qu'ils sont
très intelligents. Mais ceux qui ne
sont ni assez naïfs, ni assez intelligents,
ne trouveront aucune réponse
à leurs questions.

S. J. 'Agnon
Prix Nobel de Littérature

Remerciements

Toute ma reconnaissance va à mon directeur de thèse, M. le professeur Joseph Tedghi qui, avec une patience et un dévouement jamais démentis, a toujours su me guider et m'encourager.

Ma profonde gratitude à M. le professeur Jean Carbonnier qui m'a fait l'honneur de présider mon jury de thèse et de préfacer cet ouvrage.

Mes sincères remerciements à M. le Grand rabbin M. Gugenheim qui m'a accordé toute sa confiance en me permettant d'étuder les dossiers de divorces religieux du Tribunal Rabbinique de Paris.

Je remercie également M. le Grand rabbin A. Goldman, Mrs R. Ayoun, A. Benamron, J. Dukan, S. Ibgui, S. Malka, H. Perez, M. Serfaty, F. Gogenheim, K. Askar, Mmes J. Allouche-Benayoun, D. Bensimon, et Mme Z. Derhi.

Je tiens également à remercier la Fondation Zanéa et Cobilovici qui m'a octroyé son Prix en 1999, ainsi que la Fondation Rothschild – Institut Alain de Rothschild qui a généreusement contribué à la publication de ce livre.

Enfin, toute mon affection à mes chers parents qui n'ont eu de cesse de m'encourager tout au long de mes études et de ma carrière. Ils méritent plus de gratitude que je ne peux l'exprimer.

A mon frère Aimé et ma soeur Mady qui, avec leurs compétences, leur intelligence et leur complicité, m'ont conseillée et aidée durant les différentes étapes de ce travail.

Table des matières

Préface

J'avais eu grand plaisir à rajeunir mes contacts passablement rouillés avec les Langues Orientales en présidant, à l'ombre de l'Institut national où elles sont savamment enseignées et pratiquées, la thèse de doctorat de Gabrielle Atlan. Mais c'était aussi que cette thèse, dont l'auteur a été promu depuis Maître de Conférences à l'Institut, présentait tous les attraits d'une exceptionnelle interdisciplinarité, puisqu'elle faisait cohabiter – pour ne citer que deux extrêmes dans le temps, avec une traduction inédite et annotée de Maïmonide, une analyse sociologique tirée des dossiers du tribunal rabbinique de Paris pour les années 1993-1996. De la diversité des approches, un sujet va se dégager et se préciser progressivement: le divorce dans la tradition juive. C'est un sujet important pour toutes les communautés juives d'aujourd'hui. Non pas qu'il faille mettre ce divorce à la même hauteur que le mariage, par un automatisme mental de symétrie où, dans le divorce du Code civil, par exemple, l'image du lien rompu évoque invinciblement celle du lien noué. Le divorce dans la tradition juive est une institution autonome, ne serait-ce que parce qu'elle a sa source au plus profond de la *Torah.*

Cependant, objectera-t-on, n'est-il pas paradoxal de placer au cœur des normes familiales celles qui sont destinées précisément à dissoudre la famille ? Peut-être, mais on ne doit pas croire, pour autant, que la famille peut être vécue exclusivement sur le mode optimiste. La dissociation, la séparation, la distanciation sont des phénomènes qui rythment couramment cette vie. C'est même pour ces ruptures que la société a besoin de lois, de tribunaux – besoin du droit. Les moments d'harmonie peuvent s'en dispenser.

Je forme le vœu augural qu'en passant d'une ronéotypie confidentielle à la publication imprimée, la thèse de Gabrielle Atlan attire sur elle de nouvelles cohortes de lecteurs, venus de tous horizons, et pourquoi pas ces lecteurs à venir que je puis deviner le mieux, parce qu'ils ont été nourris de la même culture que je l'ai été, la culture juridique, celle que toute faculté de droit est censée distiller, en particulier sur le divorce, sa procédure, son histoire, voire sa *lex ferenda* au gré des heures de cours.

Nul doute que de leur rencontre avec le divorce de la tradition juive, chacun d'eux engrangera l'enrichissement intellectuel qui peut être escompté d'un comparatisme classique. Mais, à la vérité, j'en attends davantage : au-delà d'un constat flegmatique des différences et des ressemblances, des suggestions pour aller plus loin, comme autant de flèches dans la direction de champs encore inexplorés, que ce soit dans l'un ou l'autre des deux systèmes juridiques, bien que plus fréquemment, je le reconnais, dans le système du Code civil. Dès la première lecture que j'ai faite du travail de Gabrielle Atlan, j'ai été frappé de son pouvoir de suggestion. Me sera-t-il permis d'en donner pour preuve quelques cas où je me serais facilement laissé entraîner à suivre ou même à développer ce qui n'était qu'une ouverture fugitive de mon imagination ?

Nos tribunaux civils n'ignorent pas le *geṭ*, car il leur est arrivé, dans des procès internationaux relevant de la loi personnelle du mari, de se heurter à un refus de *geṭ*, et ils se sont efforcés de surmonter l'obstacle en appliquant tant bien que mal à la situation une théorie générale du droit civil (telle la théorie de l'abus du droit). Mais ce sont des moyens très académiques, sans commune mesure avec l'ampleur du phénomène social qu'a fait surgir la multiplication des femmes victimes du déni de *geṭ*, les *agunot* (comme on les appelle). On n'échappe pas, toutefois, à une question préalable : quelle est la nature du *geṭ* ? C'est un acte, dit-on, un acte juridique. Dans le vocabulaire le plus courant, l'acte juridique est une manifestation de volonté destinée à produire des effets de droit. Mais, dans une doctrine moderne, on enseigne qu'il existe, au-dessous des manifestations de volonté et d'une substance plus molle, des manifestations de sentiment. Ainsi aurait pu s'expliquer l'article 146 du Code Napoléon – il n'y a pas de mariage lorsqu'il n'y a point de consentement – consentement, duo de sentiments. Une certaine lecture des versets (24, 1-4) du Deutéronome dans les versets qui ont fondé le divorce suggérerait de nuancer dans le même sens la notion de l'acte juridique : il s'agit de l'incise «si elle cesse de lui plaire» qui semble bien faire reposer le *geṭ* sur une déclaration de *désamour*.

Les pages consacrées à l'histoire du divorce juif le long du XIXe siècle et jusqu'à la veille du XXIe sont parmi les plus attachantes du livre, d'autant que cette histoire se trouve mêlée à l'histoire de France, rythmée par les propres tribulations du divorce du Code civil. Gabrielle Atlan a eu raison de souligner l'importance historique du Grand Sanhédrin de 1807. Son équivoque aussi: car les uns l'interpréteront comme un renoncement patriotique à des privilèges superfétatoires (sur le modèle de ceux dont les classes privilégiées avaient voté l'abolition dans la nuit du 4 août). Mais, pour d'autres, et leur nombre s'est peut-être accru de nos jours avec la vogue du concept de communautarisation: il se serait agi d'une déculturation violente opérée par un souverain totalitaire. La Révolution n'avait-elle pas déjà déculturé la population catholique en refoulant le droit canon de la sphère qu'il occupait? Ce qui est probable, en tous cas, c'est que s'il y eut une résistance à l'intégration, elle devait se situer dans le divorce, plutôt que dans le mariage. Les mariages religieux ont pu coexister avec le mariage civil, sauf à lui concéder la primauté dans les célébrations. Le divorce dans la tradition juive, au contraire, avait une structure qui ne pouvait s'emboîter dans le divorce du Code civil.

Napoléon, sinon le Sanhédrin, avait cru légiférer pour l'éternité. Mais en 1815, l'empereur est déchu, la monarchie catholique restaurée. Si Louis XVIII avait promis de maintenir le Code civil, il s'était réservé le droit d'abolir le divorce condamné par l'Eglise. L'abolition fut accomplie en 1816, et dès lors les incertitudes surgirent. La déclaration de 1807 n'avait-elle été consentie qu'à Napoléon *intuitu personae,* ou continuait-elle à faire partie du droit public de la Nation? Interdiction était faite aux rabbins de célébrer une remise de *geṭ* tant que ne leur serait pas produite la preuve d'un divorce civil. Littéralement, cela pouvait garder un sens après l'abolition du divorce, car, par force, il était clair que jamais cette preuve ne leur serait produite. On aurait pu, néanmoins, argumenter différemment: l'abolition du divorce civil n'aurait concerné que les couples catholiques ou, à la rigueur, chrétiens, la remise du *geṭ* conservant sa force coutumière dans les communautés juives de France. Ce serait une recherche à faire sur la vie de ces communautés dans la période de 1816-1884 : une pratique plus ou moins publique du *geṭ* y a-t-elle été çà ou là attestée, qui ne prétendait pas à des conséquences de droit civil ?

Advint la IIIe République. Il est de vérité historique que des personnalités d'origine juive (comme du reste d'origine protestante, autre minorité) contribuèrent à l'implantation du régime : Adolphe Crémieux (1796-1880) qui, en 1870, prit l'initiative capitale de conférer la citoyenneté française aux juifs d'Algérie ; plus effacé, quoique plusieurs fois ministre, le bordelais David Raynal (1840-1893) ; enfin, Alfred Naquet (de Carpentras, 1834-1916), personnage volatil, puisque, libertaire en sa jeunesse, il devint un suiveur du Général Boulanger et un nationaliste ardent, mais connu surtout comme le propagandiste, puis en 1884, l'acteur décisif du rétablissement du divorce. Il va de soi que ces républicains avaient conscience d'œuvrer pour l'ensemble du pays, que leurs vues réformistes s'ouvraient dans une perspective résolument laïque. Et même, l'action de Naquet ne fît que créer un grave embarras aux communautés juives. La société française n'était plus celle de 1807 : elle n'était plus disposée à accepter, en concurrence avec les facilités nouvelles du divorce civil, la présence d'un divorce confessionnel inégalitaire et discrétionnaire entre les mains du mari. Il faut admirer les efforts d'intelligence que déployèrent alors les rabbins français (d'où se détache la figure exceptionnelle du Grand Rabbin de France Zadoc Kahn, 1831-1905). A un moment où ils avaient de surcroît à gérer les séquelles de l'Affaire Dreyfus et les soucis de la Séparation des cultes et de l'Etat, ils tentèrent à maintes reprises – en vain, d'ailleurs – de réconcilier avec la loi mosaïque les aspirations d'une France laïcisée. Si même ils osèrent trop, leur audace était belle.

Lorsque les juristes formés par le droit romain sentent par trop la chape de plomb du droit positif, ils ont un moyen classique de s'en évader : c'est le recours au droit naturel comme à une instance de critique, d'appel, voire de cassation. Le droit naturel est un droit non écrit, qui coule de plus d'une fontaine historique : ainsi, Thomas d'Aquin chez les catholiques, les Lumières chez les protestants. C'est un droit immuable et commun à toute l'humanité. Cette universalité explique qu'on ait parfois vu l'équivalent d'un droit naturel judaïque dans l'alliance faite par Dieu avec Noé, au chapitre 9 de la Genèse, droit noachite comme on eût dit droit primitif. Mais, plus spontanément peut-être, c'est la protestation des prophètes qui a fait penser au droit naturel. Pour Renan, elle n'était que grognements d'attardés, nostalgiques d'une vie nomade ou à tout le moins rurale, débordés par les progrès d'une civilisation urbaine, marchande, où les divorces s'étaient par trop multipliés. De fait, sur le point précis du divorce, le cri de Malachie le prophète (2, 14) peut être perçu comme une condamnation désespérée du *geṭ :* « car haïssable est la répudiation ». Dans son livre, *L'essence du prophétisme*, en 1955, le philosophe André Neher avait rêvé d'un droit prophétique comme d'un droit supérieur au droit positif. Mais le définissant comme une rencontre de Dieu dans le temps absolu, il l'enveloppait d'une métaphysique propre à en entraver l'accès. On pourrait se demander – je ne saurais conclure – si l'idée même d'un droit naturel n'est pas incompatible avec le réalisme foncier de la loi mosaïque.

Jean Carbonnier
Professeur honoraire à l'Université de droit de Paris

Translittération de l’hébreu

א	= '	ל	= l
בּ	= b	מ	= m
ב	= v	נ	= n
ג	= g	ס	= s
ד	= d	ע	= `
ה	= h	פּ	= p
ו	= v	פ	= f
ז	= z	צ	= ṣ
ח	= ḥ	ק	= q
ט	= ṭ	ר	= r
י	= y	שׁ	= sh
כּ	= k	שׂ	= s
כ	= kh	ת	= t

Introduction

Objet d'une vaste législation, le divorce a connu depuis la plus haute Antiquité, une longue et profonde évolution dans l'histoire du droit hébraïque. Formellement attesté mais peu réglementé dans la Bible, il y est surtout vivement condamné par les Prophètes qui décrient sévèrement l'époux répudiateur.

A son tour, la Loi orale a établi à travers la *Mishnah* et le Talmud une réglementation très stricte de l'ensemble des lois matrimoniales, particulièrement celles du divorce.

Au Moyen Age, ces lois ont de nouveau connu de véritables mutations sous l'impulsion de rabbins décisionnaires sensibilisés par la fragilité du statut de la femme.

Régis exclusivement par le droit hébraïque jusqu'à la fin du XVIIIe siècle, les Juifs furent confrontés – avec l'Emancipation – à un grave dilemme d'ordre religieux, en Europe et plus précisément en France. Ces derniers se heurtent ainsi depuis maintenant plus d'un siècle, à de sérieux problèmes générés par l'institution du divorce civil et les conflits de lois qu'il engendre. L'incompatibilité de lois entre le divorce civil et le divorce religieux entraîne bien souvent des situations litigieuses dont les femmes sont généralement les premières victimes.

Ces questions qui mettent en cause l'ensemble de l'institution matrimoniale présentent un caractère critique pour l'avenir du judaïsme traditionnel. La perte d'intérêt pour les pratiques religieuses et particulièrement pour le divorce religieux, jugé archaïque, pénalise bien souvent la femme qui, sans le *geṭ*, ne peut obtenir un divorce complet et ne peut contracter une nouvelle union.

Outre l'aspect strictement religieux, le *geṭ* comporte également une large part d'affectivité dont les protagonistes tirent trop souvent profit, faisant de cet acte l'objet d'un ignoble chantage.

Interpellés par cette situation depuis le début du XIXe siècle, les rabbins n'ont eu de cesse de trouver des solutions pour venir en aide aux victimes du déni de *geṭ*. Pourtant en dépit de leur volonté et de leurs efforts, le problème reste inchangé à ce jour, car les lois sur le divorce juif sont d'origine biblique, c'est à dire immuables.

C'est dans ce contexte que j'ai voulu comprendre de quelle façon les juifs français – en phase avec la modernité – adhéraient à l'antique divorce religieux lorsqu'ils étaient confrontés à la dissolution de leur mariage. Cette question toujours d'actualité et dont l'enjeu religieux implique la communauté juive française dans son ensemble, a retenu mon intérêt et m'a entraînée dans une investigation sur ce sujet délicat ainsi qu'en témoignent les nombreuses polémiques qui régulièrement, traversent la communauté juive.

Cette étude est composée de trois parties distinctes néanmoins complémentaires et indissociables.

La première partie traite de l'évolution de la législation du mariage et du divorce juifs depuis l'époque biblique jusqu'au Moyen Age. Le mariage, son caractère et ses implications y sont abordés. En raison du lien logique entre le divorce et le mariage, il m'a semblé utile pour mieux en saisir la portée, d'exposer les grandes lignes qui président à l'union conjugale.

Examinant des *taqqanot* (ordonnances rabbiniques) datées de différentes époques et plus particulièrement celles édictées au Moyen Age, j'ai tenté de comprendre de quelle manière les docteurs de la Loi ont envisagé l'amélioration concrète du statut juridique de la femme; ces *taqqanot* marquant en effet une évolution décisive dans l'histoire de l'institution matrimoniale.

Toutefois, en dépit de l'importance accordée au statut de la femme, la loi mosaïque reconnaît exclusivement à l'homme le droit de dissoudre un mariage. La loi orale en revanche, confère à la femme le droit à la prérogative en matière de divorce. J'ai donc montré la méthode utilisée par les docteurs de la Loi pour limiter les droits de l'homme au divorce, en conférant à la femme un statut juridique très fort et en réglementant de façon très stricte les conditions et la procédure du divorce.

Conditionnée par l'histoire des communautés et des hommes qui la forgent, la *halakhah* – par essence en perpétuel mouvement – a fait l'objet de multiples entreprises de codification de la part de décisionnaires, depuis le Haut Moyen Age. J'ai donc dressé un rapide synopsis de l'évolution de la loi juive de l'époque du Talmud au Moyen Age.

Figure de proue du Judaïsme au Moyen Age, Maïmonide est l'un des trois grands codificateurs de la loi qui, avec R. Yisḥaq Elfasi *(Ha-Rif)* et R. Asher ben Yeḥyiel *(Ha-Rosh)*, ont inspiré au XVIe siècle R. Yosef Qaro, l'auteur du *Shulḥan 'arukh.* Ce code en vigueur jusqu'à ce jour a constitué, rappelons-le, la seule référence juridique des Juifs jusqu'à l'Emancipation.

La pratique du *geṭ* n'ayant subi aucune modification depuis des siècles, j'ai voulu savoir de quelle façon le divorce religieux était encore pratiqué par les Juifs français aujourd'hui. Cette partie, essentiellement sociologique, constitue le second volet de cette étude.

Grâce à une exploitation approfondie des dossiers de divorce établis au tribunal rabbinique de Paris sur une période de trois années consécutives (de juin 1993 à juin 1996), il m'a été possible de composer une photographie sociologique du divorce religieux en France aujourd'hui.

Les informations recueillies ont fait l'objet d'une étude comparative avec celles de l'I.N.S.E.E. (Institut national de la statistique et des études économiques), de l'I.N.E.D (Institut national d'études démographiques) et du ministère de la Justice à l'échelle nationale. Grâce aux statistiques réalisées, j'ai pu également dresser le « profil-type » des divorcés juifs français : leur âge au mariage et au divorce, leur origine géographique, leur lieu de résidence, leur statut socioprofessionnel, leur attitude à l'égard du mariage et du divorce religieux et plus généralement à l'égard des pratiques religieuses.

La troisième partie de ma recherche aborde les problèmes liés au changement de statut juridique des Juifs en Europe au lendemain de l'Emancipation. La fin du XVIIIe siècle marque en effet un tournant décisif dans l'évolution du statut matrimonial des Juifs. Jusqu'en 1792, année où le divorce civil fut institué, les Juifs jouissaient d'une grande autonomie juridique. Toutes les questions relatives au statut personnel étaient confiées aux juridictions religieuses. Seuls les rabbins étaient donc habilités à statuer en matière de mariage, de divorce et d'héritage.

Avec l'Emancipation, les Juifs devenus citoyens français à part entière, furent désormais soumis à deux juridictions – l'une civile et l'autre religieuse – pour contracter ou dissoudre un mariage. La dualité de ces deux juridictions entraîna les Juifs dans d'inextricables conflits de lois. Ainsi, dans ce chapitre, j'ai dans un premier temps montré en m'inspirant notamment de la presse juive de l'époque, l'attitude que les rabbins français et étrangers avaient adoptée pour tenter de résoudre les problèmes engendrés par l'apparition du divorce civil. J'ai ensuite porté mon attention sur les résolutions auxquelles sont parvenus les rabbins libéraux américains, ainsi que les rabbins marocains dans la première moitié du XXe siècle. J'ai tenté de comprendre pourquoi aucune résolution à caractère universel, émanant de rabbins traditionalistes ou orthodoxes n'avait été adoptée à ce jour pour résoudre le douloureux problème auquel les *'agunot* (femmes en attente de *geṭ*) étaient exposées et par ce biais, celui des *mamzerim* (enfants adultérins). J'ai ainsi examiné les propositions formulées par des rabbins de différentes tendances depuis plus d'un siècle et dans différents pays, mais aussi par des mouvements féministes et des hommes de droit qui à leur tour, ont adressé des suggestions pour résoudre la question. Pour ce faire, j'ai consulté la littérature rabbinique classique et moderne ayant trait au sujet, le droit hébraïque contemporain ainsi que des articles scientifiques et la presse juive.

Avec l'autorisation de M. le Grand rabbin Michel Gugenheim, responsable du service des divorces au tribunal rabbinique de Paris, j'ai pu consulter en toute liberté les dossiers de divorce couvrant la période 1993-1996, avant même que ces documents ne soient archivés.

Souhaitant par ailleurs suivre de près les processus du divorce religieux, j'ai vécu pendant six mois au rythme du service des divorces du Consistoire de Paris, profitant d'une approche « sur le terrain » ainsi que de l'expérience des rabbins en fonction dans ce service. Ceux-ci m'ont livré leurs sentiments sur la population concernée, éclairant ainsi mon étude sur la pratique du *geṭ*.

Des entretiens auprès des couples qui divorçaient au tribunal rabbinique de Paris me paraissaient franchir les limites de la pudeur, c'est pourquoi j'ai préféré y renoncer, choisissant de recueillir auprès des rabbins responsables de précieux renseignements sur les motivations des individus à procéder au *geṭ*.

Pour les divorces délivrés en dehors de Paris, j'ai consulté tous les rabbinats de province dotés d'un tribunal rabbinique habilité à délivrer des *giṭṭin*. De la même façon, j'ai interrogé des rabbins des communautés libérales et *Conservative* qui m'ont fourni les renseignements nécessaires sur la pratique du divorce religieux au sein de leurs communautés respectives.

Outre les différentes institutions juives, j'ai obtenu des entretiens en Israël avec des avocats spécialisés dans la défense des droits de la femme dans le divorce, avec des militantes israéliennes et canadiennes en faveur des *'agunot* ainsi qu'avec de nombreux rabbins.

Mes recherches, éclairées par ces entretiens et la confrontation des opinions, m'ont permis de mieux cerner la question du divorce religieux aujourd'hui.

Première partie

Le mariage et le divorce dans la Bible et dans la tradition rabbinique

Chapitre I
Le mariage

Généralités

Le Judaïsme place l'union conjugale au degré le plus élevé de l'idéal humain. Loin d'être considéré comme un sacrement, le mariage n'est pas indissoluble. L'esprit de « sainteté » qui entoure les conjoints dans l'union conjugale légitime l'instinct de chair et ne le renie en aucun cas. Il est même considéré comme un facteur indispensable à la pérennité de l'espèce humaine car « sans lui, aucun homme ne construirait une maison, n'épouserait une femme et n'aurait des enfants »[1].

Le caractère strictement utilitaire ne doit pourtant pas occulter une autre fonction essentielle du mariage, celle de l'équilibre individuel et social. En effet, l'institution matrimoniale est sans conteste favorable à la stabilité sociale et contribue dans une large mesure à l'équilibre et à la paix institutionnels. La défense de cet équilibre a toujours été l'un des chevaux de bataille des rabbins.

Le Talmud condamne le célibat et adopte une attitude très sévère à l'égard de ses adeptes : « Un homme qui n'a pas de femme n'est pas un homme »[2]. « Quiconque ne se marie pas est considéré comme coupable d'homicide »[3].

1 *Bereshit Rabbah* 9 : 7.

2 *Yevamot*, 63a.

3 *Shulḥan 'Arukh, Even ha-'ezer* 1 : 1 (dorénavant *'Even ha-'ezer*).

Si ces recommandations et ces invectives accablent plus particulièrement la gent masculine, les femmes ne sont pas épargnées pour autant : « Il est préférable qu'une femme supporte un mariage malheureux que le célibat »[4].

Cette institution sociale et morale ne peut cependant être réalisée de façon désordonnée et revêt toutes les formes d'un contrat[5]. Celui-ci est scellé lors d'une cérémonie qui a évolué au cours des siècles.

I. Le mariage dans la Bible

Le principal objectif du mariage est la procréation. C'est même le premier des commandements bibliques : « Croissez et multipliez et remplissez la terre »[6]. Plus loin, le texte ajoute à ce sujet : « Il n'est pas bon que l'homme soit seul, je lui ferai une aide digne de lui [...] C'est pourquoi l'homme abandonne son père et sa mère ; il s'unit à sa femme et ils deviennent une seule chair »[7]. Cette primauté du devoir conjugal dans la chronologie biblique montre l'importance accordée à l'institution matrimoniale dans le projet divin.

4 Cette opinion attribuée dans le Talmud à Resh Laqesh concerne en réalité la psychologie féminine. En effet, le commandement « croissez et multipliez » concerne l'homme et non la femme. La remarque à l'adresse des femmes souligne seulement l'attitude de celles-ci à l'égard du mariage. Selon ce maître, une femme préférerait vivre un mariage malheureux que le célibat. Il ne s'agit donc pas là d'un conseil mais d'une opinion. *Yevamot,* 118b et *Qiddushin,* 7a.

5 Samuel Atlas met l'emphase sur le caractère social du mariage : « L'institution du mariage est en soi une institution sociale touchant la communauté toute entière, en ce sens que les conséquences légales qui en découlent s'étendent à tout le peuple juif », Netivim ba-Mishpaṭ ha-'Ivri, *American Academy for Jewish Research,* New York, 1978, pp. 246-247.

6 *Genèse* 1, 28.

7 *Ibid.* 2, 18, 24.

Bien que la conception biblique du mariage soit essentiellement monogamique: « [...] Il s'unit à sa femme et ils seront une seule chair », il semblerait qu'à l'époque biblique, la polygamie était assez répandue notamment au sein des classes les plus aisées. « Gédéon eut soixante-dix enfants formant sa descendance, car il avait plusieurs femmes »[8]. « David prit encore des concubines et des femmes dans Jérusalem, après son départ d'Hébron, et il lui naquit encore des fils et des filles »[9].

Le livre des Rois attribue au roi Salomon quelque « sept cents épouses attitrées et trois cents concubines, lesquelles égarèrent son cœur »[10]. Toutefois, malgré ces quelques cas isolés dignes d'être soulignés, l'ensemble de la littérature biblique atteste que la monogamie est la règle la plus courante et la mieux admise. « Ta femme sera comme une vigne féconde à l'intérieur de ta maison »[11]. « Une femme vertueuse est la couronne de son époux »[12]. « Qui a trouvé une femme [distinguée] a trouvé le bonheur »[13]. « Une femme sensée est un don de l'Eternel »[14].

Le livre des Prophètes utilise le mariage comme une métaphore de l'attachement exclusif de Dieu au peuple d'Israël.

> Je veux me réjouir pleinement en l'Eternel, que mon âme se délecte en mon Dieu ! car il m'a revêtu de la livrée du salut, enveloppé du manteau de la victoire: tel un fiancé orne sa tête d'un diadème, telle une jeune épouse se pare de ses joyaux[15].

A l'époque biblique, les mariages étaient généralement arrangés par les parents. Ainsi, Agar la concubine égyptienne d'Abraham, « lui [à Ismaël] choisit une femme du pays d'Egypte »[16]. Abraham quant à lui, chargea son plus fidèle serviteur d'aller dans son pays natal « chercher

8 *Juges* 8, 30.
9 II *Samuel*, 5, 13.
10 I *Rois*, 11, 3.
11 *Psaumes* 128, 3.
12 *Proverbes* 12, 4.
13 *Ibid.* 18, 22.
14 *Ibid.* 19, 14.
15 *Isaïe* 61, 10.
16 *Genèse* 21, 21.

une épouse» à son fils Isaac[17]. Toutefois, le consentement de la jeune fille semble requis pour conclure le mariage. Ainsi, le serviteur d'Abraham, investi de cette mission, interroge son maître en ces termes: «Peut-être cette femme ne voudra-t-elle pas me suivre dans ce pays-ci? »[18]. Et en effet, la famille de Rébecca ne prend aucune décision sans son consentement. «Ils dirent: Appelons la jeune fille et demandons son avis. Ils appelèrent Rébecca et lui dirent: Pars-tu avec cet homme?[19] ».

Aucun cérémonial de mariage n'est décrit dans le texte biblique. L'union matrimoniale est désignée par le verbe *lakah* «prendre», que l'on retrouve dans l'expression française: «prendre femme».

La Bible compte quarante-huit occurrences de cette racine hébraïque usitée dans le sens «d'épouser une femme». Citons quelques exemples: «Il [Isaac] prit Rébecca pour femme»[20]. «Abraham prit une nouvelle épouse, nommée Keturah»[21].

L'unique texte législatif relatif au divorce commence lui aussi par ce verbe: «Ki yiqqaḥ 'ish 'ishah [...]», «Quand un homme aura pris femme [...] »[22].

En ce qui concerne les coutumes relatives au mariage qui devaient sans nul doute exister, seules quelques-unes sont rapportées dans la Bible. L'une d'elles consistait à conserver la preuve de la virginité de la jeune fille après la consommation du mariage. Cette preuve, soigneusement gardée par les parents de la mariée, était produite devant les juges dans le cas où le mari se serait avisé à porter atteinte à son honneur en l'accusant de non virginité[23].

17 *Ibid.* 24, 4.
18 *Ibid.* 24, 5.
19 *Ibid.* 24, 57-58.
20 *Genèse* 24, 67.
21 *Ibid.* 25, 1.
22 *Deutéronome* 24, 1.
23 *Ibid.* 22, 15.

Si, à l'époque biblique, la consommation du mariage consacrait vraisemblablement l'union matrimoniale, quelques indications laissent supposer que celle-ci donnait lieu à de nombreuses réjouissances. Ainsi, le mariage de Jacob et de Léah fit-il l'objet d'un grand festin. « Laban [le père de Léah] réunit tous les habitants du lieu et donna un festin »[24]. Lorsque Jacob se plaignit à son beau-père d'avoir été trompé en épousant à son insu Léah à la place de Rachel, celui-ci consentit à lui accorder la main de Rachel mais il lui ordonna « d'achever la semaine de celle-ci [Léah][25] », avant de contracter son union avec Rachel.

On peut à juste titre supposer qu'à l'époque biblique, le mariage était accompagné d'une cérémonie et de nombreuses coutumes, pourtant, malgré les quelques éléments d'informations glanés ici et là à travers la littérature biblique, il semble difficile de l'affirmer avec certitude.

II. Le mariage dans la tradition rabbinique

La Bible insiste sur le caractère social et moral de cette institution. A l'époque talmudique en revanche, le mariage est extrêmement réglementé. Les rabbins du Talmud se sont penchés sur l'aspect juridique de cette institution et se sont employés à donner au mariage le caractère d'un contrat social passé entre deux individus libres et consentants. Aussi faut-il distinguer trois époques dans l'histoire de l'évolution du système matrimonial : celle de la *Mishnah*, celle du Talmud et celle de la période post-talmudique.

24 *Genèse* 29, 22.
25 *Ibid.* 29, 27.

1. Le mariage dans la Mishnah

Les docteurs de la *Mishnah* définissent trois façons de contracter un mariage : « Ha-'ishah niqnet be-shalosh derakhim, be-kesef, bi-shṭar u-be-vi'ah » : « La femme ‹ s'acquiert › de trois façons : par de l'argent, par un contrat ou par la cohabitation »[26].

Il convient de lever ici une ambiguïté de la plus haute importance pour le reste de notre étude. D'après ce texte, il semblerait que le mariage revête le caractère d'un « mariage-achat ». Le fait qu'il soit réalisé par le biais d'un *qinyan* : un acte « d'acquisition » au sens littéral du terme, peut porter à confusion. La *mishnah* en question laisse entendre que par le mariage, la femme est « acquise » à l'homme, comme un bien matériel. En effet, le verbe « niqnet » (traduit littéralement par « s'acquiert ») dérive de la racine *Q.N.H* qui désigne « l'achat », « l'acquisition ». Mais qu'entend-on par *qinyan* ?

Moshe Meiselman[27] explique que la *halakhah* distingue deux types de contrats. Le *qinyan 'issur*, qui a pour fonction d'effectuer un changement rituel ou de statut et le *qinyan mamon* qui permet de réaliser une transaction par le biais de l'argent[28]. Outre ces différentes fonctions, la Bible et le Talmud utilisent de façon métaphorique le terme *qinyan* pour exprimer l'établissement d'une relation intime et très proche, notamment celle de Dieu avec le peuple d'Israël[29].

26 *Mishnah Qiddushin* 1 : 1.

27 Moshe Meiselman, *Jewish Woman in Jewish Law*, New York, Ktav Publishing House, Yeshiva University Press, 1978, pp. 96-98.

28 Voir *Ḥiddushe ha-Rambam* sur *Qiddushin*, 16a.

29 Dans la célèbre *Shirat ha-yam*, le « Cantique de la mer » entonné lors de la traversée de la Mer des Joncs il est écrit : « [...] la majesté de ton bras les rend immobiles comme la pierre, jusqu'à ce qu'il ait passé, ton peuple, Seigneur ! Qu'il ait passé, ce peuple acquis (*qanita*) par toi ». (*Exode* 15, 16). Les *Pirqe 'avot* parlent des différentes « acquisitions » de Dieu au sens de « rapports affectifs » très forts avec le peuple juif : « Le Saint béni soit-il a réalisé cinq ‹ acquisitions › (*qinyanim*) dans ce monde : la Torah, le ciel et la terre, Abraham, Israël et le Temple » (*'Avot*, 6 : 11-13).

Le *qinyan* réalisé lors du mariage marque à la fois la conclusion d'une alliance intime entre les conjoints et constitue un contrat qui implique un changement de statut *(qinyan 'issur)* et non un *qinyan mamon*. Toute la législation relative aux contrats prouve en effet qu'il ne s'agit en aucun cas d'un *qinyan mamon*. En effet, si la femme était « l'objet acquis », elle devrait elle-même rédiger le contrat car dans la législation juive, le contrat est établi par celui qui reçoit l'argent et non par celui qui le donne. Or, lors du mariage, c'est l'homme qui établit le contrat et non la femme[30] qui ne devient pas la propriété du mari puisqu'elle peut elle-même conclure des contrats et devenir propriétaire. Même si le mariage lui impose des obligations, sa liberté de mouvement n'est pas remise en cause.

Il convient également d'évoquer l'aspect unilatéral du contrat dans la *halakhah*. Les différentes législations occidentales considèrent le contrat comme un acte exécuté de façon bilatérale. Dans la législation juive, tous les contrats sont réalisés de manière unilatérale; dans la vente d'une maison par exemple, le propriétaire établit le contrat et le délivre à l'acquéreur. Les deux parties se doivent d'être consentantes, mais seule l'une d'elle l'exécute. Le fait de recevoir le contrat est physiquement passif mais légalement actif. Le *qinyan* n'est effectif que lorsqu'il est accepté par celui qui le reçoit[31].

En stipulant dans le texte: « La femme s'acquiert » et non « l'homme acquiert », cela sous-entend, commentent les docteurs[32], que la femme est active et non passive. En d'autres termes, elle est totalement consentante. Voilà l'une des conditions *sine qua non* du mariage. Mais revenons à présent aux termes de notre *mishnah*.

30 *Qiddushin*, 5a.

31 Le *geṭ* (l'acte de divorce) n'est effectif et définitif que lorsque la femme en prend possession. *Mishneh Torah, Hilkhot gerushin* 1 : 3.

32 *Qiddushin*, 2a.

Il faut préciser que depuis l'époque du Talmud, la consécration au mariage *(qiddushin)* réalisée par le biais de l'argent – c'est à dire la première façon stipulée – est seule admise et reconnue. Un contrat[33] ne suffit ni à attester un mariage ni à lui donner force de loi. En revanche, bien que le concubinage soit *a priori* désapprouvé par les docteurs, il est néanmoins considéré comme un mariage, puisqu'en cas de séparation des concubins, l'établissement d'un *geṭ* est exigé. C'est également le cas lorsqu'un couple vit maritalement depuis plusieurs années et que cette union est réputée de notoriété publique.

Il est indispensable d'expliquer brièvement les conditions requises pour qu'un mariage soit établi selon la *Mishnah*. En effet, les maîtres du Talmud, comme les rabbins contemporains ont sans cesse recours à ces conditions pour résoudre des problèmes liés au droit de la famille tels que le concubinage ou le mariage civil au regard de la *halakhah*. Examinons donc les trois façons de contracter des *qiddushin* : l'argent, le contrat et la cohabitation.

– *L'argent.* – Pour obtenir le droit de cohabiter avec sa future épouse, l'homme doit lui remettre – en présence de deux témoins aptes au témoignage – une somme d'argent ou son équivalent, dans le but de consacrer religieusement leur union *(qiddushin)*. L'homme remet généralement à sa fiancée un anneau, équivalent de l'argent[34].

Seule la femme détient le pouvoir de donner son accord[35]. Si elle est encore mineure *(qeṭannah)* ou adolescente *(ne'arah)*, son père détient le

33 Il ne s'agit pas encore de la *ketubbah*.

34 La *Mishnah Qiddushin* 1 : 1 précise en effet que la femme s'acquiert « bi-peruṭah u-be-shaveh peruṭah » : « [...] Avec une peruṭah ou son équivalent ». Une *peruṭah* est une pièce de monnaie en cuivre, la plus petite unité monétaire. Elle correspond à 24 milligrammes d'argent.

35 Ce principe est déduit de la *Genèse* 24, 57 au sujet de la demande en mariage de Rébecca : « Ils [les parents de Rébecca] dirent : Appelons la jeune fille et demandons son avis ». Ce verset nous enseigne que l'on ne peut marier sa fille qu'avec son consentement. Rashi. *Bereshit Rabba'* 60 : 12.

pouvoir de la marier[36], mais il est préférable que la fille soit majeure et consentante[37]. En outre la fille mineure est en droit de refuser l'homme qu'on lui propose[38] autant de fois qu'il lui plaira, jusqu'à ce qu'elle atteigne l'âge de la majorité[39].

36 « Le père a le droit d'accepter les qiddushin de sa fille [...] et il peut aussi recevoir son geṭ » (*Ketubbot,* 46b). Rashi précise : « Quand elle est mineure ou adolescente ». *Cf. Qiddushin,* 41a. *Mishneh Torah, Hilkhot 'ishut* 3 : 11, *Mishneh torah, Hilkhot gerushin* 11 : 1 ; *'Even ha-'ezer* 37 : 1.

37 « [...] La femme doit accepter les *qiddushin* elle-même et non par l'intermédiaire de son mandataire, car c'est un commandement. Bien qu'un père ait le droit de marier sa fille à qui bon lui semble, quand elle est mineure ou adolescente, un tel acte n'est pas souhaitable. Un père ne doit pas marier sa fille mineure, jusqu'à ce qu'elle atteigne sa majorité et déclare : ‹Je veux être l'épouse d'Untel›, c'est un commandement des Sages [...] » *Mishneh Torah, Hilkhot 'ishut* 3 : 19 ; *'Even ha-'ezer* 37 : 8. Conformément à l'ordonnance *(taqqanah)* adoptée par le Congrès rabbinique national tenu à Jérusalem en 1950, le Grand rabbinat d'Israël interdit à un père de marier sa fille avant l'âge de seize ans et un jour révolus afin de ne pas mettre en danger sa santé par une grossesse. Menahem Elon, *Ha-mishpaṭ ha-'ivri, Toldotav, Meqorotav 'Eqronotav,* Magnes Press, The Hebrew University, 1997, 3e édit, vol. I, p. 675. La même année, la Knesset fixa l'âge minimum à dix-sept ans. Les rabbins du Maroc avaient dès 1950, fixé l'âge minimum légal des filles au mariage à quinze ans révolus. *Cf. Troisième Conseil Annuel des Grands rabbins du Maroc,* Institutions Israélites du Maroc, Direction des Affaires Chérifiennes, Casablanca, Imprimerie Razon, 1950, p. 29.

38 Elle est appelée *mema'enet* : « non consentante ». La mineure qui désire mettre fin à un mariage qu'on lui a imposé n'a pas besoin de *geṭ*. En revanche, si elle atteint l'âge de la majorité et qu'elle décide de rompre le mariage conclu lorsqu'elle était mineure, un *geṭ* est nécessaire. *Mishneh Torah, Hilkhot gerushin* 11 : 1-4. La plupart des règles du *me'un* sont évoquées dans le traité *Yevamot.*

39 La majorité de la fille est fixée à l'âge de 12 ans et six mois révolus. A cet âge, elle est appelée *bogeret* et dispose de sa personne. Entre 12 ans et 12 ans et demi, elle est appelée *ne'arah* (adolescente) et n'a pas le statut d'adulte même si elle présente des signes de puberté. Avant 12 ans, elle est appelée *qeṭannah* (petite fille), c'est à dire qu'elle possède le statut de mineure. Elle est considérée comme irresponsable au sens juridique du terme.

– *Un contrat.* – Devant témoins, l'homme remet à la femme un acte stipulant que celle-ci lui est consacrée par un contrat. En acceptant cet acte, mentionnant nommément le couple, la femme reconnaît lui être unie par les liens du mariage[40]. Précisons cependant que cet acte n'est pas la *ketubbah* dont l'apparition est postérieure.

– *La cohabitation (l'acte conjugal).* – La cohabitation était considérée comme un mariage à part entière. L'homme devait déclarer à sa future épouse devant témoins : « Te voici consacrée à moi par la cohabitation », puis il s'isolait avec elle avec l'intention de la consacrer au mariage. Ils cohabitaient et la femme était considérée comme son épouse légale[41]. Les témoins de ce type de mariage attestaient que le couple s'était effectivement isolé *(yiḥud)*[42].

Il est important de souligner que cette forme de *qiddushin* a rapidement été rejetée par les docteurs du Talmud parce qu'elle était considérée comme un signe de dépravation. Il fut d'ailleurs décrété que quiconque conclurait des *qiddushin* par ce biais, serait passible d'une peine de flagellation, en dépit de la légalité de tels *qiddushin*.

Ce point de vue est de la plus haute importance dans la mesure où il pose aujourd'hui la question de la validité d'un mariage civil. Ce dernier présente en effet de nombreux points communs avec cette forme de contrat décrite par les rabbins. Je tenterai de répondre à cette question dans le chapitre consacré au divorce aujourd'hui. Aussi, est-il légitime de se poser la question de savoir si un mariage conclu seulement civilement nécessite un divorce religieux.

40 *Qiddushin*, 9a. *Mishneh Torah, Hilkhot 'ishut* 3 : 3. *'Even ha-'ezer* 32 : 1,4.

41 *Qiddushin*, 9b. *Rambam, Mishneh Torah, Hilkhot 'ishut* 3 : 5 ; *'Even ha-'ezer* 33 : 1. A l'époque du Talmud, la cohabitation *(bi'ah)*, marquait l'intention de l'homme de faire de la femme son épouse légitime. Cette cohabitation avait valeur de mariage religieux *(ḥazaqah she-'en 'adam 'oseh be'ilato be'ilat zenut)*.

42 Les témoins de l'isolement du couple témoignent de leur cohabitation, même s'ils ne peuvent en aucun cas être présents lors de la cohabitation *(hem hem 'ede-yiḥud hem hem 'ede-bi'ah)*. *Giṭṭin*, 81a.

2. *Le mariage dans le Talmud*

Comme nous l'avons signalé, seule la première forme « d'acquisition » de la femme stipulée dans la *Mishnah* – c'est-à-dire l'acquisition par le biais de l'argent – a été retenue par les docteurs du Talmud.

A l'époque de la *Mishnah* et du Talmud[43], la cérémonie du mariage se déroulait en deux parties distinctes et indispensables : les *qiddushin* (consécration ou engagement au mariage), suivis douze mois plus tard[44] des *nissu'in* (mariage). Ce laps de temps devait permettre à la jeune fille et au jeune homme de se préparer matériellement au mariage[45]. Le délai de douze mois est fixé par la Genèse 24, 55 : « Le frère et la mère de Rébecca répondirent [à l'envoyé d'Abraham] : ‹ Que la jeune fille reste avec nous quelque temps, au moins une dizaine de jours, ensuite elle partira › ». Rashi interprète les termes « quelque temps » (*yamim*) par « un an » et l'expression : « une dizaine de jours » (*'asor*) par : « dix mois ». Dans certains cas, on accordait seulement trente jours aux jeunes gens pour se préparer.

– *Les qiddushin.* – Dans le droit hébraïque, le mariage commence obligatoirement par la cérémonie des *qiddushin*, également appelés *'erusin*[46], concrétisés par la remise d'un anneau.

En fait, les *qiddushin* correspondent à une promesse de mariage qui, d'un point de vue juridique a pour effet immédiat de lier la femme à l'homme. Elle lui est exclusivement consacrée et l'interdit à tout autre homme, même si la consommation du mariage leur est encore refusée[47].

43 Du Ier au VIe siècle.

44 *Mishneh Torah, Hilkhot 'ishut* 10 : 17, 18 ; *'Even ha-'ezer* 56 : 1.

45 *Ketubbot*, 57b.

46 La traduction de ce terme par fiançailles est impropre, dans la mesure où la femme est considérée comme mariée à part entière dès que les *qiddushin* lui ont été remis. En droit rabbinique, *qiddushin* et *'erusin* sont des termes synonymiques. *Mishneh Torah, Hilkhot 'ishut* 1 : 2.

47 *Mishneh torah, Hilkhot 'ishut* 1 : 3 ; *'Even ha-'ezer* 26 : 3.

Le terme *qiddushin* dérivé de la racine *Q.D.SH*, sert à désigner le saint ou le sacré. Il ne s'agit cependant pas de « sainteté » au sens de vénération mais au sens de consécration, de séparation, de réservation[48]. C'est la raison pour laquelle, la traduction de ce terme par « consécration », comprenant le mot « sacré » dans son acception première, c'est-à-dire « qui appartient au domaine séparé », est parfaitement adéquate. Ce terme renferme donc une idée d'exclusivité qui correspond exactement à la notion hébraïque du terme[49]. Aussi, seul un acte de divorce *(geṭ)* ou la mort de l'un des conjoints peut mettre fin à l'union matrimoniale. Pourtant, malgré ce lien très proche du mariage, les époux n'ont pas le droit de cohabiter jusqu'à la deuxième cérémonie du mariage: les *nissu'in* (les noces).

Cet aspect fondamental du mariage que constitue les *qiddushin*, est à mettre en exergue, car c'est ce caractère particulier qui explique, lors du divorce, la nécessité de mettre en œuvre une procédure considérable, visant à opérer entre les conjoints une rupture totale et définitive, telle qu'elle est exigée dans le texte biblique par l'expression: *sefer keritut*,[50] lettre de rupture.

48 Au sujet de la préparation au don de la *Torah* sur le Mont Sinaï, Onqelos* traduit l'expression « ve-qiddashtam ha-yom » en *Exode* 19, 11, par l'expression araméenne « u-tezameninum yoma' den »*:* « tu les y prépareras ce jour », Rashi, Ramban et Rashbam sur *Exode* 19, 11.
* Onqelos est le nom du traducteur de la *Torah* en araméen. La Tradition l'assimile à Aqilas ha-ger, élève de R. Aqiba au milieu au IIe siècle.

49 En *Genèse* 2, 3, il est écrit au sujet du *Shabbat*: « Vayevarekh 'elohim 'et yom ha-shevi'i vayqaddesh 'oto ». La traduction la plus courante est la suivante: « Dieu bénit le septième jour et le proclama saint ». En fait, il ne s'agit pas d'un jour vénéré, mais d'un jour séparé des autres jours de la semaine dans le sens où c'est un jour chômé. (Commentaire de *Sforno* sur ce verset). En *Lévitique* 19, 1, Dieu interpelle la communauté d'Israël en ces termes: « [...] Qedoshim tihyu qi qadosh'ani [...] »: « [...] Soyez saints car Je suis saint [...] ». Rashi commente ainsi le terme *qedoshim*: « Soyez séparés *(perushim)* des unions interdites et des transgressions, car partout où se trouve une barrière contre les unions interdites, se trouve la sainteté *(qedushah)* ». Il n'est donc pas question de béatitude ou de vénération, mais seulement d'une séparation d'avec tout ce qui est prohibé.

50 *Deutéronome* 24, 1. La Bible n'utilise pas le terme *geṭ* pour désigner l'acte de divorce mais *sefer keritut*.

– *Les nissu'in* – Un an environ après la conclusion des *qiddushin*, les fiancés étaient conduits sous le toit conjugal. Après la récitation des « Sept bénédictions » du mariage *(sheva' berakhot)*, l'homme et la femme étaient légalement mariés. Dès lors, ils étaient concernés par les droits et les devoirs incombant à tout couple.

Par le biais du mariage, une sorte d'unité se crée entre l'homme et la femme, que la tradition rabbinique s'entend résolument à sauvegarder. Les lois relatives au mariage auxquelles tous deux sont soumis, ne visent à renforcer ni le statut de l'homme ni celui de la femme mais l'entité du couple et l'harmonie.

Le droit hébraïque accorde certes à l'homme la prédominance des droits dans le mariage. Pourtant, ses devoirs à l'égard de son épouse n'en sont pas moins importants et contraignants. La loi confère ainsi à la femme un statut juridique très fort. Son statut économique garanti notamment par un contrat appelé *ketubbah*, la protège d'une situation précaire occasionnée par un divorce ou un veuvage.

La ketubbah

La *ketubbah* – de la racine *K.T.V* (écrire) – est un contrat rédigé en araméen[51]. Signé par l'homme[52] et par deux témoins, il est remis à la femme lors de la cérémonie du mariage. Il donne toute sa légitimité au couple et par conséquent, le droit de cohabiter. Il répertorie les devoirs auxquels l'homme s'engage à l'égard de la femme dans le mariage, mais surtout – et c'est là un élément essentiel de la *ketubbah* – les devoirs qui lui incombent (ou à ses héritiers) dans le cas où le mariage serait dissous par un divorce ou par son propre décès. Dans l'une ou l'autre de ces situations, l'homme (ou ses héritiers) est tenu de verser à la femme une somme appelée *ketubbah*.

51 A la suite de l'exil de Babylone, les Juifs parlaient l'araméen et rédigeaient leurs contrats dans cette langue. Le Talmud a d'ailleurs été rédigé en araméen, langue vernaculaire de l'époque.

52 Dans certaines communautés seulement.

Trois sommes d'argent figurent dans la *ketubbah* :
1. La dot légale appelée aussi douaire (en hébreu, *ketubbah*)
2. L'augment à la *ketubbah* (en hébreu, *tosefet ketubbah*)
3. L'apport de la femme (en hébreu, *nedunyah*)

– *La dot légale (ketubbah)*. – Contrairement à la définition que l'on donne généralement à la dot et qui définit les biens apportés par la femme lors du mariage, la *ketubbah*, qu'il est préférable de traduire par l'ancien terme français « douaire », est la somme que le mari est tenu de verser à sa femme lors de la dissolution du mariage, à moins que l'épouse ne perde le droit à sa *ketubbah* en cas d'adultère par exemple. Que cette dissolution ait lieu par le divorce ou par le décès de l'époux, ce dernier s'engage, lors du mariage, à garantir à la femme un pécule dont le montant est fixé par les sages. Celui-ci avait à l'origine deux fonctions. La première était de permettre à la femme devenue veuve ou divorcée, de subvenir à ses besoins pendant au moins un an. La seconde était de dissuader l'homme d'une répudiation trop rapide : « Afin qu'il ne lui soit pas facile de la répudier[53] ». En effet, comme il n'était pas facile de réunir cette somme rapidement, un homme agissant sous l'impulsion de la colère, prenait ainsi le temps de réfléchir et de se raviser. Le Talmud parle même de pénalité[54] *(qnas ḥakhamim)*[55] fixée par les sages à l'encontre du mari qui quitterait son épouse pour une autre femme plus belle que la sienne ...[56]

Le montant du douaire s'élève à 200 dinars[57] pour une vierge et à 100 dinars pour une veuve ou une divorcée. Il revêt tous les aspects d'une indemnité fixée par les sages.

53 *Ketubbot*, 39b : (« she-lo' tehe qallah be-'enav le-hoṣi'ah »).

54 *Ketubbot*, 10a.

55 Ce terme désigne l'ensemble des amendes imposées par la *Torah*. Il faut toutefois préciser que seul un tribunal dont les membres ont reçu l'ordination rabbinique est habilité à imposer cette pénalité. Le *qnas* n'était plus appliqué par les tribunaux rabbiniques babyloniens de l'époque talmudique et n'a jamais été rétabli.

56 *Mishnah Giṭṭin* 9 : 10.

57 Dinar ou *zuz*. Pièce de monnaie en argent ; à ne pas confondre avec le dinar d'or. Le dinar est l'équivalent en poids d'un centième d'une livre romaine *(litra')*. Il pèse 3,615 g, selon Even Shoshan.

En outre, il faut souligner que si le mari a le droit de surenchérir en proposant une somme supérieure à celle-ci, il ne peut en aucun cas se soustraire à cette obligation minimale, malgré toute stipulation contraire, sous peine d'invalider la *ketubbah*. Cette indemnité trouve vraisemblablement sa source dans les textes bibliques. Lorsque Shehem souhaite prendre Dinah, la fille de Jacob pour épouse, il déclare à ce dernier : « Imposez-moi le douaire[58] et les dons les plus considérables, je donnerai ce que vous me direz ; accordez-moi seulement la jeune fille pour épouse »[59]. Cette tradition se trouve confirmée dans l'Exode, où il est stipulé : « Si un homme séduit une vierge non encore fiancée et cohabite avec elle, il devra l'acquérir pour épouse. Si son père refuse de la lui accorder, il paiera la somme fixée pour la dot des vierges[60] ». De ce dernier verset en particulier, il apparaît clairement que dans la Bible, la jeune fille vierge s'acquérait contre une somme d'argent.

En ce qui concerne l'origine de la *ketubbah*, la majorité des décisionnaires du Moyen Age[61] pensent qu'elle remonte à la période rabbinique et non à la période biblique[62]. Cette mesure a sans conteste été instituée de façon à protéger la femme d'une rupture trop hâtive. L'indemnité ou la pénalité imposée à l'homme en cas de dissolution du mariage, ne vise d'autre but que celui-là[63]. En outre, cette somme devait contribuer à subvenir aux besoins de la femme pendant au moins un an.

S'il est vrai que cette somme revient de droit à la femme répudiée ou à la veuve, il faut toutefois préciser qu'elle ne peut en aucun cas réclamer cette somme pendant toute la durée du mariage. La *ketubbah* est assimilée à une créance à échéance, laquelle survient au décès de l'époux ou

58 *Mohar* en hébreu.

59 *Genèse* 34, 12.

60 En hébreu : « ke-mohar ha-betulot ». *Exode* 22, 16.

61 *Mishneh torah, Hilkhot 'ishut* 10 : 7. *Ha-Rosh sur Ketubbot* 10 : 19 ; *'Even ha-'ezer* 6 : 6.

62 Les docteurs de la *Mishnah (tanna'im)* sont partagés sur cette question. *Ketubbot*, 10a ; 110b. Quoi qu'il en soit, tous les docteurs s'accordent pour penser qu'il s'agit là d'une ordonnance très ancienne.

63 *Ketubbot*, 39b.

par le divorce. Cette mesure existant également dans l'Antiquité gréco-romaine avait pour conséquence indirecte de faciliter les mariages[64].

R. Shim'on ben Shataḥ[65], célèbre pour ses ordonnances dans divers domaines de la *halakhah* et de l'éducation, institua une *taqqanah* concernant la *ketubbah*. Le Talmud[66] rapporte ainsi l'historique de la *ketubbah*:

Dans les premiers temps, l'époux s'engageait dans la *ketubbah* à verser 200 dinars à la femme épousée vierge et 100 dinars à la femme épousée veuve ou divorcée. Mais les époux n'aliénaient pas leurs biens au paiement de la *ketubbah*, de sorte que les hommes vieillissaient célibataires car les femmes refusaient de se marier dans ces conditions, estimant qu'en cas de divorce ou de décès de leur époux, elles ne pourraient rien récupérer de leurs biens car les héritiers en disposeraient par héritage. Il fut donc décidé que l'homme déposerait le montant de la *ketubbah* entre les mains des parents de son épouse et ainsi, elle était certaine de le récupérer. Mais le divorce devint extrêmement facile, car à tout moment, sous l'impulsion de la colère, l'homme pouvait déclarer à son épouse : « Va rejoindre ta *ketubbah* ! », de sorte que l'objectif de celle-ci était manqué.

64 E. Sautayra et M. Charleville, *Code rabbinique, Eben Haezer, traduit par extraits avec les explications des docteurs juifs, la jurisprudence de la Cour d'Alger et des notes comparatives de droit français et de droit musulman*, Alger, Imprimerie centrale algérienne, 1869, Tome II, notes 34, 38, p. 13.

65 Judah ben Tabay et Shim'on ben Shataḥ (Ier siècle avant l'ère vulgaire) avaient fui Jérusalem à cause d'Alexandre Jannée (époux de la reine Salomée Alexandra, soeur de S. ben Shataḥ). Ils n'y étaient revenus que sous le règne de la reine Shlom-Ṣion. S. ben Shataḥ fut d'abord président du tribunal rabbinique puis *Nassi'*: chef spirituel des Juifs (*Mishnah Ḥagigah* 2 : 2). Concernant les *zugot* (groupes de deux maîtres) et leurs titres, voir H. D. Mantel, *Meḥqarim be-Toldot ha-Sanhedrin*, Tel Aviv, 1969, pp. 3 et suiv. ; pp. 17 et suiv. ; pp. 122 et suiv. ; Voir également Menahem Elon, *op. cit.*, pp. 458-459 et pp. 852-854.

66 *Ketubbot*, 82b.

Par la suite, il fut décidé que la *ketubbah* serait déposée dans la maison conjugale. Les gens fortunés l'enfermaient dans des filigranes en or et en argent et les indigents dans des vases. Cette somme leur servait d'économies en période de nécessité. En cas de divorce, la femme pouvait en disposer facilement. Pourtant, ce système n'entrava pas le divorce car, dans un accès de colère, l'homme pouvait déclarer à sa femme : « Prends ta *ketubbah* et va-t-en ! » et d'autre part, l'argent était constamment à portée de main.

R. Shim'on ben Shataḥ fit introduire dans les contrats de mariage, l'obligation pour le mari d'affecter tous ses biens meubles et immeubles à la garantie de la *ketubbah*. N'ayant pas à sa disposition la somme de la *ketubbah* – car il était impossible de les convertir immédiatement en valeurs portatives – l'époux avait le temps de réfléchir avant de donner le divorce à son épouse et s'il persistait à vouloir divorcer, il lui fallait vendre ses biens pour rembourser la *ketubbah*.

– *L'augment (tosefet)*. – La *Mishnah* stipule : « Bien que les sages aient dit que la vierge devait recevoir 200 *zuz* et la veuve 100, le mari peut augmenter la dot, même de 10 000 dinars s'il le veut, et si la femme devient veuve ou si elle est divorcée, elle en recevra la totalité ».[67] On appelle « augment » cette somme supplémentaire accordée par le mari lors du mariage. Il n'est pas obligatoire, il représente uniquement un engagement volontaire de sa part. Cependant, pour être légal, il doit être constaté par écrit. Seul l'augment a la même force que le douaire : « Toutes les fois qu'il est question de *ketubbah*, on doit entendre le principal [c'est-à-dire le douaire] et le supplément réunis. »[68].

Comme pour le douaire, la femme ne peut jouir de l'augment que lorsqu'elle devient veuve ou divorcée[69]. Il faut toutefois préciser que si

67 *Mishnah Ketubbot* 5 : 1. *'Even ha-'ezer* 66 : 7.
68 *Mishneh torah, Hilkhot 'ishut* 10 : 7.
69 *Ibid.* 16 : 3.

la mort de l'époux ou le divorce intervient avant la consommation du mariage, la femme ne perçoit que le douaire et non l'augment. Le mari ne l'offrira donc qu'à la condition certes implicite mais néanmoins admise, qu'il consommerait le mariage.[70]

En outre, contrairement au douaire qui consiste en une somme d'argent bien définie, l'augment peut être constitué de biens meubles ou immeubles.

– *L'apport de la femme (nedunyah).* – Appelée communément dot ou trousseau, la *nedunyah* peut être constituée de bijoux, effets ou numéraires que la femme apporte de la maison paternelle. L'époux est tenu de les faire fructifier au cours du mariage. « Nos sages ont ordonné que l'homme doit doter sa fille d'une petite partie de ses biens [...] s'il est pauvre. Mais s'il est riche, il doit la doter proportionnellement à sa richesse »[71].

Le *Bet David*[72] ajoute : « En cas d'absence prolongée du père par suite d'un voyage outre-mer, le tribunal peut faire vendre ses biens pour acheter un trousseau à sa fille ». C'est dire l'importance accordée par les sages à la contribution matérielle de la femme à son foyer.

Outre ces sommes d'argent qui constituent l'aspect économique de la *ketubbah* et qui sont stipulées explicitement sous forme de contrat, le droit hébraïque dénombre dix obligations imputées à l'homme à l'égard de son épouse. Quant à l'époux, il jouit de quatre prérogatives[73]. Les obligations sont les suivantes :

70 *Ketubbot*, 47b (selon l'avis de Rabbi Ele'azar ben 'Azaryah) ; *'Even ha-'ezer* 55 : 6.

71 *'Even ha-'ezer* 58 : 1.

72 Le *Bet David* est un commentaire sur le *Shulḥan 'arukh*.

73 *Ketubbot*, 46b, 47b, 51a et 51b. *Mishneh torah, Hilkhot 'ishut* 12 : 1-4. *Even ha-'ezer* 69 : 1-3. Bension Schereschewsky, *Dine-Mishpaḥah*, [Family Law in Israel] Jérusalem, Rubin Mass, 1992, p. 96.

1. Pourvoir à la subsistance de la femme ;
2. Veiller à ce qu'elle soit vêtue correctement ;
3. Lui assurer son droit conjugal ;
4. Lui garantir sa *ketubbah* en cas de divorce ;
5. Lui prodiguer des soins médicaux en cas de maladie ;
6. Payer sa rançon si elle est prise en captivité ;
7. Lui assurer une sépulture décente ;
8. Veiller à ce qu'elle demeure au domicile conjugal et que sa subsistance soit assurée avec les biens de l'héritage en cas de veuvage ;
9. Veiller à ce que ses filles soient entretenues jusqu'à leur mariage après le décès de leur père[74] ;
10. En cas de décès de la femme, veiller à ce que ses propres fils héritent de sa *ketubbah* et non les fils d'un autre lit.

La femme s'oblige envers son mari :
1. A lui abandonner le fruit de son travail personnel ;
2. A lui remettre les trésors qu'elle trouvera ;
3. A lui laisser la jouissance de tous ses biens ;
4. A le constituer son héritier.

Les obligations et prérogatives susmentionnées ne font pas l'objet d'un contrat et ne dépendent d'aucun acte juridique, pas même de la *ketubbah*. Ils prennent effet de droit avec le mariage : « Quand un homme épouse une femme, il s'engage envers elle à dix obligations et bénéficie de quatre droits, même si ceux-ci ne sont pas écrits »[75]. Ils sont ce qu'on appelle *obligatio ex lege* : un devoir relevant de la loi (en hébreu : *tna'y bet din*).

Pour comprendre l'évolution de l'institution matrimoniale jusqu'à nos jours, nous évoquerons brièvement la cérémonie du mariage telle qu'elle est pratiquée aujourd'hui dans la plupart des communautés juives.

74 Dans le droit hébraïque, seuls les enfants mâles héritent.
75 *Mishneh torah, Hilkhot 'ishut* 12 : 1, 5. *Yosef Qaro, Ṭur* et *'Even ha-'ezer* 69 : 1.

3. La cérémonie du mariage aujourd'hui

Au Moyen Age, la cérémonie du mariage se déroulait comme à l'époque du Talmud, c'est à dire en deux étapes distinctes, telles que nous les avons décrites précédemment. Au début du XIIe siècle cependant, les rabbins commençaient à célébrer consécutivement les *qiddushin* et les *nissu'in* au cours de la même cérémonie[76]. Au XVIe siècle, cette habitude s'était déjà répandue dans la plupart des communautés[77].

Quelles sont les raisons de ces changements ?

Au Moyen Age, les Juifs vivaient dans des conditions très précaires. Ainsi, la durée des fiançailles imposée par la tradition, ajoutée à l'interdiction de cohabiter tout en étant légalement mariés, encouragèrent les rabbins à réunir les deux cérémonies. Cela permettait d'éviter à la femme les graves conséquences liées à la rupture des *qiddushin* pendant l'année des fiançailles. En cas de rupture, la jeune femme avait le statut de divorcée et ne pouvait plus épouser un *Cohen* même si le mariage n'avait pas été consommé. Comme nous l'avons expliqué, les *qiddushin* qui sont à mi-chemin entre les fiançailles et le mariage, ne peuvent être dissous que par un acte de divorce ou par la mort de l'un des conjoints. En cas d'adultère pendant la période des *qiddushin*, la jeune fille était passible de mort au même titre qu'une femme mariée à part entière. C'est la raison pour laquelle les rabbins décidèrent de pratiquer les deux cérémonies au même moment[78].

76 Voir A. Freiman, *Seder qiddushin ve-nissu'in 'aḥare-ḥatimat ha-Talmud*, Jérusalem, Mossad Harav Kook, 1945, pp. 29 et suiv.

77 *'Even ha-'ezer* 55 : 1, Rama'.

78 Lors du Congrès rabbinique National tenu en Israël en 1950, la cérémonie du mariage en deux étapes distinctes fut interdite par une ordonnance rabbinique *(taqqanah)*. Quiconque conclurait un tel mariage serait tenu de divorcer, de verser une pension alimentaire et des dédommagements fixés par le tribunal. Schereschewsky, *op. cit.*, pp. 449-450.

De nos jours, la cérémonie du mariage se déroule donc de la façon suivante :

La fiancée est menée vers le fiancé sous le dais nuptial qui symbolise le toit conjugal et la bénédiction des *'erusin* y est prononcée. Le fiancé remet un anneau (en guise de *qiddushin*) à la fiancée devant deux témoins et prononce la formule rituelle : « Te voici consacrée à moi par cet anneau selon la loi de Moïse et d'Israël ». Il brise ensuite[79] un verre en souvenir de la destruction du Temple de Jérusalem. Pour distinguer cette cérémonie de la suivante (les *nissu'in*), on procède immédiatement après, à une lecture à haute voix de la *ketubbah*. Le rabbin[80] tend la *ketubbah* au fiancé qui à son tour, la remet à sa fiancée. La *ketubbah* doit être rédigée dans sa totalité et signée par deux témoins, avant même la cérémonie des *nissu'in*[81]. En effet, on estime, plus qu'un symbole, que le dais représente le toit conjugal et qu'un homme et une femme ne peuvent y demeurer ne fût-ce qu'un instant sans *ketubbah*[82].

On prononce ensuite les « Sept bénédictions » du mariage *(sheva' berakhot)*. A partir de cet instant, l'homme et la femme sont considérés comme mariés à part entière. Certains décisionnaires cependant, considèrent que le mariage n'est totalement contracté qu'après que le couple s'est isolé un instant. Aussi, juste après la cérémonie de la *ḥuppah*, le couple s'isole-t-il quelques minutes dans une pièce où il peut rompre le jeûne fixé par la coutume le jour du mariage. Ce dernier rituel ne se pratique que dans certaines communautés.

79 En France, cette cérémonie a parfois lieu après les *qiddushin*.

80 D'après la loi hébraïque, la présence d'un rabbin n'est pas indispensable à la validité du mariage. Cependant, on a pris l'habitude dans toutes les communautés depuis des siècles, de lui confier le soin du bon déroulement de la cérémonie. Dans les synagogues consistoriales, la présence d'un rabbin est requise. En Israël également, une ordonnance rabbinique interdit les mariages dont l'autorisation n'a pas été délivrée par le Rabbinat. Schereschewsky, *op. cit.*, p. 451.

81 En Israël, la signature des témoins a parfois lieu après les *nissu'in*.

82 *Ketubbot*, 51a et 56b ; *Mishneh torah, Hilkhot 'ishut* 10 : 7 et 10 : 10 ; *'Even ha-'ezer* 6 : 1.

4. Spécificité du mariage juif

L'engagement mutuel des époux et la « consécration » de la femme à son mari, confèrent au mariage juif un caractère très particulier. De par la nature des *qiddushin*, la femme s'engage envers un homme exclusivement. Si, mariée, elle contracte un second mariage, celui-ci n'a aucune valeur légale.

L'homme quant à lui, n'est pas « consacré » à elle au sens religieux du terme et pourrait épouser plusieurs femmes en toute légalité, chacune d'entre elles ayant le même statut d'épouse. Cette différence fondamentale constitue le fondement de la polygamie, ou plus précisément de la polygynie (plusieurs femmes). Ce principe est de la plus haute importance dans notre étude sur le divorce, car il permettra de comprendre pourquoi les solutions permettant de résoudre un divorce difficile diffèrent selon que l'époux récalcitrant au *geṭ* est l'homme ou la femme. Les aménagements au droit hébraïque apportés par les docteurs dans le domaine du mariage à travers les siècles ne peuvent que retenir notre attention, car ils concernent au premier chef notre étude sur le divorce.

Pourquoi les femmes ne peuvent-elles être polygames ou plus exactement polyandres ?

A l'instar d'autres législations, les unions incestueuses entre proches parents sont formellement bannies[83]. Or, si la femme est l'épouse de plusieurs hommes à la fois, nul ne peut connaître la paternité de ses enfants, lesquels peuvent à leur tour contracter des unions incestueuses à leur propre insu[84]. L'importance accordée à la paternité de l'enfant suscite l'attention des plus vigilantes, car l'équilibre institutionnel est en jeu. Pouvoir statuer en matière de filiation a toujours été l'une des préoccupations majeures des législateurs civils et religieux.

83 *Lévitique* 18, 6-25.

84 *Yoma*, 18b ; *Yevamot*, 37b ; *Mishneh torah, Hilkhot 'issure-bi'ah* 21 : 29. *Ha-Rosh, resp.* 43 : 7, Jérusalem, 1971 (rééd.) ; *'Even ha-'ezer* 2 : 11.

La Torah, quant à elle, ne manifeste qu'aversion et horreur pour les unions entre proches parents, qui semblent avoir été le fait des peuples de la région : « Ne vous souillez point par toutes ces choses ! car ils se sont souillés par elles, les peuples que je chasse à cause de vous, et le pays est devenu impur, et je lui ai demandé compte de son iniquité, et le pays a vomi ses habitants[85]. »

En ce qui concerne la femme mariée, elle fait l'objet de toutes les admonestations mais aussi de toutes les protections. Elle est appelée *'ervah* selon la terminologie biblique, c'est-à-dire « impudicité », pour tout autre homme que son mari. « Si un homme commet un adultère avec la femme d'un autre homme, avec la femme de son prochain, l'homme et la femme adultères doivent être mis à mort »[86]. En outre, la femme adultère devient interdite à son mari et à son amant[87]. La Torah et les docteurs s'accordent pour opposer un refus catégorique à toute femme voulant épouser un autre homme tant que son mariage n'a pas été dissous par un divorce ou par la mort de son époux. Ce dernier point est fondamental, nous le traitons dans le chapitre consacré au divorce.

Si la polygamie est admise par la Torah, pourquoi les docteurs ont-ils adopté la monogamie comme système matrimonial ?

5. *La polygamie*

La Torah admettant la polygamie, a priori rien n'interdit à un homme de remettre des *qiddushin* à plusieurs femmes en même temps. Pourtant, les *'amora'im*[88] désapprouvaient déjà sévèrement cette pratique.

85 *Lévitique* 18, 24.

86 *Ibid.* 20, 10.

87 *Soṭah*, 28a.

88 Les *'amora'im* sont les docteurs du Talmud qui œuvrèrent pendant plusieurs générations pour donner naissance au Talmud de Jérusalem et au Talmud de Babylone (de l'an 220 à la fin du Ve siècle de l'ère vulgaire).

Ils craignaient en effet que la situation suivante ne se produisît: Si un homme se marie dans une ville et qu'à l'insu de sa femme, il en épouse une seconde dans une autre ville, la première encourt le risque d'être abandonnée ou de vivre une situation conflictuelle qui entraînerait diverses conséquences:

a) La multiplication du nombre de *mamzerim* (enfants adultérins) du fait de l'abandon de ces femmes.
b) Les enfants des deux épouses – ignorant tout du lien qui les unit – pourraient se marier entre eux, contractant ainsi des unions incestueuses, la loi les considérant comme frères et sœurs de par leur père[89].

Pour éviter de tels risques, les maris bigames ont été sévèrement sanctionnés: «Il est justifié de prendre des mesures d'excommunication à l'égard de quiconque épouserait deux femmes en même temps»[90]. *(ṭov la'asot taqqanot be-ḥaramot ve-nidduyin 'al mi she-yissa' 'ishah 'al 'ishto).*

Pourtant, il faudra attendre le XIe siècle pour voir l'officialisation de la monogamie s'implanter dans plusieurs communautés juives grâce à la promulgation d'ordonnances rabbiniques émanant de R. Gershom d'Allemagne.

89 *Yoma*, 18b; *Yevamot*, 37b; *Mishneh torah Hilkhot 'issure bi'ah* 21: 29; *'Even ha-'ezer* 2: 11, Schereschewsky, *op. cit.*, p. 58.
90 *'Even ha-'ezer* 1: 11.

Chapitre II
Evolution de la législation rabbinique : Les *taqqanot* de Rabbenu Gershom

Présentation

C'est au VIe siècle, avec la clôture du Talmud, que l'on assiste à l'éclosion de l'époque des *ge'onim*[1] qui se poursuivra jusqu'au milieu du XIe siècle[2]. Durant la quasi totalité de cette période, les prestigieuses Académies talmudiques de *Sura'* et de *Pumbedita'* représentaient le centre spirituel du Judaïsme dans le monde. Les *ge'onim* avaient un ascendant spirituel très fort sur les communautés juives en Babylonie et dans la diaspora. Les échanges de correspondances juridiques *(responsa)*[3] – dont l'institution et l'usage remontent aux juristes romains – se développèrent considérablement à cette époque et finirent par constituer une véritable littérature rabbinique. La dispersion des communautés de la diaspora

1 Cette période est ainsi intitulée car *ga'on* (singulier de *ge'onim*) est le titre honorifique et officiel des chefs des Académies talmudiques de *Sura'* et *Pumbedita'* en Babylonie.

2 En Orient, la période des *ge'onim* se poursuivit jusqu'au XIIIe siècle au cours duquel des *ge'onim* siégeaient encore à la tête des Académies talmudiques de Sura' et de Pumbedita'. Voir S. D. Goiten, *Sidre ḥinnuh bi-me ha-ge'onim 'ad bet ha-Rambam*, Jérusalem, 1962, p. 12 note 2 et pp. 12-21.

3 En hébreu : *She'elot u-teshuvot*. Voir S. B. Freehof, *The Responsa Literature*, Philadelphia, 1959, pp. 23-25.

et la difficulté à interpréter les textes du Talmud pour en déduire la *halakhah*, favorisèrent la multiplication des interprétations et des divergences ainsi que le développement de coutumes locales. Les rabbins des différentes communautés s'adressaient en outre aux maîtres de Babylonie pour répondre aux problèmes graves du moment qui nécessitaient l'avis d'autorités compétentes.

Les ordonnances rabbiniques *(taqqanot)* et les *responsa* des *ge'onim* avaient force de loi pour la majorité des communautés juives et leur notoriété demeurait généralement incontestée. L'aspiration principale des maîtres consistait à faire du Talmud de Babylone la référence *halakhique* pour le Judaïsme dans son ensemble.

Néanmoins, quelque temps avant l'époque des deux derniers chefs d'Académies : Sherira Ga'on et son fils Ḥay Ga'on, la Babylonie perdait progressivement sa place centrale au sein du peuple juif. Les liens qui l'unissaient aux centres spirituels d'Afrique du Nord et d'Espagne, de France ou d'Italie alors en pleine expansion, commençaient à se distendre, de sorte que les rabbins se tournaient plus rarement vers les Académies de Babylonie pour résoudre des problèmes de *halakhah*. Au milieu du XIe siècle, l'Orient (la Babylonie) cessa définitivement d'être l'unique centre spirituel de la diaspora. Les noyaux intellectuels s'étaient déplacés vers l'Occident (l'Afrique du Nord, l'Espagne, l'Allemagne, la France et l'Italie). Désormais, de par le monde, les différentes communautés juives ne s'adressaient plus qu'à leurs maîtres respectifs. Des liens particuliers se tissèrent alors entre les divers centres spirituels de la diaspora; des docteurs de la loi dont l'autorité et la personnalité étaient incontestées, parvinrent ainsi à s'imposer au delà de leur propre communauté.

La fin de l'hégémonie des *ge'onim* qui avaient maintenu l'unité du peuple juif sur le plan de la *halakhah*, engendra des conséquences sans précédent dans l'histoire du droit hébraïque. On put assister alors aux premières tentatives de Codification de la *halakhah* ainsi qu'au développement des *responsa* et des *taqqanot*.

Le déplacement des centres spirituels d'Orient vers l'Occident eut une incidence considérable dans le domaine des ordonnances rabbiniques. Rappelons que jusqu'à la fin de l'époque du Talmud, les docteurs instituaient des *taqqanot* à l'intention du peuple juif dans son ensemble : « Ils étendaient leurs décrets, leurs ordonnances et leurs coutumes à tout le peuple d'Israël, où qu'il fût »[4]. A l'époque des *ge'onim*, cette tendance se poursuivit dans une large mesure mais les *taqqanot* perdirent sensiblement de leur caractère universel au sein du peuple. Avec la prolifération de centres intellectuels et spirituels en Occident, les rabbins de la diaspora occidentale n'imposèrent des *taqqanot* qu'auprès des communautés qu'ils dirigeaient. Celles-ci visaient essentiellement à réglementer la vie communautaire et à résoudre les problèmes spécifiques des Juifs dans leurs pays respectifs, d'où leur appellation : *taqqanot ha-qahal*, « Ordonnances de la communauté ».

Ainsi, entre la fin du Xe siècle et le début du XIe siècle, Rabbenu Gershom ben Yehudah (950 ?-1028)[5] – surnommé « La lumière de l'exil »[6] – figure de proue du Judaïsme ashkénaze, fit adopter en Europe du Nord différentes *taqqanot*, dont les plus connues concernent les lois de la famille.

4 *Rambam, Haqdamah le-mishneh torah,* Jérusalem, Mossad Harav Kook, Vol. 2, p. 12.

5 Il vécut principalement à Mayence en Allemagne.

6 En hébreu : « me'or ha-golah ». Ce qualificatif lui a été attribué du fait de son action dans le domaine législatif : « Rabbenu Gershom bar Yehudah me'or ha-golah shehe'ir 'ene ha-golah be-taqqanotav » (« Rabbenu Gershom fils de Yehudah, lumière de l'Exil, qui a éclairé les yeux de la diaspora par ses ordonnances »). *Sefer hazkarat nefashot, qehillot vormaysha'*, p. 1, cité par Menahem Elon, *op. cit.*, p. 632.

I. Qu'est-ce qu'une *taqqanah* ?

Investis d'un pouvoir que la Torah elle-même leur confère, les docteurs ont depuis l'époque du *Sanhedrin*[7], toute autorité pour légiférer et prendre les mesures religieuses qui s'imposent en fonction de l'époque et du lieu. Ainsi, à travers les siècles, édictèrent-ils des ordonnances destinées à combler un vide juridique[8] ou à modifier la loi afin d'en assurer la pérennité et la sauvegarde. Ces *taqqanot* prescrites dans l'intérêt général[9]

7 Le grand *Sanhédrin (Sanhedrin gedolah)*, composé de 71 membres était l'ancienne Cour suprême et la plus haute institution religieuse d'Israël. Elle se réunissait dans la cour du Temple et avait pouvoir de décision sur toutes les questions d'intérêt national. Elle édictait à la fois des décrets permanents et des règles temporaires et avait toute autorité en matière de *halakhah*.

8 L'évolution socio-économique de la société soulève parfois des problèmes qui ne sont pas toujours envisagés par la *halakhah* et auxquels les docteurs se doivent de répondre sous forme d'adjonctions de nouvelles normes juridiques. *Cf.* Menahem Elon, *op. cit.*, I, p. 405.

9 La *taqqanah* de *Hillel ha-zaken* concernant la loi du *prosbol* illustre parfaitement notre propos. Outre le chômage des terres, l'année sabbatique *(shemitah)*, prévoit la remise des dettes (*Exode* 23, 10-11 et *Lévitique* 25, 2-7). Avant le début de l'ère vulgaire, les conditions économiques et sociales changèrent considérablement. Le système économique de l'époque était fondé sur le crédit. Or, on put constater à l'approche de l'année sabbatique, que les plus fortunés refusaient de prêter leur argent de peur de ne pas être remboursés (*Mishnah Shevi'it* 10 : 3). Cette situation risquait de provoquer une catastrophe économique dont les pauvres auraient été les premières victimes. *Hillel ha-zaken* édicta alors une *taqqanah* qui consistait à élaborer un acte juridique appelé *prozbol*, généralisant le principe du transfert des créances au tribunal (*Mishnah Shevi'it* 10 : 4). Cette ordonnance donnait ainsi satisfaction aux riches et aux pauvres. Les riches pouvaient prêter sans craindre de ne plus être remboursés et les pauvres pouvaient continuer à emprunter. L'ordre social *(tiqqun ha-'olam)* était ainsi maintenu, malgré l'infraction au commandement du Pentateuque : « Tout créancier doit faire remise de sa créance » (*Deutéronome* 15, 2). Voir également E. Urbach, *Ba'ale-ha-Tosfot, Toldotehem, Ḥibburehem ve-shiṭatam*, Jérusalem, Mossad Bialik, 1955.

(mi-pene tiqqun ha-'olam), par des autorités rabbiniques, ont force de loi et sont imposées par la menace d'une amende ou d'un *ḥerem*, « mise au ban de la communauté ». A la différence d'un commandement rabbinique imposable à l'ensemble du peuple juif, la validité d'une *taqqanah* est circonscrite au groupe restreint qui l'a adoptée.

Dans le domaine du régime matrimonial, R. Gershom fit adopter, lors d'un Concile rabbinique connu sous le nom de Synode de Worms, deux *taqqanot*[10] exceptionnelles pour l'avenir et la sauvegarde de l'institution matrimoniale. Ces ordonnances ne furent jamais contestées ultérieurement par les décisionnaires rabbiniques et font encore autorité aujourd'hui[11]. Elles furent même comparées aux lois d'origine divine *(miṣvah de-'orayta')*. *Rashi*[12] lui-même écrit : « Rabbenu Gershom, Lumière de l'Exil, par la bouche duquel nous vivons, tous les exilés d'Europe de France et d'Italie sont ses disciples »[13]. *Ha-rosh*, acronyme de R. Asher ben Yeḥyiel (1280-1340), décisionnaire rabbinique incontesté du début du XIVe siècle écrit à son sujet : « Ses ordonnances et ses décrets sont définitifs et effectifs comme s'ils avaient été promulgués sur le Mont Sinaï »[14]. Examinons donc ces ordonnances.

10 A travers les principales sources rabbiniques, on recense dix à quatorze *taqqanot* adoptées par R. Gershom, concernant la vie communautaire – d'où leur nom, *taqqanot ha-qehillot* – parmi lesquelles figurent deux des plus connues, relatives à l'institution matrimoniale. Voir Avraham Grossman, *ḥahme-ashkenaz ha-rishonim*, [*The Early Sages of Ashkenaz, Their lives, Leadership and Works*], Jérusalem, Magnes Press, The Hebrew University, 1988, p. 134.

11 Sauf dans quelques rares communautés de rite oriental.

12 *Rashi* (1040-1105), est l'acronyme de Rabbi Shelomoh Yiṣḥaqi. Originaire de Troyes en Champagne, son exégèse de la Bible et du Talmud lui confère une autorité sans pareille parmi ses pairs. Son œuvre a incontestablement marqué la littérature rabbinique postérieure.

13 *Rashi*, Resp. 70, *Teshuvot Rashi*, éd. Y. S. Alphenbein New York, 1943, Jérusalem, 1967, rééd.

14 Ha-Rosh, resp. 43. *She'elot u-teshuvot ha-Rosh*, reéd. Jérusalem, 1971. Voir Menahem Elon, *op. cit.*, vol. 1, p. 545.

II. Les *taqqanot* de Rabbenu Gershom

Les deux ordonnances principales adoptées par R. Gershom et son tribunal rabbinique concernaient la polygamie et le divorce[15].

La première *taqqanah* bannit la polygamie. Alors que la Bible autorisait la polygamie, cette ordonnance fut promulguée afin d'éviter les excès et de pallier toute situation conflictuelle engendrée par une situation matrimoniale en contradiction avec les lois en vigueur dans la société environnante[16]. Le Christianisme – alors religion dominante dans les pays d'Europe – n'admettait pas la polygamie.

Outre ce facteur social, cette mesure visait à protéger la femme de façon effective. Connue sous le nom de *ḥerem de-Rabbenu Gershom*, cette ordonnance refusait à l'homme le droit d'épouser une seconde femme pendant le premier mariage, à moins d'en avoir expressément reçu l'autorisation émanant de cent rabbins de trois pays différents (ou trois régions différentes). Cette restriction appelée *hetter me'ah rabbanim*, qui constitue une mesure d'exception, est encore en vigueur en Israël aujourd'hui, lorsqu'aucune solution n'est trouvée pour résoudre un cas de divorce particulièrement difficile[17].

Dans le même esprit, une seconde *taqqanah* interdit le divorce sans le consentement préalable de la femme, au risque d'invalider le *geṭ*[18]

15 Les *taqqanot* de R. Gershom sont rapportées dans les *responsa* de R. Me'ir de Rothenburg, 159, parag. 3 et suiv., Prague, 1628. Voir M. Zilberg, *Ma'amad ha-'ishi be-Yisra'el*, (4e éd.), Jérusalem, 1965, pp. 158-170; 429-434;

16 *'Even ha-'ezer* 1: 9.

17 Ce point important est d'ailleurs traité dans les chapitres consacrés au divorce et aux *'agunot*, dans lesquels sont exposées les solutions présentées par les rabbins pour tenter de résoudre certains problèmes liés au divorce en Israël aujourd'hui.

18 Bien qu'attribuées à R. Gershom, l'origine de ces *taqqanot* fut controversée par certains historiens parmi lesquels Avraham Grossman. Selon lui, il est peu probable que R. Gershom ait pris lui-même des initiatives d'une telle importance, étant donné leur caractère quelque peu révolutionnaire dans le domaine du droit de la famille, (selon l'avis même de R. Gershom). Voir Avraham Grossman, *op. cit.*, pp. 147-148.

(« taqqanah she-lo' litten geṭ le-'ishah be'al korḥah ve-'en ha-geṭ kelum »). Jusqu'alors, l'homme pouvait décider de répudier son épouse sans obtenir son consentement. Par cette seconde *taqqanah*, la répudiation unilatérale biblique prenait ainsi la forme d'un divorce par consentement mutuel et ce, avant la lettre. R. Gershom et ses pairs craignaient en effet de voir les hommes contourner l'interdit de la polygamie en abusant de leur droit au divorce ou plus exactement de leur droit à la répudiation. De ce fait, la femme était désormais placée – du moins en théorie – sur un même pied d'égalité que l'homme dans le domaine du divorce. Dans un *responsum*[19], le Rosh écrit : « Il [R. Gershom] a institué l'égalité des pouvoirs de l'homme et de la femme : de même que l'homme ne peut divorcer que de son plein gré, on ne peut divorcer de sa femme que si elle est consentante ». En réduisant les facultés de l'homme à divorcer, cette mesure permet une plus grande protection de la femme, l'omnipotence maritale n'est désormais plus absolue[20].

Ces ordonnances reposaient sur des fondements très sérieux dans le droit hébraïque. Le Talmud prévoit qu'un homme ne peut épouser plusieurs femmes à moins qu'il ne soit en mesure de respecter – avec chacune d'entre elles – les engagements inscrits dans la *ketubbah*[21]. Dans le cas où il ne pourrait assumer ses responsabilités, il y a de fortes présomptions que des querelles troublent la paix du ménage, or le Talmud veut précisément éviter une telle situation.

D'autre part, dans les temps aussi reculés que l'époque du Talmud, les sages prévoyaient que quiconque épouserait une seconde femme pendant un premier mariage se verrait dans l'obligation de divorcer et de remettre à sa femme le montant de sa *ketubbah (ha-nose' 'ishah 'al 'ishto yoṣi' ve-yitten ketubbah)*[22]. Un divorce effectué contre la volonté

19 *Ha-Rosh, Resp.* 42. Voir Schereschewsky, *op. cit.*, p. 279.

20 Lucien Kadouch, *Divorce juif et tribunaux civils français, solutions les plus récentes de jurisprudence et de doctrine*, Paris, éd. Librairie Lipshutz, 1935, p. 54.

21 *Yevamot*, 65a. *Mishneh torah, Hilkhot 'ishut* 14 : 3 ; *'Even ha-'ezer* 1 : 9.

22 *Yevamot, ibid.*

de la femme est également découragé, à moins qu'une raison valable ne l'impose *(le-fi din torah, rash'ay 'adam le-garesh 'et 'ishto be'al korḥah, 'ella' she-lo' ra'uy la'asot kakh 'ella' 'im ken maṣa' bah 'ervat davar)*[23].

Au Moyen Age, certaines communautés ashkénazes avaient décidé d'insérer une clause dans la *ketubbah*, stipulant que le mari ne prendrait pas une seconde femme pendant le mariage « conformément à la *taqqanah* de R. Gershom ». Même si la *ketubbah* fait omission de cette clause, une telle omission est considérée comme une « erreur cléricale »[24].

Dans les communautés séfarades, non concernées par les *taqqanot* de R. Gershom, une clause stipule que l'homme ne peut épouser une seconde femme qu'avec le consentement de son épouse ou du tribunal rabbinique, dans le cas où – après plusieurs années de mariage – la femme n'aurait toujours pas d'enfant[25].

– *Champ d'application et durée des taqqanot de R. Gershom.* – R. Shelomoh ben 'Aderet, plus connu sous l'acronyme de RaSHBA' (XIVe siècle), estime que la *taqqanah* de R. Gershom devait à l'origine être

23 *Mishnah Yevamot* 14 : 1, *Mishnah Giṭṭin* 9 : 10.

24 *'Even ha-'ezer* 1 : 10.

25 En ce qui concerne les Juifs du Maroc, il convient de fournir ici quelques précisions. Les *toshavim* (Juifs autochtones) pouvaient – conformément au droit biblique – avoir plus d'une épouse. La polygamie était cependant peu pratiquée. En effet, il était de coutume d'inclure une clause dans la *ketubbah*, « interdisant au mari de prendre une deuxième femme sans le consentement préalable de son épouse ». De fait, la bigamie était limitée au cas où l'épouse légitime était stérile. Les ordonnances castillanes, introduites au Maroc par les *megorashim* (« Expulsés » d'Espagne) dès la fin du XVe siècle, rendirent cette clause prohibitive obligatoire. La *ketubbah* castillane stipule : « [...] Le dit époux s'interdit de contracter tout autre mariage tant que durera son union avec son épouse susnommée [...] sous peine d'être contraint de lui délivrer son *geṭ* en lui payant au comptant le montant total de son douaire fixé à la somme de [...] Le présent acte est fait et accepté par les deux conjoints susnommés sous le régime mosaïque dit ‹ régime castillan › ». Pendant près d'un siècle, ce régime fut appliqué et la bigamie disparut, sauf cas exceptionnels. Pourtant, en 1593, les usages locaux et les coutumes des *toshavim* entraînèrent un retour à la bigamie pour des cas spécifiques et sous certaines conditions. *Cf.* Haïm Zafrani, *op. cit.*, pp. 86-93.

limitée dans le temps et dans l'espace. Elle fut fixée pour durer jusqu'à la fin du Ve millénaire du calendrier hébraïque, soit jusqu'à l'an 1240[26]. D'autres rabbins pensent que sa durée était illimitée. Effectivement, ces résolutions sont restées en vigueur longtemps après cette date et ont pris force de loi[27].

La question du temps ne comporte en réalité que très peu d'intérêt eu égard à notre sujet. En revanche, le champ d'application de ces mesures revêt une importance extrême. R. Gershom ne les avait imposées que dans les pays où son autorité était reconnue, c'est-à-dire dans tous les pays d'Europe du Nord. De ce fait, seuls les Ashkénazes étaient tenus d'appliquer ces nouvelles mesures. Les Séfarades, vivant alors autour du bassin méditerranéen, ainsi que les Juifs des pays orientaux tels que le Yémen ou l'Irak ne furent en aucun cas concernés par ces ordonnances. Maïmonide, originaire d'Espagne, n'en fit jamais mention dans ses écrits. Néanmoins, le principe de la nécessité du consentement de la femme au divorce fut adopté dans les pays et les communautés qui admettaient ce principe[28]. Aujourd'hui, la monogamie est la coutume officielle des pays d'accueil; elle a supplanté la polygamie, du moins dans tous les pays de culture occidentale.

Toutefois, la différence que nous venons de relever concernant les Ashkénazes et les Séfarades, justifie la différence de statut des uns et des autres à l'égard du divorce, les rabbins étant contraints de statuer différemment – en fonction de l'origine des hommes – lorsqu'ils sont

26 *'Even ha-'ezer* 1: 10. *Encyclopedia Judaica,* Art. *Bigamy and monogamy;* vol. 4, p. 987. Avraham Grossman, *op. cit.*, p. 149

27 Ha-rosh, *Resp.* § 43; *'Even ha-'ezer* 1: 10. *'Arukh ha-shulḥan* sur *'Even ha-'ezer* 1: 23.

28 *'Arukh ha-shulḥan* 119: 14. En 1947, une *taqqanah* allant dans ce sens fut promulguée par les rabbins du Maroc: «On ne peut en aucun cas autoriser le divorce sans le consentement préalable de la femme et seulement après qu'un tribunal composé de trois juges a été constitué». *Comptes rendus du Premier Conseil Annuel des Grands rabbins du Maroc,* «Takanot», Inspection des Institutions Israélites du Maroc, Direction des Affaires Chérifiennes, Casablanca, 1947, p. 13.

confrontés à un couple dont la femme refuse ou bien n'a pas la faculté d'accepter le *geṭ*, en cas d'aliénation mentale par exemple.

Ainsi, chez les Séfarades, une simple autorisation *(ḥetter nissu'in)* du tribunal rabbinique suffit pour permettre à l'homme d'épouser une seconde femme, tandis que chez les Ashkénazes, un *ḥetter me'ah rabbanim* est nécessaire.

Outre les *taqqanot* de R. Gershom, les rabbins du Moyen Age édictèrent de nombreuses ordonnances qui font l'objet des paragraphes suivants puisqu'elles comportent un intérêt fondamental pour notre sujet et montrent, à travers les mesures visant à protéger la femme, comment le statut de celle-ci a évolué au cours des siècles.

III. *Taqqanot* de Rabbenu Tam et *taqqanot* de Troyes

Entre la fin du XIe siècle et le début du XIIe siècle, après la tragique époque des Croisades en Europe, la nécessité d'instituer des *taqqanot* dans différents domaines de la vie juive se fit sentir. Au milieu du XIIe siècle, un Concile rabbinique rassemblant les chefs spirituels d'Allemagne et de France se tint dans la ville de Troyes en Champagne, avec à leur tête Rabbenu Tam[29] et son frère R. Shemuel fils de R. Me'ir. Diverses mesures y furent adoptées, parmi lesquelles deux *taqqanot* visant à protéger le statut de la femme mariée.

29 R. Yaakov Tam de Ramerupt (1100-1171), petit-fils de Rashi et principal rédacteur des *Tosafot* (gloses sur le Talmud selon la méthode de l'Ecole française du Moyen Age). Illustre talmudiste, il exerça une influence notoire sur la méthodologie de l'interprétation talmudique et sur l'ensemble de la loi juive. Il s'éleva avec véhémence contre l'utilisation de moyens coercitifs dans le *geṭ*.

– *Interdiction de contester la validité du geṭ après sa remise à la femme.* – R. Tam décréta qu'il était formellement interdit d'émettre une quelconque contestation sur la validité du *geṭ* après la remise de celui-ci à la femme[30]. Cette *taqqanah* fut édictée afin d'éviter que la femme ne fût détentrice d'un *geṭ* « contesté », ce qui entraînerait pour elle et ses enfants des conséquences dramatiques au cas où elle se serait remariée[31].

– *Interdiction pour un homme d'abandonner son épouse.* – Un homme n'est pas en droit de laisser son épouse seule au domicile conjugal pendant une période supérieure à dix-huit mois sans l'autorisation du tribunal rabbinique et seulement après que la femme lui a donné son accord, lequel doit être formulé devant des témoins dignes de foi. Cette autorisation n'est accordée à l'homme que si son départ est justifié par des motifs d'ordre économique ou s'il souhaite étudier la Torah, mais à la seule condition que le couple vive en harmonie. A son retour de voyage, l'homme se doit de demeurer aux côtés de son épouse au moins six mois.

Cette *taqqanah* visait donc à protéger la femme d'un abandon conjugal *('iggun)* de façon concrète, en imposant au mari une conduite responsable à son égard devant les autorités rabbiniques.

– *Taqqanah sur les lois successorales.* – Une autre *taqqanah* édictée par R. Tam et ses collègues réglemente strictement le partage des biens de la femme[32]. En cas de décès de cette dernière dans la première année du

30 Voir *Sefer ha-yashar le-rabbenu tam, ḥeleq ha-ḥiddushim*, § 140, Ed. Shraga Fish Rosenthal, 1898.

31 *Cf. infra* cérémonial du *geṭ* en annexe p. 287.

32 La *halakhah* prévoit que l'homme hérite de tous les biens de sa femme, y compris de sa *nedunyah.* En revanche, la femme n'hérite pas de son mari (*Mishnah Baba' Batra'* 8 : 1 ; *Baba' Batra',* 109b ; 111b) ; elle a seulement le droit de demeurer au domicile conjugal et d'être entretenue par les biens de l'héritage tout le temps de son veuvage. En principe, seuls les garçons héritent de leur père et les filles sont entretenues jusqu'à leur mariage. Pourtant, afin d'inciter les pères de famille à partager leurs biens équitablement entre les filles et les garçons, une *taqqanah* datant

mariage, son conjoint hériterait de tous ses biens sauf de la *nedunyah* qui reviendrait au père de la défunte ou à celui qui la lui aurait fournie. Par le biais de cette ordonnance, la famille de la femme « récupérait » les biens qui lui appartenaient[33]. Appelée depuis *taqqanat Rabbenu Tam* – dont les conditions d'application furent élargies par les *taqqanot SHUM*[34] au début du XIIIe siècle – cette ordonnance constituait une véritable révolution dans le domaine des lois successorales dans la mesure où elle était en totale opposition avec les lois de la Torah.[35]

de l'époque talmudique fut imposée: Si la femme décédait, son mari héritait de ses biens. Si à son tour le mari décédait, tous les enfants – y compris ceux d'un autre lit – héritaient de ses biens (incluant ceux qu'il avait lui-même hérités de son épouse). Ainsi, la fortune de la défunte était distribuée entre ses propres enfants et ceux nés d'un autre lit. Si, de surcroît, elle n'avait pas eu d'enfant pendant son mariage, sa fortune intégrale était distribuée à une famille « étrangère ». Pour faire en sorte que les biens de la femme demeurent dans le giron familial, les docteurs instituèrent une *taqqanah* appelée « ketubbat benin dikhrin » qui reconnaissait aux seuls garçons de cette femme le droit d'hériter de leur mère, au décès du père. Quant aux biens du père, ils étaient distribués à parts égales entre tous ses fils et ainsi, la fortune de la femme restait dans le giron familial. Les pères de famille étaient ainsi encouragés à distribuer une partie de leurs biens à leurs filles, car ils pouvaient être sûrs qu'en cas de décès de celles-ci, leur fortune ne passerait pas aux mains d'une autre famille. Cette *taqqanah* ne modifiait en rien les lois successorales de la Torah, mais d'une façon détournée, les filles bénéficiaient d'une partie des biens de leur père (*Ketubbot*, 52b). La *ketubbat benin dikhrin* fut annulée au Xe siècle par les *ge'onim;* il s'avéra, semble-t-il que les pères de famille avaient tendance à favoriser leurs filles au détriment de leurs fils. Voir S. Assaf, « Biṭṭulah shel ketubbat benin dikhrin », *Ha-ṣofeh le-ḥokhmat yisra'el* 10 (1926), pp. 18-30.

33 *Sefer ha-yashar le-rabbenu tam, ḥeleq ha-ḥiddushim,* § 788 (Edition Shlessinger, pp. 465-466). Cette *taqqanah* ne s'appliquait qu'à la première année du mariage, car après plusieurs années de mariage, on estimait que ceux qui avaient fourni la *nedunyah* l'avaient déjà oubliée depuis longtemps. Les conditions de la succession étaient donc déterminées par la durée du mariage de la femme.

34 *SHUM* est l'acronyme des noms des trois villes: Spire, Worms et Mayence qui ont adopté les *taqqanot* de Rabbenu Tam et en ont élargi les conditions d'application.

35 A la fin de sa vie, R. Tam revint sur cette *taqqanah* (*Ketubbot*, 47a), mais elle fut néanmoins adoptée et élargie par les *taqqanot SHUM*. Voir Menahem Elon, *op. cit.*, pp. 678-679.

Appliquées d'abord en France et en Allemagne, ces *taqqanot* s'étendirent à la Pologne, la Lituanie, la Russie, la Hongrie, la Moravie et la Bohème.

A la même époque, en Espagne, des *taqqanot* similaires réduisaient plus encore la part d'héritage du mari sur les biens de sa femme. Dans tous les cas de figure, le mari ne pouvait hériter que de la moitié des biens de son épouse; l'autre moitié revenant aux descendants (garçons ou filles), ou aux ascendants de la défunte. Appelées *taqqanot Tolitola u-Molina* (ordonnances de Tolède et de Molina), ces ordonnances furent par la suite étendues à toute l'Espagne, au Maroc et à l'Algérie.

Au XVe siècle, les *taqqanot* de Valladolid en Espagne (1432), touchèrent à des domaines aussi variés que l'éducation, la désignation des juges, les relations avec les non juifs et avec l'Etat, les impôts ou encore les signes extérieurs de richesse. Il sagissait d'interdire l'excès de bijoux en or, les vêtements et les festins trop ostentatoires (en dehors des fêtes), pour éviter tout endettement et pour ne susciter ni haine ni jalousie. Cette *taqqanah* réglementait strictement les conditions dans lesquelles les femmes notamment, avaient le droit de se parer.

IV. *Taqqanot* de R. Me'ir de Rothenburg et de R. Peres de Corbeil

A l'initiative du Maharam de Rothenburg et de R. Peres de Corbeil, différentes *taqqanot*, respectivement en Allemagne et en France, furent adoptées au cours de la deuxième moitié du XIIIe siècle, principalement dans le domaine du droit de la famille.

R. Peres institua une *taqqanah* particulière à l'intention de l'homme qui inflige des sévices corporels à son épouse. Déjà à l'époque des *ge'onim*, il est fait état d'un *responsum* condamnant l'homme qui se livre à des violences physiques sur son épouse, à verser une amende. Le raisonnement tenu par R. Me'ir de Rothenburg contient en substance la thèse suivante :

> Il est interdit de battre un homme même si on n'est pas dans l'obligation de l'honorer. A fortiori, ce commandement s'applique-t-il à la femme que l'on est tenu de respecter. Il faut la respecter plus que son propre corps[36] [...] ce n'est pas dans les habitudes de notre peuple de battre une épouse à l'instar des autres peuples. A Dieu ne plaise aux fils de l'Alliance d'agir ainsi. Et si le cas d'une femme se plaignant que son mari la bat se posait, nous traiterions le coupable avec plus de sévérité que s'il avait battu un homme[37].

R. Peres menaça de *ḥerem* quiconque ferait subir des châtiments corporels à son épouse et il institua que si une femme abandonnait le domicile conjugal pour cette raison, elle bénéficierait d'une pension alimentaire digne de son statut et conforme à la coutume locale[38].

Cette mesure en faveur de la femme retient toute notre attention car en principe lorsqu'une femme abandonne le domicile conjugal, elle perd le droit à la pension alimentaire ; or cette *taqqanah* donne droit à la femme en désignant son mari comme le coupable de cet abandon[39].

36 *Yevamot*, 62b et *Mishneh torah, Hilkhot 'ishut* 15 : 19.

37 La *taqqanah* de R. Peres de Corbeil est composée de deux parties :
1) Sur requête de la femme ou de sa famille, le mari est tenu – sous peine de *ḥerem* – de ne pas frapper sa femme.
2) Si le mari refuse de se conformer à cette mesure, la femme a le droit de percevoir sa pension alimentaire *(mezonot)*, comme lorsqu'un homme part en voyage outre-mer. Cette *taqqanah* fut envoyée à la même époque sous forme de proposition à d'autres rabbins. *Responsum* de R. Me'ir de Rothenburg, Crimée, 1557. Voir Louis Finkelstein, *Jewish Self-Government in the Middle Ages*, New York, 1924, pp. 69-71.

38 Louis Finkelstein, *op. cit.*, p. 216.

39 *'Even ha-'ezer* 70 : 12 *(Rama')*. Voir B. Schereschewsky, *op. cit.*, p. 137.

Les quelques ordonnances évoquées montrent que depuis le Haut Moyen Age, la préoccupation et l'objectif majeurs des rabbins consistaient toujours à protéger la femme de l'omnipotence maritale. L'interdiction de contester la validité d'un *geṭ*, d'abandonner la femme plus d'un certain temps ou de la battre constituent autant de mesures qui, à l'instar de celles de R. Gershom concernant la monogamie et la nécessité du consentement de la femme dans un divorce, ont sensiblement amélioré le statut de la femme au cours des siècles.

Lors d'un Concile rabbinique national convoqué en 1950 par les Grands rabbins d'Israël, le principe de la monogamie fut adopté sous forme de *taqqanah* pour tous les Juifs d'Israël quelles que fussent leurs origines. Toutefois, si un homme venait à contracter une seconde alliance sans avoir au préalable divorcé de sa première épouse, ce mariage ne serait pas invalidé – car la Torah l'autorise – il devrait cependant être dissous par un divorce, conformément à cette *taqqanah.*

Cette ordonnance ne s'applique cependant pas aux immigrants dont la bigamie est antérieure à leur arrivée en Israël. Ceux-ci ne sont pas tenus de divorcer. Il faut reconnaître néanmoins que dans certains cas bien précis, telle que l'aliénation mentale de la femme, une autorisation spéciale émanant d'un tribunal rabbinique peut être délivrée pour permettre une seconde alliance tandis que le premier mariage n'est pas dissous, faute de pouvoir obtenir le consentement de la femme. Mais avant d'examiner ce point, rappelons succinctement les procédures de divorce dans la Bible et le Talmud et leur évolution dans la littérature rabbinique.

Chapitre III
Le divorce

Introduction

Malgré l'importance qu'accorde le Judaïsme à l'institution matrimoniale, il admet néanmoins la possibilité de dissoudre le mariage autrement que par la mort de l'un des conjoints. Le droit hébraïque accorde en effet toute licence aux individus pour rompre leur union par le biais d'un acte écrit appelé *geṭ*. Délivré selon un cérémonial et des critères très précis, ce certificat est exclusivement destiné à la femme. Il lui octroie le droit de contracter un second mariage en toute légalité, préserve ainsi à la fois sa propre personne et l'équilibre institutionnel et garantit en outre la filiation des individus.

D'origine biblique, le divorce est ainsi énoncé dans le Deutéronome :

> Quand un homme aura pris une femme et cohabité avec elle ; si elle cesse de lui plaire parce qu'il aura remarqué en elle quelque chose de malséant, il lui écrira un libelle de divorce, le lui mettra en main et la renverra de chez lui. Si, sortie de la maison conjugale, elle se remarie et devient l'épouse d'un autre homme, et que ce dernier, l'ayant prise en aversion, lui écrive un libelle de divorce, le lui mette en main et la renvoie de chez lui ; ou que ce même homme qui l'a épousée en dernier lieu, vienne à mourir, son premier mari, qui l'a répudiée, ne peut la reprendre une fois qu'elle s'est laissée souiller, car ce serait une abomination devant le Seigneur : or, tu ne dois pas déshonorer le pays que le Seigneur, ton Dieu, te donne en héritage[1].

1 *Deutéronome* 24, 1-4.

Si dans sa partie législative, la Bible autorise clairement le divorce – faute de pouvoir interdire cette tradition déjà ancienne – elle ne l'en condamne pas moins, avec sévérité, par la bouche de ses prophètes :

> A cause de vous, l'autel de l'Eternel est couvert de larmes de pleurs et de sanglots [...] parce que l'Eternel est témoin entre toi et la femme de ta jeunesse que tu as trahie, elle qui est ta compagne, ta femme unie à toi par un pacte [...] Que personne ne trahisse la femme de sa jeunesse ! Car je hais la répudiation, dit l'Eternel Dieu d'Israël.[2]

Commentant ces dernières paroles, les docteurs du Talmud concluent le traité Giṭṭin[3] par ces mots : « Même l'Arche sainte verse des larmes sur celui qui répudie la femme de sa jeunesse »[4].

Considéré comme un mal nécessaire, le divorce n'a jamais été qu'une option de dernier recours. En effet, l'histoire de l'institution matrimoniale montre que les législateurs ont toujours veillé à sauvegarder la cellule familiale à tout prix. L'ensemble des lois relatives au divorce laisse entendre d'ailleurs, que tout a été mis en œuvre pour éviter ou du moins pour retarder la dissolution du mariage, laissant ainsi aux conjoints le temps de la réflexion et de la réconciliation.

Malgré leur volonté de préserver l'union matrimoniale, il appartenait aux docteurs du Talmud ainsi qu'à leurs successeurs, de légiférer à partir du texte deutéronomique, analysant chaque mot pour en extraire la « substantifique moelle » et en déduire non seulement le sens obvie, mais également le sens caché, comme l'exige la tradition talmudique en matière d'interprétation biblique.

Dotés d'un esprit d'une logique subtile et implacable, allié à un sens très poussé de la dialectique, les docteurs du Talmud ont donc interprété ces versets et établi la *halakhah*,[5] la marche à suivre en toutes circonstances et qui épouse, comme son nom l'indique, un mouvement dynamique perpétuel.

2 *Malachie* 2, 13-16.

3 *Giṭṭin* : Traité du Talmud qui traite essentiellement du divorce.

4 *Giṭṭin*, 90b.

5 De la racine hébraïque *H.L.KH.* (marcher), le terme *halakhah* désigne un Code de jurisprudence rabbinique établi par les docteurs au cours des siècles et constitue la

I. Le divorce dans la Bible

Rappelons au préalable quelques précisions étymologiques à propos de la terminologie employée en matière de divorce.

La racine hébraïque *G.R.SH.* qui compose les termes *gerushin* (divorce), *gerushah* (divorcée), ainsi que le verbe *geresh* (divorcer) – verbe transitif en hébreu – a le sens de chasser, expulser[6], répudier[7]. Dans la littérature rabbinique, ce verbe ne s'emploie qu'avec un sujet masculin puisque seul l'homme répudie son épouse; la femme n'ayant – dans la Bible – aucune prérogative en la matière. Il serait donc justifié de parler de répudiation plutôt que de divorce. En français, ce dernier terme sous-entend une action bilatérale, proche de son acception moderne et occidentale. Pour traduire ce concept en hébreu, on a plus tardivement eu recours à la conjugaison de cette racine à la forme dite pronominale, donnant ainsi le verbe *hitgaresh*, impliquant la notion de réciprocité. Cette forme n'est bien entendu pas attestée dans la Bible qui ne connaît que la répudiation unilatérale.

Dans notre étude cependant, nous emploierons de préférence le mot divorce, et n'utiliserons le terme répudiation que lorsque nous mettrons l'accent sur l'aspect unilatéral du divorce.

---

partie normative de la Loi orale. R. Nathan fils de R. Yeḥyiel de Rome, auteur de *Ha-'arukh* (XIe siècle), la définit comme « quelque chose qui avance, qui vient du passé et demeure sans fin, ou comme un mode de vie pour le peuple d'Israël ». (cité par Menahem Elon, *op. cit.*, pp. 83-84).

6 Dieu dit à Moïse: « [...] Je chasserai de devant toi l'Amoréen, le Cananéen [...] » Exode 34, 11; « [...] J'enverrai devant toi [Moïse] un ange, par lequel j'expulserai le Cananéen; l'Amoréen [...] ». *Ibid.* 33, 1.

7 Dans la littérature biblique, la racine *G.R.SH.* dans le sens de répudier, n'apparaît qu'en *Lévitique*, dans le terme *gerushah*: « [...] Une femme répudiée par son mari, ils [les prêtres] ne l'épouseront point [...] ». (*Lévitique* 21, 7). « Une veuve, une femme répudiée ou déshonorée, une courtisane, ils ne l'épouseront pas [...] ». *Ibid.* 21, 14.

Dans le Pentateuque, le cas de la femme divorcée est explicitement mentionné à plusieurs reprises dans le Lévitique, bien avant que le Deutéronome – qui constitue la partie législative de la Bible – en fasse état. Outre le Pentateuque, de nombreuses attestations, dont certaines datent de la plus Haute Antiquité, semblent prouver que le divorce était non seulement monnaie courante, mais qu'il faisait l'objet d'un contrat dont les termes sont très proches de ceux que la tradition a conservés à ce jour.

Dans une symbolique du divorce entre Dieu et son peuple infidèle qui l'a « trompé », le prophète Osée reprend quelques termes qui évoquent ceux du *geṭ*, l'acte de divorce : « hi' lo' 'ishti va-'anokhi lo' 'ishah » (« Elle n'est plus mon épouse et je ne suis plus son époux »). Une ancienne version d'un *geṭ* caraïte[8] retranscrit d'ailleurs textuellement ce verset d'Osée. Un contrat de mariage en araméen, datant de l'an 421 avant l'ère vulgaire, comporte une clause relative au divorce dans un langage proche de celui d'Osée. Par conséquent, il semblerait que la version figurant chez ce prophète soit la version contraire *(contraria verba)* à celle du mariage : « Elle est mon épouse et je suis son mari ». D'anciens contrats de mariage sumériens et acadiens font état du même langage.

Ces attestations nous renseignent sur cette coutume qui existait donc sans conteste parmi les peuples de l'Antiquité et que le Législateur a probablement préféré réglementer pour en réduire les effets.

Pourtant, comme nous avons pu le constater, la brièveté et l'imprécision caractérisent la législation biblique du divorce, ce qui incitera les docteurs à combler ultérieurement cette lacune.

8 Le Caraïsme, secte dissidente du Judaïsme, se distingue du Judaïsme rabbinique par son rejet de la Loi orale (La *Mishnah* et le Talmud). Selon la plupart des historiens, l'origine du Caraïsme remonterait à la révolte d'Anan ben David au VIIIe siècle. Les Caraïtes en revanche, estiment que leur secte trouve ses origines dès l'époque du Second Temple au sein de la secte de Qumran. Au Moyen Age, ils furent considérés comme une secte très dangereuse pour le Judaïsme rabbinique. Aujourd'hui, on compte environ 20 000 Caraïtes en Israël et quelques milliers à travers le monde. Voir Colette Sirat, *La philosophie juive médiévale en terre d'Islam*, Paris, Presses du C.N.R.S., 1988, pp. 53-55.

Il ressort néanmoins de cette législation biblique quelques principes de base :

1. Il n'y est question que d'une prérogative masculine et donc unilatérale.
2. Si l'homme découvre chez sa femme une cause de divorce provoquant le dégoût en lui *('ervat davar)*, il peut la répudier.
3. Cette répudiation se traduira par un acte écrit, dont la femme devra prendre possession.
4. L'homme pourrait envisager la réconciliation et reprendre sa femme, à condition qu'elle n'ait pas contracté un second mariage, également dissous par un divorce ou par la mort de son second mari.

Néanmoins, ni la cérémonie du divorce ni le contenu de l'acte ne sont détaillés dans la Bible. C'est le Talmud qui nous offre des explications à ce sujet.

II. Le divorce dans la tradition rabbinique

A l'instar des sujets ayant trait au droit de la famille, la question du divorce fait l'objet d'une très vaste littérature rabbinique foisonnant de détails, abondamment illustrée dans les *Lois relatives au divorce* de Maïmonide. Dans le présent chapitre, j'aborderai succinctement les questions fondamentales et déterminantes pour la bonne compréhension du divorce juif aujourd'hui, ainsi que les répercutions de la *halakhah* sur les problèmes rencontrés à l'époque contemporaine. Je rappellerai au préalable les fondements de la *halakhah* sur le divorce, son évolution et les solutions préconisées par des rabbins contemporains pour résoudre les problèmes inhérents au divorce juif.

Evoquons tout d'abord une précision d'ordre sémantique. L'acte de divorce est plus connu sous le nom de *geṭ*. Il faut cependant noter que ce terme n'apparaît pas dans la Bible. Celle-ci utilise en effet l'expression « sefer keritut »[9] : lettre de rupture, qu'Onqelos traduit par *geṭ piṭṭurin :* « acte de répudiation »[10]. Dans le Talmud, le mot *geṭ* a le sens de *shṭar*[11] et désigne tout simplement un contrat. Son usage est courant en matière de contrats de natures diverses, il n'est pas essentiellement réservé au domaine du divorce. L'acte de divorce de la femme, appelé « geṭ ha-'ishah », a fini par s'appeler simplement *geṭ*[12]. Il convient également de préciser que la valeur numérique *(gimaṭriyya')* des lettres qui composent le mot *geṭ* est 12, correspondant au nombre de lignes que comporte le *geṭ*.

– *Les dix grands principes du divorce.* – Le texte du Deutéronome (24, 1-4) a inspiré aux docteurs du Talmud dix grands principes fondamentaux ainsi résumés :

1. « Si elle cesse de lui plaire » : l'homme ne divorce que de son plein gré. Si la femme a reçu un *geṭ* établi contre la volonté de son époux, elle n'est pas divorcée. L'emploi unilatéral de ce verbe indique un principe fondamental d'origine biblique : la femme subit le divorce, elle n'y prend aucune part active.
2. « Il lui écrira une lettre de rupture » : la femme n'est divorcée que par un acte écrit. Cet acte comporte avec précision la date, le lieu de la rédaction de l'acte, les prénoms de l'homme et ceux de son père, ainsi que

9 *Deutéronome* 24, 1-4, *Isaïe* 50, 1 et *Jérémie* 3, 8. Le terme *keritut* est sans doute le vestige d'une cérémonie ayant cours lors du divorce à une époque très reculée. Lors de cette cérémonie, le mari déchirait le pan du vêtement de sa femme en signe de divorce, comme l'atteste le Code sumérien (7e tableau, 2e colonne, 30e ligne) : « et kenaf bigdah karet » (« il déchire le pan de son vêtement »). Ce geste correspond à l'inverse *(contrarius actus)* de la cérémonie du mariage contracté symboliquement par un nœud réalisé dans le pan du vêtement de la femme à une époque très ancienne. Le Code d'Hammurabi (parag. 128) témoigne également d'une terminologie semblable. Voir *Encyclopedia Miqra'it*, art. gerushin, vol. 2, pp. 551-554.

10 *Onqelos* (traduction en araméen) sur *Deutéronome* 24, 1.

11 Maïmonide, *Perush ha-mishnayot. Mishnah Giṭṭin* 2 : 5.

12 *Rashi* sur *Giṭṭin*, 65b. *Tosfot Giṭṭin*, 2a.

les prénoms de la femme et ceux de son père. Ces indications permettent d'écarter toute confusion avec d'autres personnes.
3. « Il lui écrira » : le *geṭ* doit être établi à l'intention de la femme et de façon nominative. De la même façon, le *geṭ* doit stipuler l'identité de l'homme qui divorce.
4. « Lettre de rupture » : une rupture totale et définitive est requise, explicitement stipulée à l'intérieur du *geṭ*. Il ne doit subsister entre eux aucun rapport de droit ou « d'appartenance ». Par le *geṭ*, l'homme rend la liberté à sa femme et l'autorise à épouser un autre homme. Cette rupture ne doit présenter ni condition ni restriction.
5. « Il la lui remettra en main » : seul le mari ou son mandataire est habilité à remettre le *geṭ* à la femme ou à son mandataire. Elle-même ne peut le prendre de sa propre initiative, lui fût-il expressément destiné.
6. « Il la lui remettra en main » : La femme ne sera réellement divorcée que lorsque le *geṭ* lui sera parvenu entre les mains ou entre celles de son mandataire. La prise de possession de la part de la femme est donc indispensable.
7. « Il la renverra de chez lui » : le *geṭ* doit stipuler que le mari renvoie sa femme et que celle-ci n'est plus sous sa tutelle. En outre, le *geṭ* doit spécifier le renvoi de l'épouse et non le départ de l'homme[13].
8. L'homme doit remettre le *geṭ* à sa femme devant deux témoins, en vertu du principe suivant : « C'est par la déposition de deux témoins ou de trois qu'un fait sera établi »[14]. La publicité accordée au *geṭ* est de la plus haute importance. En effet, pour le maintien de l'ordre public, il ne faut pas qu'un divorce reste le secret du couple mais soit connu de tous, afin que la femme désormais libre par son divorce, puisse contracter un second mariage au grand jour et en toute légalité. Seule la présence de deux témoins dignes de foi attestent l'authenticité du *geṭ*.
9. « Il écrira [...] il remettra » : rien ne doit interrompre la remise du *geṭ* après qu'il a été écrit[15]. Par exemple, s'il est nécessaire de découper la feuille sur laquelle le *geṭ* a été rédigé pour pouvoir le remettre à la femme,

13 *Qiddushin*, 6a.
14 *Deutéronome* 19, 15 ; *Mishneh torah, Hilkhot gerushin* 1 : 13.
15 *Giṭṭin*, 21b ; *Mishneh torah, Hilkhot gerushin* 1 : 6.

on crée une interruption entre la rédaction et la remise de l'acte et cette interruption est interdite[16].

10. « Il lui écrira une lettre de rupture et la lui remettra en main » : le mari devra remettre le *geṭ* à sa femme en précisant clairement qu'il s'agit d'un *geṭ* et ne devra pas lui faire croire qu'il s'agit d'un autre document. Cela signifie que la femme doit être consciente du contenu de l'acte quand elle en prend possession[17].

Ces principes constituent l'essentiel du principe du divorce. Leur origine biblique leur confère un caractère immuable et incontournable. Quant aux lois relatives à la préparation du support du *geṭ*, aux conditions de sa rédaction et aux formalités de sa remise, celles-ci relèvent de décisions rabbiniques détaillées et reprises par les différents codificateurs de la *halakhah* et notamment par Maïmonide. A partir de ces principes, les docteurs du Talmud ont institué une législation exhaustive qui fait encore autorité à ce jour, du moins dans les communautés qui se réclament d'un Judaïsme traditionnel.

III. Limitation des droits de l'homme au divorce

1. Dans la législation biblique

La Bible en Deutéronome 22-17 envisage un cas d'interdiction de répudiation extrêmement intéressant car riche en enseignements. Il y est en effet question d'un homme calomniateur qui, après avoir cohabité avec son épouse, la prendrait en aversion et répandrait à son endroit des propos diffamatoires, l'accusant de ne pas l'avoir trouvée vierge lors de leur première cohabitation. Après que les parents de la femme auraient

16 *Ibid.* 1 : 8.
17 *Ibid.* 1 : 9.

produit la preuve qu'il s'agissait d'une calomnie, l'homme serait condamné par les Anciens à réparer son préjudice par le versement d'une amende au père de la femme et par l'interdiction de la répudier.

Ce passage indique – avant même que la loi sur le divorce ne fût formellement établie – que les raisons invoquées par l'époux devaient être fondées, sous peine de mesures graves à son encontre.

Le verset 29 du même chapitre inflige un sort similaire au violeur, lequel était condamné à épouser la jeune fille déshonorée et à la garder pour épouse *ad vitam eternam.*

A la lecture du texte proprement législatif, force est de constater à nouveau que les raisons susceptibles de provoquer la rupture du mariage sont extrêmement vagues: «Si elle cesse de lui plaire parce qu'il aura trouvé en elle quelque chose de malséant [...]». En premier lieu, ce verset indique que les prérogatives de divorce sont unilatérales. En second lieu, l'imprécision des termes «quelque chose de malséant» est frappante. (L'expression hébraïque consacrée est «'ervat davar» et désigne plus littéralement «la nudité d'une chose»). Cette expression permet d'étendre à l'infini les cas de divorce[18]: adultère, mauvaise conduite, impudeur ou encore erreur sur les qualités physiques ou sociales de la femme. La *Mishnah* nous apporte quelques éclaircissements sur l'interprétation de ces termes.

2. *Dans la législation rabbinique*

Penchons-nous sur le texte de la *Mishnah*[19] relatif aux causes du divorce.

> L'Ecole de Shammaï dit: «Un individu ne peut répudier sa femme que s'il a trouvé en elle quelque chose de malséant, car il est stipulé: ‹ [...] parce qu'il aura trouvé en elle quelque chose de malséant›». L'Ecole de Hillel souligne: «Mais aussi si elle a

18 Lucien Kadouch, *op. cit.*, p. 54.
19 *Mishnah* 9: 10.

laissé brûler son repas, comme le sous-entend le texte : ‹ […] parce qu'il aura trouvé en elle quelque chose de malséant › ». Rabbi Akiva quant à lui préconise : « [Il pourra divorcer] s'il a trouvé une autre femme plus belle qu'elle, puisqu'il est précisé : ‹ […] si elle cesse de lui plaire. › »

Cette *mishnah* expose donc trois interprétations différentes des termes du verset du Deutéronome, telles que les conçoivent Hillel[20], Shammaï[21] et Rabbi Akiva[22].

L'Ecole de Shammaï, dont le point de vue n'est généralement pas retenu, entend par les termes « 'ervat davar », mis en exergue, une cause très grave de divorce, qui rendrait la cohabitation des époux désormais impossible. Il s'agirait d'un adultère commis par la femme, seul cas de figure reconnu par Shammaï pour valoir l'autorisation d'un divorce. Cette opinion semble être en adéquation avec les paroles des Prophètes. Invectivant Israël pour son infidélité à Dieu, Jérémie déclare en effet : « Elle a vu que c'est bien à cause de son adultère que je l'avais répudiée, la nation renégate, Israël, et que je lui avais remis l'acte de divorce »[23]. Quant au prophète Osée, il proclame : « Prenez-vous en à votre mère, oui, prenez-vous en à elle si elle n'est plus ma compagne […] qu'elle bannisse de son sein l'adultère »[24].

20 Hillel. Appelé souvent Hillel l'Ancien ou Hillel le Grand, il est l'un des plus grands docteurs de la Loi. Chef d'une Académie à Jérusalem entre 40 av. J. C. et 10 ap. J. C., il est renommé pour sa clémence et sa tendance à atténuer les rigueurs de la loi.

21 Shammaï. Docteur de la Loi un siècle avant l'ère vulgaire, fondateur d'une Ecole *(Bet Shammaï)*, il fut presque toujours en opposition avec celle de Hillel. Shammaï était connu pour son rigorisme qui contrastait avec l'indulgence de Hillel dont les opinions prévalurent généralement.

22 Rabbi Akiva ben Yosef (50-135 ap. J. C.) est l'un des docteurs les plus éminents de son époque. Il exerça une influence décisive dans le développement de la *halakhah*. D'abord simple berger, il épousa Rachel, la fille du riche Kalba'Savua' de Jérusalem. Après un exil volontaire de plusieurs années pour se consacrer à l'étude à l'Académie de Yavneh, auprès de maîtres tels que R. Eliezer b. Hurqanos, R. Yehoshua b. Ḥananyah, il revint à Jérusalem, entouré de 12 000 disciples (*Nedarim,* 50a). Persécuté comme de nombreux collègues par les Romains, il mourut sous la torture. *Sanhedrin*, 12a et *Pesaḥim*, 112a.

23 *Jérémie* 3, 8.

24 *Osée* 2, 4.

L'Ecole de Hillel, mieux acceptée *(halakhah ke-bet Hillel)*, accorde une plus grande latitude pour apprécier les motifs de divorce puisqu'elle interprète les termes « 'ervat davar » de façon différente. Par cette expression on n'entendrait pas exclusivement l'adultère de la femme, mais plutôt le sentiment de mépris qu'elle est susceptible de nourrir envers son mari. Pour parvenir à cette conclusion, Hillel établit par analogie *(heqesh)* le raisonnement suivant : En Deutéronome 23, 13-15, les mêmes termes « 'ervat davar » désignent – dans un tout autre contexte – un comportement négatif à l'égard de la propreté et plus généralement, une attitude de mépris. Pour interpréter le texte du Deutéronome 24, 1, Hillel reprend cette notion et la transpose – étant donné la similitude des termes – dans le domaine du divorce, associant les termes « 'ervat davar » au mépris de la femme pour son mari, se manifestant par le fait de brûler des repas[25] de façon sans doute consciente et répétée.

Le Me'iri[26], commentateur du Talmud du XIVe siècle, explique que cet exemple est emprunté pour décrire un comportement général de la femme à l'égard de son mari. Laisser brûler sciemment un plat destiné à son époux, signifie en d'autres termes, lui refuser toute attention et révèle un certain esprit de rébellion.

Rabbi Akiva, quant à lui, admet les explications précédentes ; il estime en outre que seule la première partie du verset du Deutéronome (« Si elle cesse de lui plaire »), doit être mise en exergue et non la seconde (« Parce qu'il aura trouvé en elle quelque chose de malséant »). L'aspect subjectif doit primer sur tout le reste. Selon cette interprétation, l'époux possède toute latitude pour apprécier les motifs de divorce. C'est la raison pour laquelle il estime qu'un homme a le droit de répudier son épouse s'il rencontre une autre femme plus belle que la sienne. Quant

25 *Midrash Tana'im Devarim* 23 : 15. Menahem Elon, *op. cit.*, pp. 251-252.

26 Me'iri. Acronyme de Menaḥem ben Shelomoh Hame'ir. Il dispensa son enseignement en Provence au début du XIVe siècle. Commentateur du Talmud et contemporain de Rashba' (R. Shelomoh ben 'Aderet), il est l'auteur du livre *Bet ha-beḥirah*. Voir Jacob Katz, *Exclusiveness and Tolerance*, Shocken, New York, 1969.

à la cause évoquée dans le Deutéronome, (*'ervat davar*), elle constitue selon lui, une cause de divorce parmi d'autres, mais non l'unique. L'ordre des mots dans le verset a donc une importance fondamentale et justifie cette interprétation.

Le lecteur non averti pourrait réagir avec stupéfaction aux interprétations de Hillel et de Rabbi Akiva. La question qu'il serait en droit de se poser serait : « Comment un homme peut-il s'arroger le droit de répudier son épouse sous prétexte qu'elle a laissé brûler un plat ou qu'il a trouvé une autre femme plus belle que la sienne et ce, semble-t-il avec l'approbation des sages ?[27] ». En fait, pour interpréter ces propos, il faut les replacer dans leur contexte historique. Peut-être faut-il voir dans l'attitude de Hillel, le résultat de l'influence des mœurs environnantes auxquelles il était soumis ? Le divorce étant à l'époque un phénomène courant, Hillel n'aurait-il fait que corroborer cette licence déjà existante ?

Flavius Josèphe[28], contemporain des rédacteurs de la *Mishnah*, considère que le divorce est admis pour n'importe quelle cause et ajoute ingénument que les hommes en trouve à volonté[29]. Lui-même en trouva suffisamment pour pouvoir épouser quatre femmes...

Face à la propagande chrétienne croissante opposée au divorce, l'Ecole de Hillel a peut-être voulu souligner la liberté sans limite dont jouissait

27 A propos de la valeur symbolique de la nourriture et les différentes interprétations de ce verset, voir Bernard Paperon, « Le Divorce dans la tradition hébraïque », *Revue de Droit Canonique*, Tome 48/1, Strasbourg, 1998, pp. 11-23.

28 Joseph Mathias de son vrai nom, Flavius Josèphe est né à Jérusalem en l'an 37 de l'ère vulgaire. De la tribu de Lévi, il fut successivement général, gouverneur de Galilée et interprète, mais ce sont ses témoignages d'historien qui lui ont valu sa célébrité. Voir Flavius Joseph, *Autobiographie*, par A. Pelletier, Paris, Les Belles-Lettres, 1959 ; T. Rajak, *Josephus, the Historian and his Society, Classical Life and Letters*, Duckworth, Londres, 1983.

29 Flavius Josèphe, *Antiquités Judaïques*, traduit par Julien Weill, Paris, 1926, IV, 8, 23.

l'homme pour répudier son épouse, ou comme l'enseignait Rabbi Akiva, parce qu'il avait trouvé une autre femme « plus belle que la sienne ».

Quoiqu'il en soit, les docteurs, fidèles à leur esprit pragmatique, énumèrent les divers cas pour lesquels un homme est en droit d'exiger le divorce. Ils distinguent ainsi deux types de motifs de divorce : des motifs objectifs et des motifs ayant trait au comportement de la femme, obtenant ainsi la synthèse des trois opinions évoquées.

3. Les motifs objectifs de divorce

Les principaux motifs justifiant la demande de divorce concernent les défauts physiques de la femme. Ces défauts ou infirmités sont généralement graves et rendent la vie commune très pénible. Une transpiration excessive, une haleine fétide ou une cicatrice répugnante constituent quelques exemples parmi l'inventaire de défauts physiques dressé par le *Shulḥan ʿarukh*[30]. En outre, l'époux est en droit de demander le divorce s'il est en mesure de prouver que les défauts affligeant son épouse rendent la cohabitation objectivement impossible. Pour que l'homme puisse prétendre au divorce, il faut cependant qu'il ait été victime d'une erreur sur la personne. Si les défauts affligeant son épouse lui étaient inconnus et qu'il n'avait aucun moyen de les connaître avant le mariage, son droit au divorce reste intact. En revanche, s'il a épousé cette femme et vécu avec elle, avec une connaissance préalable de ses défauts, il ne peut l'obliger à accepter le divorce.

Il appartient généralement à l'homme de fournir les preuves concernant les défauts dont il accuse sa femme. A charge pour elle de prouver qu'ils étaient antérieurs au mariage et que son mari en avait connaissance. Il est important de souligner que les imperfections, maladies ou infirmités survenues pendant le mariage, ne peuvent constituer un motif

30 *'Even ha-ʿezer* 34 : 4.

de divorce, à moins qu'il ne s'agisse de maladies contagieuses mettant en danger la vie du conjoint ou que ces défauts empêchent de mener une vie conjugale normale[31].

La stérilité de la femme constitue également une cause objective de divorce. Si après dix années de vie commune, le couple demeure sans enfant, l'homme est en droit d'exiger le divorce[32]. En effet, les docteurs estiment sa requête justifiée, car la stérilité de son épouse constitue un obstacle à l'accomplissement du premier commandement biblique: « Piryah ve-rivyah »[33] (croître et multiplier).

En revanche, si c'est l'homme qui est stérile et qu'il demande le divorce sous prétexte qu'il n'a pas d'enfant, même si sa femme n'est pas en mesure de prouver la stérilité de son mari, ce dernier peut l'obliger à accepter le divorce.

4. Motifs ayant trait au comportement de la femme

La demande en divorce pour mauvais comportement de la femme n'est recevable que si ce comportement rend la vie commune impossible. Ainsi, pour ne citer que quelques exemples, une femme est susceptible d'être répudiée avec perte de sa *ketubbah*, si elle ne prélève pas l'oblation prescrite,[34] sert à son mari une nourriture interdite ou encore ne respecte pas les règles élémentaires de la décence[35]. Dans tous les cas, il s'agit de la femme qui par son comportement, à l'intérieur comme à l'extérieur du foyer, cause du tort à son mari.

31 *Mishneh torah, Hilkhot 'ishut* 25: 9-10. *'Even ha-'ezer* 117: 1.

32 *Yevamot*, 64a. *Mishneh torah, Hilkhot 'ishut* 15: 7. *'Even ha-'ezer* 154: 10.

33 *Genèse* 1, 22.

34 En hébreu: *terumah*. A l'époque du Temple, on prélevait une part des récoltes pour les *Cohanim*, prêtres descendants d'Aaron. Depuis la destruction du Temple, un morceau de la pâte du pain est prélevé et brûlé en souvenir de cette pratique.

35 *Mishnah Ketubbot* 7: 6, 7.

Pourtant, dans certaines situations, l'homme n'est pas autorisé à divorcer. Si la femme est frappée d'incapacité mentale et qu'elle n'est plus en mesure de veiller sur sa propre personne[36], son époux n'a pas le droit de divorcer et de l'abandonner à son sort. En revanche, si elle est capable de comprendre le principe du divorce et ses implications, rien n'oblige son mari à demeurer à ses côtés.

A l'instar de ces mesures instituées par les sages pour protéger la femme, les prescriptions relatives à l'établissement du *geṭ* poursuivent le même objectif.

Nous avons évoqué jusqu'ici les raisons d'un divorce du point de vue de l'homme. En ce qui concerne la femme, a-t-elle aussi des droits en matière de divorce et quels sont-ils ?

IV. Droits de la femme au divorce

Bien que dans la Bible, les droits de la femme en matière de divorce ne soient pas explicités, les docteurs se sont employés à envisager les cas où celle-ci pouvait elle aussi initier le divorce, avec l'approbation du tribunal rabbinique.

Le *Shulḥan ʿarukh* énumère au chapitre 154 du *'Even ha-ʿezer* les différents cas où la femme peut obtenir gain de cause si elle désire divorcer :

1. Si son époux est frappé d'une maladie contagieuse et/ou répugnante après le mariage, ou même si cette maladie existait avant le mariage.
2. Si son époux est impotent ou stérile.
3. Si son époux refuse de subvenir à ses besoins ou de lui accorder son droit conjugal.

36 *Mishneh torah, Hilkhot gerushin* 10 : 23. *'Even ha-ʿezer* 119 : 6.

4. Si elle fait l'objet de violences physiques ou verbales de la part de son époux ou s'il la maltraite en la forçant à enfreindre des préceptes religieux.
5. Si, du fait de son métier, son époux dégage des odeurs nauséabondes qui affectent particulièrement les ramasseurs de crottin, les tanneurs de peaux ou ceux qui extraient le minerai de bronze.
6. Si son époux décide de quitter le domicile conjugal pour s'établir à l'étranger et qu'elle refuse de le suivre, il peut être contraint de lui remettre le *geṭ*.
7. Si son époux apostasie.

Le problème de la répugnance que l'homme peut inspirer à son épouse, plus connu en hébreu à travers l'expression « me'astihu » ou « me'us 'alay », littéralement : « il me dégoûte », a fait l'objet d'une longue controverse parmi les docteurs[37].

A l'époque du Talmud, lorsqu'une femme s'adressait à un tribunal dans l'intention de divorcer pour des considérations subjectives, son cas était traité avec réticence. Néanmoins, les docteurs examinaient son cas si sa situation était devenue intolérable. En revanche, si elle souhaitait divorcer « parce qu'elle avait jeté son dévolu sur un autre homme »[38], le tribunal rejetait sa demande sans appel, afin de préserver la cellule familiale.

D'anciens contrats de mariage rédigés en araméen, datant du Ve siècle avant l'ère vulgaire et découverts sur l'île d'Eléphantine, au sud de l'Egypte, semblent témoigner qu'à cette époque, l'homme comme la femme pouvaient prendre l'initiative du divorce. L'un des conjoints pouvait se présenter devant les autorités rabbiniques et déclarer sa « haine » pour son conjoint, ce qui signifiait implicitement qu'il désirait divorcer. Il (ou elle) payait alors sept *shekel* et demi, appelés *kesef sin'ah*,

37 Voir C. Tycocinski, *Taqqanot ha-ge'onim*, Tel Aviv et Jérusalem, éd. *Ḥavaṣelet*, 1959, pp. 11-12.
38 *Mishnah Nedarim* 11 : 12.

« l'argent de la haine », qui devaient sans doute correspondre aux frais du tribunal[39]. La découverte de ces documents jette la lumière sur les us et coutumes des toutes premières communautés juives en Diaspora, contemporaines d'Ezra et Néhémie. On ne peut affirmer avec certitude que ces contrats reflètent fidèlement la *halakhah* alors en cours à cette époque, car on ignore le degré d'assimilation de cette petite communauté d'Eléphantine. Toutefois, les clauses contenues dans les contrats de mariage préfigurent celles dont fait état le Talmud de Jérusalem[40] au IIIe siècle de l'ère vulgaire en *Ereṣ-Israël* et dans lesquelles il apparaît clairement que les rabbins agissaient en faveur de la femme et conformément à ses vœux. En effet, une des clauses de la *ketubbah* stipulait que si l'un des conjoints éprouvait de la répulsion envers l'autre, le tribunal avait le droit d'imposer le divorce : « R. Yose a dit : ‹Pour ceux qui écrivent [une clause dans le contrat de mariage], que s'il [le mari] venait à détester sa femme ou si elle venait à le détester, un divorce s'ensuivrait [...] et de telles conditions seraient valides et astreignantes›[41]. » Ce type de contrat accordait donc les mêmes prérogatives à l'homme et à la femme dans le cas d'un mariage malheureux, ce qui en soi constituait un progrès notoire par rapport à la loi deutéronomique[42].

Vers la fin de l'époque des *'amora'im*[43] en Babylonie, le terme *moredet*, « femme rebelle » – par lequel on entendait à l'origine une femme qui se refusait à son mari – signifiait également une femme qui réclamait le divorce, se prévalant du principe *me'astihu* (« il me dégoûte »). Dans ce

39 Voir B. Porten, *Archives from Elephantine*, Berkeley and Los Angeles, University of California Press, 1968, pp. 208-210, et Y. Muffs, *Studies in the Aramaic Legal Papyri from Elephantine*, Leiden, E. J. Brill, 1969, pp. 193-194.

40 Voir M. A. Friedman, « Termination of the Marriage Upon the Wife's Request : A Palestinian Ketubah Stipulation », *Proceedings of the American Academy for Jewish Research* 37 (1969), pp. 29-55.

41 Talmud de Jérusalem, *Ketubbot*, 7 : 7 (31c)

42 Voir M. A. Friedman, *Jewish Marriage in Palestine : A Cairo Genizah Study*, Tel Aviv, University of Tel Aviv, 1981.

43 Rabbins codificateurs du Talmud entre le Ier et le Ve siècle.

cas, on contraignait le mari à remettre le *geṭ* à sa femme avec perte de sa *ketubbah* au terme de douze mois[44]. On tentait ainsi de retarder la procédure du *geṭ*, dans le but de favoriser la réconciliation. Cette période de sursis fut annulée au IXe siècle par les *ge'onim*, qui rétablirent également le paiement de la *ketubbah* à la femme. Deux raisons justifiaient cette décision. Quand les docteurs comprirent que les femmes juives avaient recours aux non juifs pour contraindre leur époux à leur remettre le *geṭ*, à leur tour, les docteurs les obligèrent à le délivrer sans délai[45]. D'autre part, ces derniers craignaient que les femmes frustrées dans leur désir de divorce ou privées de l'argent de leur *ketubbah*, n'apostasiassent ou ne tombassent dans la prostitution. Cette opinion – émise par Natronay Ga'on, chef de l'Académie de *Sura'*[46] au milieu du IXe siècle – fut ultérieurement corroborée par d'éminents rabbins décisionnaires d'Afrique du Nord et d'Espagne tels que le Rif, acronyme de Rabbi Itsḥak Elfassi (1013-1103) et Maïmonide (1138-1204). Le Rif écrit à ce propos : « [...] De nos jours nous jugeons la femme ‹ rebelle › de la façon suivante : si elle vient et déclare : Je ne veux pas [rester mariée avec] cet homme, donnez-moi un acte de divorce, il [l'époux] doit lui accorder le divorce sur le champ »[47]. Quant à Maïmonide, il affirme dans le *Mishneh Torah* : « Si la femme déclare : ‹ il me répugne et je ne peux pas entretenir de rapports intimes avec lui ›, on oblige l'époux à divorcer immédiatement, car la femme n'est pas une esclave, obligée de cohabiter avec un homme qu'elle abhorre »[48].

44 Irwin H. Haut, *Divorce in Jewish Law and Life*, New York, Sepher-Hermon Press, 1983, p. 51.

45 *Teshuvot ha-ge'onim, Sha'are-ṣedeq*, 4 : 15. Voir Zeev Falk, *op. cit.*, p. 24.

46 L'Académie de *Sura'* a été fondée en 219 de l'ère vulgaire en Babylonie. Avec l'Académie de *Pumbedita'*, elles représentent les deux centres spirituels les plus florissants de l'époque du Talmud et des *ge'onim*.

47 Commentaire du Rif sur *Ketubbot*, 26b et 27a.

48 *Mishneh torah, Hilkhot 'ishut* 14 : 8.

Anan ben David, chef du mouvement Caraïte au VIIIe siècle, accordait à la femme les mêmes droits que l'homme dans l'appréciation des motifs de divorce. Ainsi, au même titre que l'homme, elle pouvait déclarer ne plus vouloir de son conjoint, interprétant le sujet « elle », au féminin comme au masculin, dans le verset : « Et si elle ne trouve plus grâce à ses yeux ». Ainsi, la femme pouvait facilement prétendre au divorce ; mais, selon certains Caraïtes, si son mari refusait de lui délivrer le *geṭ*, le tribunal pouvait en dispenser la femme en annulant le mariage rétroactivement ou encore, selon d'autres Caraïtes, on pouvait contraindre l'homme à obtempérer, au besoin avec l'aide de juridictions non juives[49].

A partir du XIIe siècle, on assiste à la naissance d'un courant réactionnaire mené par Rabbenu Tam. Il rejeta catégoriquement les décrets des *ge'onim*, objectant que la nécessité de préserver l'institution du mariage et de réduire le nombre des divorces était impérieuse. Il défendait en outre la thèse selon laquelle il n'existait aucun précédent talmudique justifiant l'usage de la contrainte contre un homme dont la femme réclamerait le divorce sous prétexte que son mari lui serait devenu répugnant. La personnalité et surtout la notoriété de Rabbenu Tam dans le monde rabbinique firent prévaloir son opinion.

Essayons de décrire à présent la problématique du divorce juif, sa particularité et ses enjeux.

49 Ze'ev Falk, *Tevi'at gerushin mi-ṣad ha-'ishah be-dine yisra'el*, Jerusalem, Institute for Legislative Research and Comparative Law, 1973, pp. 24-25.

V. Problématique du divorce juif

1. *L'action en divorce*

A l'instar du mariage, le divorce est dans la législation juive, le fruit d'un acte juridique réalisé entre l'homme et la femme. Le pouvoir d'initiative et d'exécution de cet acte appartient à l'homme : « Il écrira et il remettra »[50]. Seul l'homme est habilité à faire établir un *geṭ* et à le remettre à la femme. En vertu du principe talmudique selon lequel : « Le mandataire d'un homme est considéré comme l'homme lui-même »[51], l'époux a la possibilité de déléguer un mandataire pour la remise du *geṭ*. En revanche, la femme n'est pas autorisée à donner l'ordre d'écrire un *geṭ* car il serait dépourvu de valeur légale.

Le tribunal rabbinique chargé d'établir le *geṭ* et de veiller au bon déroulement du divorce, conformément à la *halakhah*, n'est ni autorisé à prendre l'initiative du divorce, ni à le prononcer si l'époux n'en a pas expressément manifesté l'intention. Son rôle est donc limité à l'exécution des ordres du mari si, bien entendu, ceux-ci s'avèrent être justifiés et conformes à la *halakhah*.

Cette limitation des pouvoirs du tribunal rabbinique en matière de divorce, découle de la spécificité de l'acte juridique intervenant entre l'homme et la femme exclusivement. Cela suppose que même dans le cas où l'homme serait juridiquement contraint de libérer son épouse par un *geṭ*, nul ne pourrait en principe l'y obliger. Cet acte doit être réalisé librement et sans contrainte d'aucune sorte, au risque d'invalider le *geṭ*. Cette caractéristique du *geṭ* doit être soulignée car c'est sur ce point précis que les divergences d'opinion entre rabbins sont fondées.

Du fait de cette liberté de prérogative, il arrive fréquemment que des femmes – victimes de la cruauté de leur conjoint – attendent plusieurs

50 *Deutéronome* 24, 1.
51 *Qiddushin*, 41a.

années, avant qu'il n'accepte de leur accorder le *geṭ*, abusant ainsi du pouvoir qui leur est octroyé. Devenues des *'agunot* (« femmes abandonnées sans *geṭ* »), elles demeurent impuissantes face à une justice pétrifiée par les impératifs de la *halakhah*. Fort heureusement, certaines dispositions rabbiniques permettent parfois de libérer ces femmes du joug d'un mariage voué à l'échec.

Néanmoins, dans certaines circonstances envisagées ci-après, le tribunal rabbinique peut user de la force pour contraindre un homme à délivrer le *geṭ* à son épouse.

2. Geṭ établi contre la volonté de l'homme : le geṭ forcé

Un *geṭ* établi contre la volonté de l'époux est appelé *geṭ me'usseh*, que nous traduirons par «*geṭ* forcé». Il en existe deux sortes :

1) Si un *geṭ* est établi en non conformité avec la loi, c'est à dire si la contrainte exercée sur l'homme n'est pas conforme à la *halakhah*, le *geṭ* est nul et non avenu. Si, par exemple, un tribunal rabbinique établit un *geṭ* à l'intention d'un couple sans en avoir été intimé au préalable par l'époux, ou si la contrainte n'est pas exercée conformément à la loi, ce *geṭ* est dit « forcé », même si la femme estime le divorce nécessaire et inéluctable.

Ce type de divorce « forcé » est extrêmement grave, car la femme n'est pas divorcée pour autant. Elle reste considérée comme une femme mariée à part entière. Si elle contracte un second mariage, elle est légalement interdite à son premier mari comme au second *(la-ba'al ve-la-bo'el)* [52] et les enfants nés du second mariage sont considérés comme des enfants adultérins, des *mamzerim*. Face aux lourdes conséquences liées au *geṭ* « forcé », les tribunaux rabbiniques israéliens n'utilisent aujourd'hui la

52 *'Even ha-'ezer* 11.

contrainte qu'avec circonspection[53]. Dans la plupart des cas, le tribunal rabbinique se prononce davantage pour « l'obligation à divorcer » *(ḥiyyuv ba-geṭ)* – exercée sous forme de mesures administratives l'obligeant à obtempérer[54] – que pour la « contrainte » *(kefiyyah ba-geṭ)* par l'emprisonnement[55].

2) Si le *geṭ* a été établi contre la volonté du mari mais en conformité avec la *halakhah*, il est en bonne et due forme, selon le principe suivant : « Un geṭ forcé établi par un Juif et conformément à la loi juive est valide »[56].

Qu'entend-on par l'expression « conformité à la loi » ?

– Si le mariage de l'homme et de la femme était à l'origine formellement interdit par la *halakhah* – comme le mariage d'un *Cohen* avec une femme divorcée – le tribunal rabbinique peut obliger l'homme à délivrer le *geṭ* à son épouse, au besoin en recourant à la contrainte[57].

– D'autre part, chaque fois que la *halakhah* prévoit explicitement la nécessité de la contrainte au divorce, celle-ci est autorisée et le *geṭ* est valable. Prenons un exemple extrait du *Shulḥan 'arukh*[58] : Si l'époux est reconnu comme étant stérile ou si après dix années de vie commune, il n'a toujours pas d'enfant de par son état et que la femme souhaite « une descendance pour la soutenir dans ses vieux jours », le tribunal peut

53 Article 6 de la loi de 1953 sur la juridiction des tribunaux rabbiniques (mariages et divorces), autorisant l'emprisonnement du mari récalcitrant de façon à le contraindre à délivrer le *geṭ* à sa femme seulement dans des cas prescrits de façon explicite par le tribunal rabbinique. B. Schereschewsky, *op. cit.*, p. 327.

54 Voir *infra* p. 243.

55 *Yevamot*, 64a. *Ṭur* 154 et *Rama'* sur *'Even ha-'ezer* 154 : 21. La peine d'emprisonnement dans ce cas est prévue par la loi de 1953 sur les Tribunaux rabbiniques, (mariages et divorces), art. 6.

56 *Giṭṭin*, 88b. *Mishneh torah, Hilkhot gerushin* 2 : 20 : « *Geṭ me'usseh be-yisra'el ka-din kasher* ».

57 Selon la Torah, un *Cohen* ne peut épouser une femme divorcée. *Lévitique* 21 : 7. Bien que les *qiddushin* soient valables, le mariage doit être dissous.

58 *'Even ha-'ezer* 154.

contraindre l'homme à délivrer le *geṭ*. Nous examinerons ultérieurement les différents cas susceptibles de provoquer un divorce contraint par le tribunal rabbinique.

3. Nature de la contrainte dans un geṭ forcé (geṭ me'usseh)

Il est non seulement permis de contraindre un homme dans les cas susmentionnés, mais l'y contraindre est un commandement *(miṣvah)*[59]. Pourtant, gardons à l'esprit qu'en dépit des efforts déployés pour contraindre un époux récalcitrant, seul ce dernier peut délivrer le *geṭ*. En conséquence, les méthodes employées pour obtenir l'accord de l'homme doivent rester dans les limites du raisonnable. Cet accord ne doit pas lui être arraché à n'importe quel prix. Ainsi, selon certains rabbins, les méthodes qui consistent à porter directement atteinte à son corps ou à sa liberté personnelle sont-elles proscrites au risque d'invalider le *geṭ*.

En revanche, la pression morale ou sociale[60] ou toute autre action susceptible de porter atteinte à ses biens est autorisée. En Israël, où l'application du droit hébraïque est à ce jour en vigueur, le tribunal rabbinique peut imposer à l'époux récalcitrant le versement d'une rente à son épouse, tout le temps qu'il persistera dans son refus au *geṭ*. Cette peine qui se rapproche d'un chantage, reste néanmoins conforme aux normes de la *halakhah* dans la mesure où l'homme est par ailleurs tenu, en tant qu'époux, de veiller à subvenir aux besoins de sa femme. Une alternative se présente alors à lui : Doit-il délivrer le *geṭ* à son épouse ou lui verser cette rente ? S'il refuse la deuxième solution, il ne peut

59 *Baba' Batra*, 48a. *Giṭṭin*, 88b. *Mishneh torah, Hilkhot 'ishut* 2 : 20. *Ṭur* 134 *'Even ha-'ezer* 134 : 5.

60 Sur la pression sociale exercée, dans certains pays, sur les maris récalcitrants pour les contraindre à délivrer le *geṭ*, *cf. infra* p. 236.

qu'accepter le principe du divorce, lequel est alors établi – en bonne et due forme – dans la mesure où l'accord a été obtenu dans le cadre de la *halakhah*. En effet, ce n'est pas sous la contrainte que l'homme a donné son accord : un « choix » lui a « seulement » été imposé...

Toutefois, si les sommes d'argent imposées à l'homme dépassent réellement les normes généralement admises dans le cadre d'une rente et que l'homme cède au chantage parce qu'il se sent poussé dans ses derniers retranchements, le *geṭ* risque d'en être invalidé.

Comme nous venons de le montrer, l'homme reste en définitive l'agent détenteur du pouvoir de décision dans une action en divorce. Mais quel rôle la femme joue-t-elle ? Peut-elle s'opposer au divorce ?

4. Geṭ établi contre la volonté de la femme

Rappelons à nouveau que d'après la Bible et le Talmud, un homme peut répudier son épouse sans son consentement. Son avis personnel n'est pas pris en considération par le Législateur. C'est R. Gershom qui, comme nous l'avons signalé au chapitre précédent, interdira le premier la polygamie et le divorce sans le consentement de la femme. Ainsi, en principe, l'homme ne peut divorcer qu'avec le consentement de son épouse et sans contrainte. Rappelons aussi que la *taqqanah* de R. Gershom ne s'applique que dans le cas où la femme n'a commis aucune faute et que le divorce souhaité par l'époux n'est pas fondé.

Si la loi exige la rupture du lien conjugal, quelles en sont les conséquences ? Dans l'hypothèse où la femme commettrait une faute entraînant le divorce mais le refuserait catégoriquement pour diverses raisons, que risque-t-elle d'encourir ?

Alors, nous nous placerions dans un cas de figure où le divorce serait inéluctable et dont le mari ne porterait pas la responsabilité. Par exemple, si la femme a commis un adultère ou si elle se refuse à la vie conjugale.

Si la femme abhorre son conjoint, refuse la vie conjugale et ne consent pas au divorce de façon à lui porter préjudice ; si en outre, il semble flagrant qu'elle ne souhaite pas ou ne puisse reprendre une vie normale avec celui-ci – dans le cas d'un adultère, par exemple – les docteurs ont institué une solution de dernier recours.

5. Le hetter nissu'in (ou l'autorisation pour l'homme de se remarier)

Si, en dépit des arguments destinés à rétablir la paix du foyer, le *shelom bayit*, les rabbins constatent une impossibilité pour le couple de reprendre une vie commune et considèrent donc le divorce comme l'ultime recours ; et si par ailleurs, la femme persiste dans son refus de divorcer, le tribunal rabbinique autorise l'homme à faire dresser un *geṭ* à l'intention de son épouse, même en son absence. L'époux accordera alors les pleins pouvoirs au tribunal rabbinique pour désigner en son nom un mandataire destiné à recevoir le *geṭ* à la place de la femme. Cette procédure, appelée *gerushin 'al-yede zikkuy ha-'ishah* est fréquemment mise en place au tribunal rabbinique de Paris notamment, lorsque le divorce civil est prononcé et que la femme refuse de se soumettre à la remise du *geṭ*. Celui-ci est alors établi et reste à la disposition de la femme dans le cas où elle se raviserait et déciderait de venir le chercher. Une fois dégagé de ses responsabilités et libéré de ses engagements initiaux à n'épouser qu'une seule femme, l'homme peut contracter un second mariage, dès la remise du *geṭ* au mandataire.

Certains décisionnaires rabbiniques estiment que la femme, en revanche, ne sera totalement divorcée que lorsque le *geṭ* sera en sa possession, et ce, afin d'éviter le doute. A l'origine, cette procédure ne devait être mise en place que dans le cas où l'un des conjoints aurait apostasié et refuserait de se soumettre au *geṭ*.

Le fondement de cette loi est extrêmement intéressant. En divorçant, la femme perd une partie de ses droits. Par ailleurs, on estime qu'une femme préfère le statut de femme mariée à celui de divorcée. Or, le Talmud prévoit « qu'on ne peut agir au détriment d'autrui à son insu » (« En ḥavin le-'adam she-lo' be-fanav »). Dans le cas étudié, en imposant le divorce à quelqu'un par le biais de cette procédure, on agit dans son intérêt, même si la personne concernée s'y oppose a priori.

On agit cette fois conformément à la suite du même principe : « On fait profiter quelqu'un d'un privilège en son absence » (« zakhin le-'adam she-lo' be-fanav »)[61].

Au XXe siècle, les rabbins estiment que le fait de divorcer civilement et de nier le principe du *geṭ* en se contentant du jugement civil, constitue une forme d'apostasie. C'est la raison pour laquelle ils font usage d'une telle procédure lorsque le divorce civil est prononcé et que la femme refuse de se présenter pour la remise du *geṭ*.

Le *hetter nissu'in* ou l'autorisation accordée à l'homme de se remarier ne présente en réalité aucune difficulté, dans la mesure où la *Torah* autorise la polygamie. En épousant une seconde femme par le biais du *hetter*, l'homme n'enfreint donc aucune loi d'origine biblique. Une telle autorisation reste cependant une mesure d'exception. Seule une situation extrêmement conflictuelle et la certitude que la femme refuse le *geṭ* par malveillance, autorisent les rabbins à entamer une telle procédure. Il faut préciser en outre que si ces derniers sont persuadés qu'il subsiste une chance de convaincre la femme d'accepter le *geṭ*, ils n'ont pas recours à cette procédure[62]. Pour cette raison, les rabbins sollicitent la femme à plusieurs reprises pour l'informer des conséquences de son refus et de son statut de femme mariée au regard de la *halakhah*.

En Israël, lorsqu'une femme refuse de donner son accord au *geṭ* ou si par exemple, une incapacité mentale l'en empêche, le tribunal rabbinique, avec l'accord du président du Haut Tribunal Rabbinique, peut délivrer à l'homme un *hetter nissu'in* (une autorisation de mariage), avec

61 *Ketubbot*, 11a. *Qiddushin*, 23a. *'Eruvin*, 81b. Le Talmud présente ce principe à la fois sous forme positive et sous forme négative : On ne peut accomplir une action « au détriment d'autrui » à son insu et en son absence. En revanche, si cette action comporte aussi des aspects bénéfiques pour lui, on peut agir à son insu. Ce principe est fondé sur la présomption que le bénéficiaire donne procuration d'office à qui agit dans son intérêt. (*Tosafot ketubbot*, 11a et *Shiṭṭah mequbbeṣet*).

62 Eliav Shortman, *Ma'amad ha'ishah ba-ḥevrah u-va-mishpaṭ* (ouvrage collectif), Jerusalem, p. 425.

ou sans le *hetter me'ah rabbanim* (l'autorisation de cent rabbins), selon le cas et l'origine de l'homme[63].

Rappelons que la *taqqanah* de R. Gershom interdit l'établissement d'un acte de divorce sans le consentement de la femme. Si celle-ci est dans l'incapacité de donner son accord, le divorce ne devrait pas être possible. Pourtant, la Torah autorise le divorce même si la femme s'y oppose. En conséquence, les rabbins ont décidé d'appliquer la procédure d'exception du *hetter me'ah rabbanim* pour venir en aide aux maris victimes du déni de *geṭ*. Les Séfarades, qui ne sont pas soumis à la *taqqanah* de R. Gershom, n'ont – en principe – pas besoin de ce recours pour obtenir l'autorisation de se remarier; un simple *hetter nissu'in* suffit. En revanche les Ashkénazes, soumis aux *taqqanot* de R. Gershom sont tenus d'obtenir le *hetter me'ah rabbanim*.

Jusqu'à présent, nous avons évoqué les problèmes liés au divorce d'un couple marié conformément à la loi juive. Examinons à présent les cas où les *qiddushin* étaient a priori interdits par la loi juive et où le mariage serait sur le point d'être dissous par un divorce.

VI. Utilisation de la contrainte par un tribunal rabbinique

Nous avons précédemment évoqué le problème du *geṭ* forcé et avons noté que les rabbins pouvaient, dans le cadre d'un divorce, contraindre un homme à divorcer, si initialement son union avec son épouse était illicite. Il va de soi que les rabbins ne prennent jamais l'initiative du divorce. En revanche, s'ils sont sollicités par une femme désirant divorcer,

63 S. Y. Cohen, «Kefiyyat ha-geṭ ba-zeman ha-zeh», *Teḥumin* 11 (1990), Hoṣa'at Ṣomet, p. 195. Son action en faveur des *'agunot* a conféré au rabbin S. Y. Cohen sa renommée.

que son époux est récalcitrant[64] au *geṭ*, et qu'en outre, leur mariage était a priori interdit, les pouvoirs d'un tribunal rabbinique sont alors plus étendus que dans un cas classique. Il peut en effet utiliser la contrainte à l'égard d'un époux récalcitrant, dans le but de rompre des *qiddushin* interdits.

Précisons que ces *qiddushin* a priori interdits, prennent néanmoins effet et sont définitifs tant que le mariage n'a pas été dissous par un *geṭ* ou la mort de l'un des conjoints.

Les principaux cas nécessitant la contrainte sont les suivants :

1. Une femme qui a eu des relations extra-conjugales devient interdite à la fois à son mari et à son amant et ce, même après son divorce. Si elle épouse son amant après son divorce, ce dernier peut être contraint à divorcer à son tour.
2. Une femme divorcée ne peut retourner auprès de son mari après son divorce, si elle a contracté un second mariage, également dissous par un divorce ou par le décès de son époux[65]. Si elle se remarie avec son premier conjoint, celui-ci peut être contraint de divorcer une nouvelle fois.
3. Un *Cohen* ne peut épouser une femme divorcée[66].
4. Un *Cohen* ne peut épouser[67] une femme libérée du Lévirat[68].

64 Tout au long de cette étude, nous employons les termes « récalcitrant » et « récalcitrante » sans aucune connotation péjorative.

65 *Deutéronome* 24, 2-4.

66 *Lévitique* 21, 7.

67 Cette loi est d'origine rabbinique (*Qiddushin*, 78a).

68 Le Lévirat (en hébreu *yibbum*). Quand un homme décède sans postérité, son frère doit épouser la veuve de ce dernier pour perpétuer le nom du défunt (*Deutéronome* 25, 5-6). S'il refuse, il doit procéder à la *ḥaliṣah*, cérémonial de désistement par lequel il libère la veuve de son frère. Devant un tribunal rabbinique, la veuve ôtera une sandale du pied de son beau-frère, crachera dessus et déclarera : « Ainsi est traité l'homme qui ne veut pas édifier la maison de son frère ! » (*Deutéronome* 25, 8-10). Sans la *ḥaliṣah*, la femme ne peut se remarier. D'après la Torah, la cohabitation

5. Un *Cohen* ne peut épouser une convertie[69].
6. Une veuve sans enfant ne peut se remarier tant qu'elle n'a pas pratiqué la *ḥaliṣah.*
7. Une femme ne peut épouser un *mamzer* à moins qu'elle ne soit elle-même *mamzeret.* Il en est de même pour un homme avec une *mamzeret.* Les *mamzerim* ne peuvent épouser que des *mamzerim* ou des convertis[70].

Dans tous ces cas de figure, le tribunal rabbinique peut user de la contrainte dans un contexte de divorce.

VII. Effets du divorce

Une fois que le *geṭ* est délivré, l'homme et la femme sont libres de contracter un nouveau mariage. Une fois divorcée, la femme dispose de sa personne. Elle ne retombe pas sous la tutelle paternelle. En revanche, sa liberté comporte quelques restrictions. En voici les principales :

1) La femme divorcée ne peut épouser un *Cohen*, c'est à dire un descendant du prêtre Aaron, de lignée sacerdotale et voué à la prêtrise. Ces derniers ne pouvant en effet épouser qu'une jeune fille vierge :

> Une femme prostituée ou déshonorée, ils ne l'épouseront point ; une femme répudiée par son mari, ils ne l'épouseront point : car le pontife est consacré à Dieu. [...] Une veuve, une femme répudiée ou déshonorée, une courtisane, il ne l'épousera point : il ne peut prendre pour femme qu'une vierge d'entre son peuple[71].

(bi'ah) suffit pour faire de la veuve l'épouse légitime de son beau-frère. Toutefois, les docteurs ont décidé que cette union devait être précédée des *Qiddushin* comme dans tout mariage. Dans la plupart des communautés, le lévirat n'est plus autorisé aujourd'hui mais l'on pratique obligatoirement la *ḥaliṣah.*

69 *Lévitique* 21, 7.

70 *'Even ha-'ezer* 4 : 24.

71 *Lévitique* 21, 7, 14.

2) Dans le cas d'un divorce pour cause d'adultère, la femme ne peut épouser son amant[72].
3) La femme divorcée (tout comme la veuve), est tenue d'observer un délai de quatre-vingt-dix jours pleins, avant de contracter une nouvelle union. Le décompte commence au lendemain de la remise du *geṭ* (ou du décès de l'époux)[73]. Cette période que le Code civil connaît également sous le nom de délai de viduité[74], permet de déterminer avec certitude la paternité d'un enfant né lors d'un second mariage. Si elle est enceinte, elle devra attendre jusqu'à l'accouchement. A partir de cette date, elle devra compter encore vingt-quatre mois si elle allaite son enfant.
4) La femme est autorisée à se remarier avec son ex-époux à condition qu'elle n'ait pas contracté un second mariage (avec remise des *qiddushin*) après son divorce. Ce remariage peut avoir lieu même pendant les périodes interdites au mariage par le calendrier hébraïque[75].
5) Un *Cohen* ne peut reprendre la femme dont il est divorcé, même si celle-ci n'a pas contracté un autre mariage entre-temps[76]. Voué aux fonctions les plus honorifiques, le *Cohen* était tenu à une vie exemplaire et à un comportement irréprochable. L'interdiction au remariage avec sa propre épouse divorcée l'obligeait à réfléchir aux conséquences du divorce avant de prendre une décision rédhibitoire.

72 *Deutéronome* 24, 4. *'Even ha-'ezer* 11. L'ancien Code Napoléon contenait au titre du divorce, un article 298 ainsi conçu : « Dans le cas de divorce admis en justice pour cause d'adultère, l'époux coupable ne pourra jamais se marier avec son complice », cité par A. Sautayra et M. Charleville, Code rabbinique, *'Even ha-'ezer, Ibid.*, Tome I, p. 79.

73 *Yevamot*, 41a et 42a. *Mishneh torah, Hilkhot gerushin* 11 : 18 et *'Even ha-'ezer* 13 : 1.

74 Ce délai est de 300 jours (art. 228 du Code civil).

75 Par exemple pendant les trois semaines qui séparent le 17 *tammuz* du 9 *av* (correspondant aux mois de juillet-août du calendrier civil) : période de deuil dans l'histoire juive durant laquelle les mariages sont prohibés. On estime qu'un remariage entre ex-conjoints génère une joie moins intense qu'un mariage entre deux personnes étrangères. *Mishnah Mo'ed qaṭan* 1 : 7, *Oraḥ ḥayyim* 546 : 2.

76 *Lévitique* 1, 7. *Ketubbot*, 28 a.

6) Une fois divorcé, le couple ne peut demeurer sous le même toit, ni même s'isoler, de façon à éloigner tout soupçon de cohabitation. Néanmoins, si le couple reprend une vie commune et que le fait est bien établi, il devra obtenir un second *geṭ (geṭ sheni)* en cas de nouvelle séparation. Si la femme se remarie sans avoir obtenu le second *geṭ*, elle est réputée adultère.

En revanche, si l'homme et la femme se sont isolés de façon ponctuelle après l'établissement du *geṭ*, seul un doute subsiste quant à la nature de leurs relations et dans ce cas, les rabbins établiront un *geṭ la-ḥumrah*, c'est à dire un *geṭ* destiné à écarter le doute en matière de divorce.

Ce dernier point nous conduit à examiner la question de la validité d'un mariage civil et de la nécessité ou non d'établir un *geṭ* en cas de dissolution. Bien que quelque peu anachronique dans notre propos, le problème du mariage civil comme celui du concubinage s'insère néanmoins parfaitement dans le cadre de cette étude.

VIII. Un *geṭ* est-il nécessaire pour dissoudre une union civile ?

Bien que rejetée par les docteurs, la cohabitation *(bi'ah)* constitue rappelons-le, l'une des façons de contracter un mariage selon la *Torah*. C'est pourquoi, si un homme et une femme mariés seulement civilement ou vivant en concubinage, décident de divorcer civilement ou de se séparer, ils doivent procéder également à un divorce religieux, surtout s'ils souhaitent se remarier religieusement par la suite, car leur union est de notoriété publique, considérée comme un mariage. Par ailleurs, les docteurs estiment que lorsqu'un homme et une femme entretiennent des relations intimes, il y a présomption qu'elles n'ont d'autre objectif que le mariage *(ḥazaqah she-'en 'adam 'oseh be'ilato be'ilat zenut)*[77]. Si la femme se (re)marie sans avoir obtenu le *geṭ*, elle est donc réputée adultère, d'après la Torah. En revanche, selon les sages du Talmud, seule une union scellée par des *qiddushin* est considérée comme un véritable mariage nécessitant au besoin un *geṭ*. Dans le doute et surtout en vertu du principe du *mar'it ha-'ayin*[78], les rabbins contemporains demandent aux personnes qui ont vécu en concubinage de procéder au divorce religieux[79] lorsqu'ils souhaitent contracter un mariage religieux à la synagogue et ce, afin de protéger les enfants à venir, de la réputation de *mamzerim*.

IX. Conséquences matérielles du divorce

En ce qui concerne les conséquences matérielles du divorce, il serait possible de résumer la situation de cette façon :

Si la femme n'a commis aucune faute susceptible de lui faire perdre ses droits, elle peut prétendre au paiement de sa *ketubbah* et à la récupération de ses biens, même s'ils sont détenus par l'époux. Elle est en droit, en outre, de récupérer l'augment ainsi que la dot, tels qu'ils figurent dans la *ketubbah*.

77 *'Even ha-'ezer* 149 : 1-2.

78 Littéralement : l'apparence. Pour éviter qu'une personne non avertie ne suspecte l'auteur d'un comportement illicite et n'en tire des enseignements erronés concernant sa propre conduite, les docteurs décident d'interdire certains actes théoriquement permis.

79 Il s'agit d'un *geṭ la-ḥumrah*. Ce cas se produit toutefois assez rarement, puisqu'en trois ans (entre juin 1993 et juin 1996), le tribunal rabbinique de Paris a procédé à deux *giṭṭin* de ce genre qui, sur le plan de la procédure, ne diffèrent en aucun point d'un *geṭ* ordinaire.

En fait, les lois concernant le divorce dans la tradition juive ont fait l'objet de codifications dès le Haut Moyen Age. Mais force est de constater que Maïmonide le premier, a présenté une synthèse juridique claire, en outre reprise dans ses grands traits par le *Shulḥan 'arukh* appliqué ultérieurement dans les différentes communautés juives.

Traçons les grandes lignes du contexte historique de la Codification de la *halakhah* depuis le Haut Moyen Age jusqu'au XVIe siècle.

Chapitre IV

La codification de la législation juive : « Les trois piliers de la *halakhah* »

Afin d'embrasser une vision globale du contexte historique dans lequel s'inscrivent les différentes entreprises de Codification de la *halakhah*, il convient de brosser un tableau général de son évolution et d'en évoquer les principaux codificateurs, figures de proue de la législation juive post-talmudique. Une restriction s'impose évidemment au niveau de ma présentation. J'ai sciemment choisi de traiter les trois principaux codificateurs qui ont inspiré R. Yosef Qaro pour fixer la *halakhah* encore en vigueur à ce jour, en l'occurrence le Rif (R. Yisḥaq Elfasi), Maïmonide (R. Moshe ben Maïmon) et le Rosh (R. Asher b. Yeḥyiel).

Dans le présent chapitre, j'évoquerai donc ces trois grands maîtres que Qaro qualifiait de « piliers de la *halakhah* », en situant leurs travaux dans leur contexte socio-historique et en expliquant leurs motivations dans leur travail de codification. Le *Mishneh Torah* de Maïmonide auquel je fais souvent référence dans cette étude à travers les *Lois relatives au divorce (Hilkhot gerushin)*, représente un maillon dans la chaîne ininterrompue de la *halakhah*.

I. Contexte historique de la codification

Le foisonnement de centres spirituels à travers le monde à la fin du Xe siècle, suscita des divergences au niveau de la pratique de coutumes et parfois de lois, dans divers domaines de la *halakhah*. Ce phénomène n'était cependant pas nouveau car bien souvent, les coutumes en usage en *Ereṣ-Israël* différaient de celles de Babylonie.

Avec la clôture de l'époque des *ge'onim* en Babylonie (VIIe-XIe siècles), le besoin se fit sentir dans les différentes communautés juives de la diaspora de disposer de recueils de *halakhah*, comprenant les dernières décisions rabbiniques. Cette nécessité s'avérait indispensable du fait de la prolifération des correspondances rabbiniques *(responsa)* et des *taqqanot* (ordonnances). Depuis longtemps déjà, la production des commentaires rabbiniques avait dépassé les frontières de la Babylonie pour se développer en Afrique du Nord et en Europe.

Le *Sefer ha-halakhot* du Rif constitue l'une des premières et des plus importantes tentatives de codification de la *halakhah*.

II. Le *Sefer ha-halakhot* de R. Yisḥaq El-Fassi (RIF)

R. Yisḥaq fils de Jacob ha-Kohen El-Fassi – plus connu sous l'acronyme de Rif – naît en 1013 à Kalaat (Constantine) en Algérie. Il étudie dans les académies talmudiques de Kairouan et auprès de R. Nissim b. Jacob (R. Nissim Ga'on) et de R. Ḥanan'el b. Ḥushi'el. Au bout d'un certain temps, le Rif s'installe à Fès au Maroc – d'où le nom El-Fassi – où il dispense son enseignement dans les meilleures *Yeshivot*. A l'âge de soixante-quinze ans, il est contraint de fuir en raison d'une dénonciation et décide de s'installer à Lucène, alors centre spirituel des Juifs d'Espagne.

A la mort de R. Yisḥaq fils de Juda Gi'at, le Rif prend la direction de la célèbre académie talmudique de Lucène et compte parmi ses disciples R. Yosef Migash (le R.I.) et R. Juda Halevi rendu célèbre par sa poésie. Avant de décéder en 1103, il confie sa succession à R. Yosef Migash[1].

1 Y. Ta-Shema', « Yeṣirato ha-sifrutit shel rabbenu yosef ha-levi 'ibn migash », *Kiryat Sefer* 46 (1971), pp. 136-146 et 541-553.

Considéré comme le maître le plus illustre d'Espagne, le Rif entretient des correspondances assidues avec des rabbins d'Espagne et d'Afrique du Nord. L'œuvre marquante du Rif demeure sans conteste le *Sefer ha-halakhot (le Livre des Lois)*, rédigé selon l'ordre des *Halakhot gedolot (Grandes Lois)*, de R. Simon Kyara'. L'organisation de son texte s'accorde à la structure des traités du Talmud. Le Rif y fait non seulement référence aux sources des débats du Talmud mais il en compose la synthèse. Lorsque les débats sont déterminants pour la bonne compréhension de la loi établie, le Rif les explique, cite les différentes opinions des docteurs et ce n'est que par la suite qu'il conclut la *halakhah* et tranche la question en livrant son propre avis.

Le *Sefer ha-halakhot* ne traite que des lois ayant cours à notre époque; ainsi les lois relatives aux sacrifices qui avaient cours avant la destruction du Temple, n'y sont pas abordées. C'est pourquoi, seuls trois traités de la *Mishnah* sur six sont traités[2].

L'entreprise de codification du Rif est déterminante. Avant lui, la *halakhah* était diffuse à travers les Talmud de Jérusalem et de Babylone, les commentaires talmudiques ainsi que dans les *responsa* des *ge'onim*. Le Rif s'est donc employé à en faire la synthèse, ne retenant que les lois fixées par les docteurs les plus récents, conformément au principe «halakhah ke-batra'y»: «[Il faut suivre] la *halakhah* fixée par les ‹derniers› [rabbins]», c'est-à-dire les plus proches de nous dans le temps.

2 Il s'agit des traités des «Fêtes», des «Femmes» et des «Dommages». Outre ces trois traités, certaines lois relatives à des sujets quotidiens, comme les lois de l'abattage rituel ou de la *casherut* sont par exemple abordées. Les lois encore en vigueur telles que les lois du *Sefer Torah*, des *Tefillin* (phylactères) et autres lois, ont été rassemblées par le *Rif* dans un ouvrage appelé *Halakhot qeṭannot (Petites Lois)*.

III. Maïmonide et son œuvre

La seconde moitié du XIIe siècle voit naître celui que les rabbins surnommeront « l'Aigle de la Synagogue ». Rabbenu Moshe ben Maïmon, plus connu sous l'acronyme de RAMBAM ou Maïmonide, naît en 1138 à Cordoue en Espagne. Son père est juge du tribunal rabbinique de la ville quand celle-ci tombe entre les mains des Almohades en 1148. Maïmonide n'a alors que treize ans et sa famille est contrainte à une vie de fuite et d'errance qui durera huit ou neuf ans en Espagne et peut-être en Provence. En 1158, il entame son commentaire sur la *Mishnah* et sur la demande d'un ami, il rédige un traité sur le calendrier hébraïque : *Ma'amar ha-'ibbur* et un traité de logique : *Millot higayon*. Il compose également des commentaires sur un certain nombre de traités du Talmud de Babylone et entreprend une étude dont l'objectif est de définir la *halakhah* du Talmud de Jérusalem. En 1160, à la faveur d'une politique plus modérée des Almohades à l'égard des Juifs, la famille s'installe à Fès où elle demeure pendant cinq ans. Maïmonide, alors âgé de vingt-cinq ans étudie auprès de R. Judah Ha-Kohen Ibn Shushan, dont la notoriété dépasse les frontières du Maroc.

La conversion forcée de nombreux Juifs à l'Islam encourage Maïmon (le père de Maïmonide) à écrire à leur intention *'Iggeret ha-neḥamah*, *(Epître de la Consolation)* dans lequel il leur assure que même s'ils ne récitent que de courtes prières et observent les commandements, ils demeurent juifs à part entière.

Maïmonide poursuit des études de médecine et forge son expérience auprès de médecins musulmans d'Afrique du Nord. A l'instar de son père, il s'adresse aux crypto-juifs dans *'Iggeret ha-shemad*, *(Epître sur la persécution)*, intitulé également *'Igeret qiddush ha-shem*, *(Epître sur la Sanctification du Nom)*.

En 1165 les persécutions des Almohades contraignent à nouveau la famille à la fuite. Un mois plus tard, elle débarque à Acre dans le nord d'Israël où elle s'installe pendant cinq mois. Après avoir effectué un pèlerinage sur les lieux saints, ils quittent *Ereṭs-Israël* pour l'Egypte. Ils demeurent quelque temps à Alexandrie puis s'installe à Fostat, la vieille ville du Caire. La date du décès de son père correspond à cette époque. Quant au lieu, on ne sait s'il s'agit de l'Egypte ou d'Israël.

La famille s'est probablement installée au Caire pour combattre l'influence des Caraïtes, plus nombreux que les Rabbanites[3] dans cette ville. C'est par ailleurs dans un cimetière de cette ville que des lettres et documents contemporains de Maïmonide ont été retrouvés[4].

Afin de se consacrer pleinement à son œuvre et à sa communauté, Maïmonide est entretenu matériellement pendant huit ans par son frère David, engagé dans le commerce de pierres précieuses.

En 1168, il achève son commentaire sur la *Mishnah*. En 1169, son frère périt dans un naufrage lors d'un voyage d'affaires laissant derrière lui une femme et deux enfants. De plus, toute sa fortune ainsi que celle de nombreux clients sont englouties. C'est dans un état de prostration que Maïmonide vit pendant un an, avant de reprendre l'exercice de la médecine afin de veiller à la subsistance des siens et de rembourser les dettes de son frère. En 1169, on lui attribue le titre de *Rav ha-gadol*, (Grand rabbin), ce qui signifie que ses opinions légales font loi.

En 1171, il apparaît comme le « Chef des Juifs », fonction qu'il occupe pendant environ cinq ans. Evincé de ce poste durant une vingtaine d'années, il le réintègre ensuite jusqu'à la fin de ses jours. Sa première femme décède jeune et il épouse en secondes noces la sœur d'Ibn Almali, secrétaire du roi qui lui, épouse l'unique sœur de Maïmonide. De son union naît un fils. Ses relations familiales contribuent sans aucun doute à son ascension sociale dans la communauté égyptienne. Pourtant, le combat qu'il mène pour le rachat de captifs à Jérusalem lui confère une notoriété qui dépasse les frontières de l'Egypte.

3 On appelle Rabbanites les adeptes du Judaïsme traditionnel par opposition aux Caraïtes qui ne reconnaissaient que la Loi écrite. Voir *Supra* p. 52 note 8.

4 Voir S. D. Goïten, *A Mediterranean Society, The Jewish Communities of the Arab World as portrayed in the documents of the Cairo Geniza*, Berkeley and Los Angeles, University of California Press, 1967-1983.

A cette époque, il consacre son temps à libeller des *responsa* dans le monde entier (sauf en pays ashkénaze) et rédige en 1180 le *Mishneh Torah (Répétition de la Loi)*, ainsi que le *Moreh nevukhim (Le guide des Perplexes)* en 1190. Il écrit également *'Igeret teman (Epître au Yémen)* et *Ma'amar teḥiyyat ha-metim (Epître sur la Résurrection)*.

Son combat contre la doctrine caraïte lui permet de rétablir la suprématie des Rabbanites au Caire. Pendant cette période, il entretient une riche correspondance avec les rabbins de Provence, particulièrement avec Jonathan de Lunel. Parmi ses disciples il faut noter Joseph b. Juda b. Simon, auquel il dédie le *Guide des Perplexes*.

Le jour de sa mort, le 13 décembre 1204, une journée de deuil public fut observée dans le monde juif. La population du Caire, quant à elle, porta le deuil de sa disparition pendant trois jours.[5]

IV. Le *Mishneh Torah*

Dans le *Mishneh Torah*, Maïmonide se limite à une codification de la loi juive. Il ne livre son opinion personnelle – introduite par les mots: «Il me semble» – que lorsque le Talmud ne tranche pas une question[6]. L'objectif du *Mishneh Torah* est de réunir dans un code clair et précis l'ensemble des lois civiles et religieuses du peuple juif afin de l'offrir aux croyants soucieux de vivre en conformité avec la loi. La philosophie n'y occupe donc aucune place. En revanche, le *Guide des Perplexes* – ouvrage

5 Sur la vie et l'œuvre de Maïmonide, voir D. Yellin et I. Abrahams, *Maïmonides, His Life and Works*, réédité à New York, 1972, après une révision et des compléments par J. I. Dienstag. Voir également l'article de S. D. Goïten, *Moses Maïmonides, Man of Action, a Revision of the Master's Biography, in Light of the Geniza Documents*, Hommage à Georges Vajda, Louvain, 1980, pp. 155-167.

6 *Mishneh Torah, Hilkhot sanhedrin* 4: 11.

philosophique par excellence – s'adresse à ceux dont la foi a été ébranlée par des doctrines étrangères et «place philosophie et judaïsme dans un véritable dialogue»[7].

Seul ouvrage rédigé en hébreu, le *Mishneh Torah* est écrit dans le style le plus pur de la *Mishnah*, c'est à dire dans un langage clair, précis et elliptique. Maïmonide a adopté cet hébreu car il convenait le mieux à l'esprit juridique de son ouvrage et «pour se mettre à la portée de la majorité des gens»[8]. Son style a d'ailleurs influencé les Codes qui l'ont suivi, y compris le *Shulḥan 'arukh*.

Dans l'introduction à son Code qu'il considère comme une «Répétition de la Loi», il explique les différentes orientations de son ouvrage. Il le voulait utile et explicite «aux grands comme aux petits». Il souhaitait se mettre à la portée de ceux qui se sentaient perdus dans «l'Océan du Talmud», les ouvrages de *halakhah*, les *taqqanot*, les *responsa* des *ge'onim*, les coutumes; bref, de tout ce qui nécessitait de vastes connaissances, de l'intelligence et surtout du temps. Maïmonide espérait que son œuvre se substituerait à la multitude des sources et des ouvrages écrits jusqu'alors et constituerait une sorte de synthèse: «[…] C'est pourquoi j'ai appelé cet ouvrage *Mishneh Torah*, car l'homme doit pouvoir lire la loi écrite [la Torah] et lire ensuite ceci [le *Mishneh Torah*], pour y apprendre toute la loi orale et n'avoir besoin d'aucun autre livre».[9]

C'est précisément à cause de la forme et des objectifs avoués de cette œuvre à laquelle il consacra dix années de sa vie, que Maïmonide suscita les plus vives critiques et une farouche opposition. Avraham b. David de Posquières[10] – rabbin de Provence[11] et contemporain de Maïmonide –

7 Moïse Maïmonide, *Le Guide des Egarés*, Paris, Verdier, Collection «Les Dix Paroles», 1979, préface de Claude Birman.

8 Introduction au *Sefer ha-miṣvot* (Le Livre des Commandements).

9 Introduction au *Mishneh Torah*.

10 Avraham b. David de Posquières (en Provence), connu sous l'acronyme de Rabad, est l'un des plus illustres rabbins du Moyen Age.

11 B. Z. Bendict, «Le-toledotav shel merkaz ha-torah be-provans», *Tarbiz* 22 (1951), pp. 85-109.

avança le danger que constituait un tel ouvrage pour l'étude critique. En effet, non seulement Maïmonide ne cite pas ses sources, mais l'existence même d'un code unique risquait de mettre en péril l'étude du Talmud et de la littérature rabbinique dans son ensemble, en faisant abstraction des opinions de rabbins non moins éminents que lui. Maïmonide se défendit toujours d'avoir voulu supplanter l'étude du Talmud et s'en justifia souvent auprès de ses pairs. Il promit même de compléter son ouvrage en donnant ses sources, mais jamais il ne put réaliser cette promesse.

Bien qu'il ait été critiqué avec virulence et rejeté à son époque, le *Mishneh Torah* représente une œuvre majeure, incontournable dans l'histoire de la *halakhah*. Il imprima définitivement son style à la Codification hébraïque au point d'être considéré par R. Joseph Qaro au XVIe siècle, comme le deuxième «pilier» de la *halakhah*, situé chronologiquement après le Rif et avant le Rosh.[12]. L'ensemble de la création de Maïmonide génère encore de nos jours, un nombre important d'études et de recherches.

12 Maïmonide trouva son meilleur défenseur en R. J. Qaro environ quatre siècles plus tard, faisant ainsi réponse à Avraham b. David de Posquières, l'un de ses premiers détracteurs: «Je dis que l'intention de notre Maître [Maïmonide], était fondée. [En effet], s'il avait voulu suivre la trace de ceux qui l'avaient précédé, quel intérêt aurait-il eu à reprendre les propos de R. Y. El-Fasi [le Rif), car dans la majorité des cas, ne tranche-t-il pas comme lui? En réalité, il a voulu reprendre la loi établie, dans un langage clair et succinct comme celui de la *Mishnah*, et tout sage de cœur lui succédant peut s'appuyer sur les propos de notre Maître; et si un grand sage refuse de s'y appuyer [...] qui l'empêche de regarder les livres du Talmud et ceux des docteurs? [...]». *Kesef mishneh le-haqdamat ha-rambam le-mishneh torah.*

V. Situation des *Lois relatives au divorce* dans le *Mishneh Torah*

Le *Mishneh Torah* est également appelé par son auteur *Ha-ḥibbur*, c'est-à-dire «L'Ouvrage». Composé de quatorze livres, il porte aussi le nom de *Yad ha-ḥazaqah*[13] («la Main puissante»). Chaque livre est subdivisé en 83 chapitres. Ceux-ci sont divisés en sous-chapitres (au nombre de 1000), eux-mêmes subdivisés en articles appelés *Halakhot.* On compte près de 15 000 articles ou *halakhot.*

Le «Livre des femmes» *(Sefer nashim)* – qui comprend les *Lois relatives au divorce (Hilkhot gerushin)* auxquelles je fais souvent référence – est le quatrième livre, subdivisé en cinq sous-chapitres:

1. *Lois relatives au mariage.*
2. *Lois relatives au divorce.*
3. *Lois relatives au Lévirat et à la ḥaliṣah.*
4. *Lois relatives à la jeune fille vierge.*
5. *Lois relatives à la femme soupçonnée d'adultère.*

Ainsi, ce livre comprend toutes les lois matrimoniales dont la plupart relèvent du droit civil. Il renferme également des enseignements dans le domaine du droit pénal relatif à la famille, comme les lois ayant trait à la séduction et au viol.

13 La valeur numérique de *yad* est égale à 14. L'expression *Yad ha-ḥazaqah* est inspirée du *Deutéronome* 34, 12. Quant à l'expression *Mishneh Torah*, celle-ci est appliquée au livre du *Deutéronome.*

VI. La codification après Maïmonide

Comme nous l'avons déjà souligné, l'œuvre juridique de Maïmonide suscita de son vivant, la plus vive opposition. Cette controverse perdura quelque cent ans et ses détracteurs étaient tous d'illustres docteurs qui de façon paradoxale, nourrissaient une admiration sincère et un profond respect pour l'œuvre du Maître. Aussi, leurs ouvrages ne tarissaient-ils point en références au *Mishneh Torah.*

Aussi surprenant que cela puisse paraître, l'un des plus grands décisionnaires et codificateurs du Moyen Age, R. Ascher ben Yeḥyiel, connu sous l'acronyme de Rosh, en fut le principal détracteur.

VII. *Les Pisqe Ha-rosh* de R. Asher Ben Yeḥyiel

Brillant disciple de R. Me'ir de Rothenburg, le Rosh (1280-1340), fut considéré dès la disparition de son maître, comme le chef spirituel du Judaïsme ashkénaze. Contraint à l'exil, il fuit l'Allemagne en 1303 pour s'installer en Espagne où il s'imposa rapidement parmi les sages.

Le Rosh manifesta son opposition au Code de Maïmonide à la suite d'une affaire à laquelle il fut un jour confronté. Un juge nommé R. Masliaḥ, avait rendu son jugement sur un problème *halakhique* précis, en se fondant sur un cas similaire envisagé dans le *Mishneh Torah.* Le Rosh, alors consulté, estima que le jugement était erroné et que R. Masliaḥ n'avait pas saisi les propos de Maïmonide. Pour le démontrer, le Rosh rapporta les sources talmudiques sur lesquelles Maïmonide s'était appuyé. Par cette démonstration, il réfuta la thèse de R. Masliaḥ et prouva que son interprétation des paroles du Maître était erronée. Le fait que ce juge ait mal déchiffré le *Mishneh Torah,* faute d'avoir consulté les sources talmudiques, décida le Rosh à formuler une critique acerbe à l'égard du *Mishneh Torah,* dont la conclusion est en substance la suivante:

Bien que le *Mishneh Torah* soit un ouvrage important de décisions, il ne peut être considéré comme un livre exclusif de lois, dont le principe est opposé à l'essence même de la *halakhah.* Aucun livre de lois, même le plus élaboré, ne peut être utilisé comme source juridique unique. Cette exclusivité n'appartient qu'au Talmud et à lui-seul.

Quelque deux cents ans après la première codification de la Loi, le Rosh entreprend à son tour et selon le même principe, l'élaboration d'un autre ouvrage, où figurent les opinions des Sages ashkénazes et séfarades. Cette œuvre d'une richesse exceptionnelle, connue sous le nom de *Pisqe ha-rosh* ou *Hilkhot-ha-rosh*, comporte une structure similaire à celle du *Sefer-ha-halakhot* du Rif. Comme ce dernier, il ne traite que des sujets ayant cours à son époque[14]. Il rapporte l'opinion du Rif et celles des rabbins qui lui ont succédé, avant de trancher les questions lorsque cela s'impose. Aussi, considère-t-il son ouvrage comme complémentaire à celui du Rif.

Selon l'ordre des traités du Talmud, le Rosh présente toujours une synthèse des débats talmudiques avant d'exprimer son propre jugement. Décisionnaire reconnu tant en France et en Allemagne qu'en Espagne, il énonce l'opinion des Sages de ces différents pays, avant de formuler son avis personnel.

Principal détracteur du *Mishneh Torah* de Maïmonide, le Rosh réalise son Code en tenant compte des critiques formulées à l'égard de cet ouvrage. Citant constamment ses sources, l'opinion de ses pairs et surtout ses références talmudiques, les *Pisqe ha-rosh* s'impose rapidement comme une œuvre déterminante et désormais incontournable.

Plus de deux cents ans plus tard, R. Y. Qaro, l'auteur du *Shulḥan 'arukh* et le dernier des *rishonim*[15], fait du Rosh son troisième « pilier », après le Rif et Maïmonide.

14 Les lois relatives à la pureté et l'impureté ayant cours à l'époque du Temple ne sont pas traitées.

15 *Rishonim.* Littéralement « Premiers ». On désigne ainsi les décisionnaires, succédant aux *ge'onim*, entre le Xe et le XVIe siècle. Les *'aḥaronim*, les « derniers », désignent les décisionnaires du XVIe siècle à nos jours.

VIII. Le *Shulḥan 'Arukh* de R. Yosef Qaro

La dernière Codification de la Loi à ce jour est le *Shulḥan 'arukh* de R. Joseph Qaro.

R. J. Qaro naît en 1488 à Tolède en Espagne. Il n'a que quatre ans lorsque sa famille est chassée du pays par le décret d'Expulsion de 1492. Après quarante ans de pérégrinations dans les pays du bassin méditerranéen, il parvient en 1530 à Safed dans le nord d'Israël, où il est nommé membre du tribunal rabbinique de R. Ya'aqov Berab[16]. Lorsque celui-ci décide de rétablir la *semikhah*[17] (l'ordination rabbinique), R. J. Qaro est l'un des premiers à la recevoir. A la mort de son maître, il sera désigné avec un autre disciple, à la tête du tribunal rabbinique de Safed qui occupera une place centrale dans la Diaspora juive.

Les expulsions des Juifs à travers le monde et leurs pérégrinations ininterrompues entraînèrent de graves conséquences sur le plan social et *halakhique*. La nécessité de trouver une autorité rabbinique unissant religieusement toutes les communautés juives s'imposait. Cette même nécessité avait été à l'origine de la volonté de rétablir la *semikhah*. La confrontation de coutumes différentes entre exilés de toutes parts, réunis dans des communautés plus anciennes et les débats que ces confrontations suscitèrent, donnèrent naissance à une production *halakhique*

16 R. Jacob Berab, savant mystique, était originaire d'Espagne. Il avait précédemment occupé des fonctions rabbiniques à Tlemcen (en Algérie) et en Egypte.

17 M. Benayahu, « Ḥiddushah shel ha-semikhah bi-ṣefat », *Sefer yovel le-yisḥaq baer*, Jérusalem, 1961, pp. 248-269. La *semikhah* (ordination), était tombée en désuétude dès l'époque talmudique. Le rétablissement de l'ordination aurait permis la convocation d'un *Sanhedrin* qui aurait statué sur les graves problèmes doctrinaux et spirituels soulevés par l'expulsion des Juifs d'Espagne en 1492, mais le projet de J. Berab souleva l'opposition du Rabbinat de Jérusalem et de la Sublime Porte qui craignaient que les projets de Berab n'aboutissent à une restauration politique de l'Etat juif. Voir Renée Neher-Bernheim, *Histoire Juive de la Renaissance à nos jours*, Tome I, Paris, Durlacher, 1963, pp. 30-31.

jamais égalée[18]. Certes, un nombre notoire de *responsa*, de *taqqanot* et d'ouvrages virent le jour, mais ils ne purent contribuer à l'unification de la *halakhah*. Au contraire, les différences d'opinions se creusèrent, les lois et les coutumes qui se contredisaient et s'opposaient se multiplièrent[19]. Face à cette profusion d'opinions, R. J. Qaro décida alors de codifier à son tour la *halakhah*. A l'âge de trente ans il entreprit le commentaire du *Sefer ha-ṭurim* de R. Yaakov b. Asher[20], qu'il intitula *Bet yosef*. Il consacra trente-deux années de sa vie à cette œuvre monumentale. Plus tard, il en composa une synthèse qu'il intitula *Shulḥan 'arukh (la Table dressée)*, métaphore qui laissait entendre que l'œuvre était à la portée de tous[21].

Sur le plan méthodologique, R. Y. Qaro reprend la division des *'Arba'ah ṭurim* dont il s'inspire largement et choisit d'adopter les opinions des trois grands casuistes, le Rif, Maïmonide et le Rosh – qu'il appelle les trois « piliers » de la *halakhah* – lorsque leurs opinions concordent. Le cas échéant, si deux d'entre eux partagent le même avis, il l'adopte à son tour. En cas de divergence totale entre les trois maîtres, il consulte d'autres casuistes et s'appuie sur le principe de la majorité. Enfin lorsqu'une controverse oppose Sages ashkénazes et séfarades, il se range du côté de ces derniers[22]. Dans son introduction au *Bet yosef*, R. Y. Qaro explique :

18 Sur le contexte économique du développement de Safed, voir S. Avitṣur, « Ṣefat, merkaz le-ta'asiyyat 'arige ṣemer ba-me'ah ha-ḥamesh 'esreh », *Sefer ṣefat* 1 (1962), Jérusalem, pp. 41 et suiv.

19 R. J. Qaro accorde une grande importance à la coutume qui a dans certains cas, force de loi. Voir l'introduction de R. J. Qaro au *Bet yosef* sur le *Ṭur 'oraḥ ḥayyim*.

20 R. Ya'aqov b. Asher (1270-1343) appelé également *Ba'al ha-ṭurim*, est le troisième fils du Rosh. Il fuit l'Allemagne où il est né pour se rendre en Espagne avec son père en 1303, il devient juge du tribunal rabbinique de Tolède, fonction qu'il occupera jusqu'à sa mort.

21 La première édition du *Shulḥan 'arukh* a eu lieu à Venise en 1565.

22 Introduction de R. J. Qaro au *Bet yosef*.

> J'avais l'intention de m'inspirer du *Mishneh Torah* de Maïmonide, de mémoire bénie, car il est le décisionnaire le plus connu dans le monde, mais j'ai changé d'avis car il ne donne qu'une seule opinion. J'ai donc dû élargir [mon ouvrage] en donnant l'opinion des autres décisionnaires ainsi que leurs motivations.

R. Y. Qaro réalisa ainsi la synthèse des principaux ouvrages de codification et son œuvre demeure jusqu'à ce jour la référence principale en matière de *halakhah*.

Le *Shulḥan ʿarukh* est divisé en quatre parties :

– *'Oraḥ ḥayyim* (« Le chemin de la vie ») contient les prescriptions relatives à la vie quotidienne, la célébration des fêtes et le déroulement des prières.
– *Yoreh deʿah* (« Celui qui enseigne la sagesse ») aborde les règles de pureté, de deuil et des lois alimentaires.
– *'Even ha-ʿezer* (« La pierre de secours ») traite des lois relatives au mariage et au divorce.
– *Ḥoshen mishpaṭ* (« Le pectoral du jugement ») regroupe les lois civiles et pénales.

IX. La *Mappah* de R. Moshe Isserles (Ha-Rama')

Outre les décisionnaires et codificateurs originaires d'Espagne ou d'Afrique du Nord, il convient de souligner le rôle prépondérant joué par R. Moshe Isserles en Pologne. Connu sous l'acronyme de Rama', R. Moshe Isserles, fils de R. Israël est né à Cracovie en Pologne autour de 1530. Il fait ses études à la *Yeshivah* jusqu'à l'âge de dix-neuf ans. A l'âge de vingt ans, il est nommé rabbin de Cracovie, fonction qu'il occupera pendant vingt-deux ans. Il épouse Golda la fille de son maître, qui décède en 1551 (1552 ?), victime d'une épidémie. Malgré son jeune âge, il est vite considéré comme l'un des grands maîtres de la *halakhah*. Il forme de nombreux disciples qui à leur tour transmettent leur savoir dans toute l'Europe. Il rédige de nombreux ouvrages ayant trait à tous les domaines du Judaïsme : *halakhah*, Cabale, philosophie, histoire et exégèse bibliques. A l'époque où le *Shulḥan 'arukh* de R. J. Qaro voit le jour, il entretient une riche correspondance avec ce dernier. En 1572, le Rama' quitte ce monde à l'âge de quarante-deux ans.

De toute son œuvre, ce sont ses gloses *(hagahot)* au *Shulḥan 'arukh* ou *Mappah*, « nappe », qui demeurent les plus célèbres. Cette appellation métaphorique est ainsi justifiée par son auteur : « Je viens après l'illustre auteur du *Bet yosef* et du *Shulḥan 'arukh* étendre une nappe [*mappah*], sur la table dressée [*Shulḥan 'arukh*] qu'il a composée »[23].

Le Rama' qui partageait pour l'essentiel les opinions des grands décisionnaires, jugea toutefois utile de trancher différemment sur certaines questions, lorsqu'il estimait que la *halakhah* était différente en milieu ashkénaze.

X. Le *Shulḥan 'arukh* annoté par R. Moshe Isserles : code normatif universel du judaïsme

Contrairement à l'accueil et à la critique que le Rabad (R. Abraham b. David de Posquières), avait réservés au *Mishneh Torah* de Maïmonide au XIIe siècle – et qui freina d'ailleurs le processus de la Codification – le *Shulḥan 'arukh* reçut quant à lui un accueil des plus favorables de la part du Rama' qui qualifia son auteur de « Lumière d'Israël et Chef de la diaspora » ou encore « Notre Maître et notre rabbin, Prince de Dieu parmi nous »[24]. Quant au *Shulḥan 'arukh*, il le compara à un « fruit exquis »[25]. La reconnaissance du personnage et de son œuvre par le chef spirituel

23 Introduction aux gloses du Rama' sur le *Shulḥan 'arukh*.

24 Voir *responsa* du Rama' § 48.

25 Introduction du Rama' aux gloses sur le *Shulḥan 'arukh*.

incontesté du Judaïsme ashkénaze, conféra au *Shulḥan 'arukh* le statut de Code normatif par excellence du Judaïsme oriental et occidental[26]. Depuis sa composition en 1570 sous une forme inchangée, aucune autre entreprise de Codification ne vit le jour. L'évolution et la modernisation des sociétés occidentales et orientales soulevèrent des problèmes *halakhiques* très spécifiques auxquels le *Shulhan 'arukh* dans sa forme initiale ne pouvait répondre, compte tenu de l'époque à laquelle il fut rédigé. Aussi, la *halakhah* connut un développement considérable dans le domaine des *responsa*, des *taqqanot* mais également des coutumes. Néanmoins, pour les questions de fond, il demeure à ce jour l'ouvrage de référence en matière de *halakhah*[27].

Pendant les deux siècles qui suivirent sa rédaction, le *Shulḥan 'arukh* servit donc de code juridique dans toutes les communautés. Mais, l'Emancipation des Juifs au XVIIIe siècle en Europe, entraînera un changement radical de leur statut juridique. Dès lors, les rabbins devaient composer avec cette nouvelle situation et bien souvent, il sera difficile de concilier la *halakhah* avec le droit civil.

26 Grâce au Rama', le *Shulḥan 'arukh* fut également accepté en Pologne, en Lituanie et dans plusieurs pays d'Europe.

27 En 1840, le rabbin Salomon Gansfried édita un abrégé du *Shulḥan 'arukh* : c'est le *Qiṣṣur shulḥan 'arukh*.

Deuxième partie

Le divorce dans la communauté juive française : De l'émancipation à nos jours

Chapitre I
Statut juridique des Juifs de France

I. Statut juridique des Juifs avant l'émancipation

Au Moyen Age, les communautés juives d'Europe vivent en autarcie forcée et constituent un véritable empire dans un empire. Différents par la religion, la culture et la structure sociale de la société macrocosmique dans laquelle ils s'inscrivent, les Juifs entretiennent un mode de vie traditionnel jusqu'à la Révolution Française. Corvéables à souhait, ils se voient privés de leurs droits et de leurs libertés. Cependant, de façon paradoxale, ils bénéficient d'une grande autonomie juridique.

Ainsi, toutes les questions relatives au statut personnel (mariage, divorce, héritage) relèvent exclusivement des tribunaux rabbiniques. Nul Juif ne peut contracter un mariage sans l'accord des autorités rabbiniques. De ce fait aussi, il ne peut prétendre à un second mariage tant que le premier n'a pas été dissous par le *geṭ* ou le décès de l'un des conjoints, conformément à la loi biblique.

Sur le plan économique, la situation des Juifs à la veille de la Révolution est extrêmement difficile. Dans les lieux où ils sont tolérés, ils sont contraints à des attitudes avilissantes et sont assignés à des quartiers précis. Interdits d'exercice dans la fonction publique, du droit de pratiquer l'agriculture, exclus des corporations et de la plupart des métiers, les Juifs se voient contraints de pratiquer le commerce de l'argent[1]. Connaissant leur responsabilité à l'égard des Juifs, les Chrétiens

1 Richard Ayoun, *Les Juifs de France, De l'émancipation à l'intégration, 1787-1812*, Paris, l'Harmattan, 1997, p. 22.

ont conscience au siècle des Lumières, du rôle qu'ils doivent jouer pour aider les Juifs à sortir de leur condition :

> Nous avons le pouvoir en main, nous l'avons toujours eu. C'était donc à nous et c'est encore à nous de guérir le Juif de ses préjugés qui sont notre ouvrage en nous dépouillant des nôtres [...] Voulez-vous que les Juifs deviennent des hommes meilleurs, des citoyens utiles ? Bannissez de la société toute distinction avilissante pour eux ; ouvrez-leur toutes les voies de subsistance et d'acquisitions [...] Qu'en un mot, ils soient mis et maintenus en possession de tous les droits de citoyen, et bientôt cette constitution équitable les rangera au nombre des membres les plus utiles de l'Etat[2].

Le climat intellectuel qui précède l'émancipation des Juifs dans les pays d'Europe est propice aux changements et favorise les initiatives de réformes. En France, l'Académie de Metz propose à son concours annuel en 1785, le sujet suivant : « Est-il des moyens de rendre les Juifs plus heureux et plus utiles en France ? ». Le mémoire de l'Abbé Grégoire[3], primé, jouera à la Constituante un rôle déterminant dans l'émancipation des Juifs de France et le 27 septembre 1791, l'émancipation est officiellement décrétée.

Sur le plan politique, les Juifs sont déclarés égaux en tant qu'individus juifs et non en tant que nation juive, du moins théoriquement. Sur le plan juridique, l'égalité des droits accordée aux Juifs portugais[4] le 28 janvier 1790 est étendue à tous les Juifs du territoire français le 20 septembre 1791 qui, conformément à la Constitution, doivent prêter le serment civique.

2 Simon Schwarzfuchs, *Les Juifs de France*, Paris, Albin Michel, 1975, p. 175.

3 Abbé Grégoire, *Essai sur la Régénération physique, morale et politique des Juifs*, Metz, Imprimerie de Claude Lamort, 1789.

4 Les Juifs portugais s'étaient réfugiés dans le sud-ouest de la France à la suite de l'expulsion des Juifs d'Espagne en 1492 et de l'Inquisition au Portugal en 1536. Parfaitement intégrés à la société française, ils sont presque tous des commerçants aisés et ne subissent aucune hostilité de la population locale. Voir Gérard Nahon, *Communautés judéo-portugaises du sud-ouest de la France (Bayonne et sa région) 1684-1791*, Paris, Thèse de troisième cycle, 1969, tome I.

Progressivement, les principes préconisés par les idées laïques de la Révolution deviennent effectifs dans tous les domaines. Désormais, les Juifs ne dépendent plus des juridictions religieuses ou de l'autorité exclusive des rabbins, mais deviennent des citoyens à part entière, dépendant des juridictions civiles. En matière de mariage et de divorce, cela implique qu'un Juif peut en toute légalité se marier ou divorcer civilement sans devoir recourir au rabbinat.

II. Les Juifs sous Napoleon Ier

Près de dix ans après la Révolution, les Juifs – bien que théoriquement émancipés – ne sont pas encore totalement intégrés à la société française. Un certain nombre de secteurs de l'économie tels que l'agriculture – dont l'accès leur était interdit jusque-là – leur restent encore étrangers.

Tout en étant reconnaissants envers les idées de la Révolution et bien qu'animés d'un fort sentiment de patriotisme, les Juifs continuent dans leur grande majorité à exercer les professions dans lesquelles ils avaient été cantonnés pendant des siècles. Pourtant, dès août 1789, de nombreux Juifs s'étaient enrôlés dans la Garde Nationale. En Alsace-Lorraine notamment, la population hostile aux Juifs leur reproche de n'avoir pas abandonné leur ancien métier de prêteurs à gages. Une campagne de presse visant à calomnier les Juifs est organisée par les ultra-catholiques, afin de leur ôter toutes leurs libertés[5].

C'est dans ce contexte qu'en avril 1806, lors d'un Conseil d'Etat, le comte Molé présentera un rapport vilipendant contre les Juifs où il est question notamment de leur retirer les droits que la Révolution leur avait

5 Renée Neher-Bernheim, *Histoire juive de la Renaissance à nos jours*, Paris, Durlacher, Tome I, p. 221.

octroyés. Pourtant, en dépit de cette campagne antisémite, Napoléon décida le 30 mai 1806, la convocation d'une Assemblée de notables juifs afin de « délibérer sur les moyens d'améliorer la nation juive ». Le fait de considérer les Juifs comme une nation et non comme des individus constituait en soi, un recul par rapport aux idées de la Révolution.

1. L'assemblée des notables

Composée de cent-douze membres, l'assemblée des notables constituait un échantillon assez représentatif de la population juive. Parmi les plus célèbres d'entre eux figuraient Berr Issac Beer de Nancy, Abraham Furtado de Bordeaux et le rabbin de Strasbourg David Sintzheim.

Convoqués pour la première fois le 26 juillet 1806, ceux-ci étaient chargés de répondre à une série de questions relatives à la compatibilité entre la Loi juive et la Loi civile, incarnée par Napoléon. Informés et conscients de la menace qui pesait sur eux, ils savaient que le sort des Juifs dépendait largement du choix de leurs réponses[6].

Devant la dignité et surtout la vaste culture de ces notables qui contredisaient de façon flagrante l'image caricaturale du Juif usurier, fourbe

6 Les réponses des notables ne firent pas l'unanimité des rabbins français et étrangers qui y voyaient une invitation insidieuse à l'assimilation. Les rabbins d'Algérie notamment, contestèrent la légitimité *halakhique* des résolutions sanhédrinales. Dans un ouvrage consacré au *Grand Sanhédrin de Napoléon*, (Coll. Franco-Judaïca, Privat, 1979), Charles Touati a voulu démontrer cette légitimité. *Cf.* Jean-Marc Chouraqui, « La loi de l'Etat est la Loi: Compréhension et implications d'un principe talmudique après l'Emancipation », *in Politique et Religion dans le Judaïsme moderne des communautés à l'Emancipation*, Textes réunis par Daniel Tollet (Actes du colloque tenu en Sorbonne les 18-19 novembre 1986), Paris, Presses de l'Université de Paris-Sorbonne. Dans son article, J. M. Chouraqui se réfère longuement à l'argumentation de E. Smilevitch, qui remet totalement en cause le projet du Sanhédrin. Voir E. Smilevitch, *Halakha et Code civil. Questions sur le Grand Sanhédrin de Napoléon*, in *Pardès* 3 (1986), pp. 9-28.

et ignorant, il fut difficile pour Napoléon de faire machine arrière en retirant aux Juifs leurs droits acquis par la Révolution.

Leurs réponses ayant trouvé un écho favorable auprès de Napoléon, celui-ci résolut de les faire adopter par l'ensemble des Juifs français. Conformément à ses ambitions impérialistes, il décida la convocation d'un grand Sanhédrin, semblable à l'instance suprême du Judaïsme de l'Antiquité, afin d'entériner les mesures proposées par l'Assemblée des notables.

2. *Le grand Sanhédrin de 1807*

Composé d'un président et de soixante-dix membres, dont deux-tiers de rabbins et un tiers de laïques, le grand Sanhédrin de 1807 approuva les propositions des notables. Napoléon obtint certes entière satisfaction, en revanche, son initiative ne souleva pas l'enthousiasme des rabbins appelés à siéger dans cette assemblée[7].

Un an après la réunion du grand Sanhédrin, Napoléon promulgua ce que l'on appellera plus tard le « décret infâme », par lequel une série de mesures discriminatoires fut appliquée aux Juifs du Royaume[8]. Devant les protestations de notables parmi lesquels figurait Abraham Furtado, Napoléon accepta de ne pas appliquer ces décrets aux Juifs « Portugais et Avignonnais » ainsi qu'aux Juifs des départements où il serait signalé qu'ils « se tenaient bien », soit vingt départements du Midi et d'Italie.

Par décret, il organisa également la création des consistoires (1808-1809).

Le principe de la primauté des juridictions civiles sur les juridictions religieuses s'imposa définitivement et officiellement par le grand Sanhédrin de 1807 qui ouvrit la porte à l'assimilation. De fait, les rabbins

7 Voir Robert Anchel, *Napoléon et les Juifs*, Paris, 1928.
8 Ce décret, valable pour dix ans, ne fut pas renouvelé par Louis XVIII en 1818. Voir R. Neher-Breheim, *op. cit.*, Tome I, p. 227.

français eurent tôt fait de comprendre qu'ils s'étaient mépris sur la portée réelle de l'Emancipation.

Le grand Sanhédrin adopta les dispositions suivantes[9] – que nous reproduisons *in extenso* – concernant la polygamie, le mariage et le divorce des Juifs :

Article Ier
Polygamie

Le grand Sanhédrin, légalement assemblé ce jour 9 février 1807, et en vertu des pouvoirs qui lui sont inhérents, examinant s'il est licite aux Hébreux d'épouser plus d'une femme, et pénétré du principe généralement consacré dans Israël, que la soumission aux lois de l'Etat, en matière civile et politique, est un devoir religieux;

Reconnaît et déclare que la polygamie, permise par la loi de Moïse, n'est qu'une simple faculté ; que nos docteurs l'ont subordonnée à la condition d'avoir une fortune suffisante pour subvenir aux besoins de plus d'une épouse ;

Que, dès les premiers temps de notre dispersion, les Israélites répandus dans l'Occident, pénétrés de la nécessité de mettre leurs usages en harmonie avec les lois civiles des Etats dans lesquels ils s'étaient établis, avaient généralement renoncé à la polygamie, comme à une pratique non conforme aux mœurs des nations ;

Que ce fut aussi pour rendre hommage à ce principe de conformité en matière civile, que le synode convoqué à Worms en l'an 4790 de notre ère, et présidé par le rabbins Gerson [Gerchom ben Yehoudah], avait prononcé anathème contre tout Israélite de leur pays qui épouserait plus d'une femme ;

Que cet usage s'est entièrement perdu en France, en Italie et dans presque tous les Etats du continent européen, où il est extrêmement rare de trouver un Israélite qui ose enfreindre les lois des nations contre la polygamie.

9 Rapportées par Richard Ayoun, *Les Juifs de France, op. cit.*, pp. 189-191.

En conséquence, le grand Sanhédrin, pesant dans sa sagesse combien il importe de maintenir l'usage adopté par les Israélites répandus dans l'Europe, et pour confirmer, en tant que besoin, ladite décision du synode de Worms, statue et ordonne, comme précepte religieux,

Qu'il est défendu à tous les Israélites de tous les Etats où la polygamie est prohibée par les lois civiles, et en particulier à ceux de l'Empire de France et du royaume d'Italie, d'épouser une seconde femme du vivant de la première, à moins qu'un divorce avec celle-ci, prononcé conformément aux dispositions du Code civil, et suivi du divorce religieux, ne les ait affranchis des liens du mariage.

Article II
Répudiation

Le grand Sanhédrin ayant considéré combien il importe aujourd'hui d'établir des rapports d'harmonie entre les usages des Hébreux relativement au mariage, et le Code civil de France et du royaume d'Italie sur le même sujet, et considérant qu'il est de principe religieux de se soumettre aux lois civiles de l'Etat, reconnaît et déclare,

Que la répudiation, permise par la loi de Moïse, n'est valable qu'autant qu'elle opère la dissolution absolue de tous les liens entre les conjoints, même sous le rapport civil;

Que, d'après les dispositions du Code civil, qui régit les Israélites comme Français et Italiens, le divorce n'étant consommé qu'après que les tribunaux l'ont ainsi décidé par un jugement définitif, il suit que la répudiation mosaïque n'aurait pas le plein et entier effet qu'elle doit avoir, puisque l'un des conjoints pourrait se prévaloir contre l'autre, du défaut de l'intervention de l'autorité civile dans la dissolution du lien conjugal.

C'est pourquoi, en vertu du pouvoir dont il est revêtu, le grand Sanhédrin statue et ordonne, comme point religieux,

Que dorénavant nulle répudiation ou divorce ne pourra être fait selon les formes établies par la loi de Moïse, qu'après que le mariage aura été déclaré dissous par les tribunaux compétents, et selon les formes voulues par le Code civil.

En conséquence, il est expressément défendu à tout rabbin, dans les deux Etats de France et du royaume d'Italie, et dans tous autres lieux, de prêter son ministère dans aucun acte de répudiation ou de divorce, sans que le jugement civil qui le prononce, lui ait été exhibé en bonne forme, déclarant que tout rabbin qui se permettrait d'enfreindre le présent statut religieux, sera regardé comme indigne d'en exercer à l'avenir les fonctions.

Article III
Mariage

Le grand Sanhédrin, considérant que, dans l'Empire français et le royaume d'Italie, aucun mariage n'est valable qu'autant qu'il est précédé d'un contrat civil devant l'officier public;

En vertu du pouvoir qui lui est dévolu, statue et ordonne,

Qu'il est d'obligation religieuse pour tout Israélite français et du royaume d'Italie, de regarder désormais, dans les deux Etats, les mariages civilement contractés comme emportant obligation civile; défend en conséquence à tout rabbin, ou autre personne dans les deux Etats, de prêter leur ministère à l'acte religieux du mariage, sans qu'il leur ait apparu auparavant de l'acte des conjoints devant l'officier civil, conformément à la loi.

Le grand Sanhédrin déclare, en outre, que les mariages entre Israélites et Chrétiens, contractés conformément aux lois du Code civil, sont obligatoires et valables civilement, et que, bien qu'ils ne soient susceptibles d'être revêtus des formes religieuses, ils n'entraîneront aucun anathème.

Ainsi, le Code civil et les dispositions du grand Sanhédrin dépossédaient-ils les rabbins de leur autonomie et de leur autorité auprès de leurs coreligionnaires car les mariages et les divorces des Juifs ne dépendaient plus de leur juridiction exclusive. En revanche, ce texte signifiait de façon implicite que tout Juif divorcé civilement devait recourir au divorce religieux[10].

10 E. Bulz, *Le divorce en droit rabbinique dans ses rapports avec le droit laïque moderne*, La Chaux-de-Fonds, Imprimerie Coopérative, 1954, p. 104.

Déchus de leur autorité de façon significative, les rabbins virent se restreindre à travers le divorce civil, le champ d'application de la loi juive, laquelle admettait des causes de divorce que le Code civil ignorait[11].

Pour les couples juifs, la double nécessité de s'adresser consécutivement à un tribunal civil et à un tribunal rabbinique pour réaliser la rupture de leur union, engendra bien des conflits. Ils pouvaient certes être divorcés civilement, mais demeuraient mariés aux yeux de la *halakhah*, tant qu'un *geṭ* n'était pas délivré à leur épouse.

Conscients de cette dépendance, de nombreux hommes commencèrent alors à tirer profit de la situation, utilisant le *geṭ* comme moyen de chantage en vue d'extorquer à leur épouse d'importantes sommes d'argent. D'autres, animés par un esprit de revanche, choisirent de disparaître – munis de leur divorce civil – dans le seul but de causer du tort à leur ex-épouse.

Devant l'urgence de cette nouvelle situation et le nombre incalculable de problèmes liés à ces deux étapes dans le divorce, les rabbins français furent les premiers à tenter de trouver des solutions afin de concilier la loi civile et la loi mosaïque. Pourtant, en dépit des efforts conjugués des rabbins français et étrangers pour tenter de juguler ce fléau qui remettait en cause les fondements de la vie juive, force est de constater qu'à ce jour, l'incompatibilité demeure entre les domaines civils et religieux.

Par le biais de la laïcité accordée aux citoyens juifs dans le domaine du droit de la famille, les Juifs connurent l'égalité des droits face à leurs concitoyens, mais cette même laïcité souleva également des problèmes religieux d'une extrême gravité pour le judaïsme français.

Aujourd'hui parfaitement intégrés à la société française, les Juifs de France ne constituent pas aujourd'hui une entité homogène à l'égard

11 Renée Lévy, *Le divorce juif et les conflits de loi qu'il peut engendrer*, Paris, 1929, p. 112.

des pratiques religieuses. Leur adhésion aux pratiques religieuses est extrêmement diversifiée. Leur attitude face au divorce religieux étant intimement liée à leur adhésion à la religion dans son ensemble, il nous paraît indispensable de décrire le paysage socio-démographique juif français à l'aube du XXIe siècle, ses composantes et ses particularités.

Chapitre II

Présentation de la judaïcité et du judaïsme français[1]

I. Rappel historique

A la veille de la Révolution française, on estime à 40 000 le nombre de Juifs vivant en France métropolitaine. Près de la moitié d'entre eux, composés essentiellement d'Ashkénazes, vivent en Alsace-Lorraine. Une minorité séfarade est installée dans le sud-ouest (env. 3 500 personnes) et dans le Comtat-Venaissin (env. 2 500 personnes).

Au XVIIIe siècle, seules quelques familles sont installées à Paris[2], la plupart des villes leur sont alors interdites. Avec la Révolution de 1789 et l'émancipation économique, politique et juridique définitivement acquise en 1791, les Juifs constituent rapidement une population essentiellement urbaine.

Au XIXe siècle et au cours de la première moitié du XXe siècle, on assiste à un phénomène d'immigration par vagues successives venant d'Europe Orientale et Centrale, de l'Empire Ottoman mais aussi d'Afrique

1 Selon les définitions d'Albert Memmi (reprises par le dictionnaire Larousse), la *judaïcité* désigne l'ensemble des personnes juives et le *judaïsme* désigne l'ensemble des doctrines et des croyances des Juifs. A. Memmi, *Portrait d'un Juif*, Paris, Gallimard, 1962, p. 17.

2 Roger Berg, *Histoire des Juifs à Paris, de Chilpéric à Jacques Chirac*, Paris, les Editions du Cerf, 1997, pp. 85-138.

du Nord[3]. A la fin du XIXe siècle, l'immigration en provenance des pays méditerranéens ne constitue toutefois que 4% de l'immigration juive à Paris, tandis que des grandes villes de province comme Marseille ou Lyon accueillent d'importants contingents d'immigrés juifs d'Europe Orientale. Le Midi de la France accueille également des Séfarades d'origine nord-africaine.

Renforcée par ces vagues d'immigrations successives, la communauté juive française est évaluée au début du XXe siècle à 150 000 personnes. A la veille de la deuxième guerre mondiale, ce chiffre oscille entre 250 000 et 320 000. Ils sont alors concentrés dans leur grande majorité, à Paris et dans la région parisienne, en Alsace et dans quelques grandes villes comme Lyon et Marseille.

II. La population juive de France au lendemain de la deuxième guerre mondiale

Au lendemain de la guerre, on ne compte plus que 180 000 à 200 000 Juifs en France, un quart d'entre eux ayant disparu dans la *Shoah*. Néanmoins, suite à l'immigration qui se poursuit, la judaïcité française connaît un nouvel essor grâce à l'arrivée massive de survivants d'Europe Centrale et Orientale. Mais c'est surtout à partir des années 1950 que s'amorce un changement radical dans le paysage socio-démographique des Juifs de France, dû essentiellement à la décolonisation du Maroc, de la Tunisie et de l'Algérie et à l'immigration massive de quelque 230 000 Juifs originaires de ces pays vers la France. Ainsi, la population juive de France doublera en l'espace de dix ans.

3 D. Bensimon, *Les Juifs dans le monde au tournant du 21e siècle*, Paris, Albin Michel, Présences du Judaïsme, 1994, p. 19.

Aujourd'hui, avec environ 700 000[4] âmes, elle constitue la première communauté juive d'Europe Occidentale et la troisième de la diaspora après les U.S.A. et l'ex-U.R.S.S.

L'immigration juive d'Afrique du Nord étant pratiquement achevée (il ne reste que 5 000 à 6 000 Juifs au Maroc et en Tunisie), on peut considérer aujourd'hui que la population juive de France est constituée de deux grands groupes : Le premier (environ 40%), installé en France avant 1950 est composé essentiellement de Juifs originaires d'Europe Centrale et Orientale, ainsi que de Juifs d'origine alsacienne ou allemande. Le second (environ 60%), établi en France entre 1952 et 1967, est composé de Juifs d'origine nord-africaine et égyptienne.

III. Les Juifs originaires d'Afrique du Nord

A la veille de leur indépendance, les pays d'Afrique du Nord comptaient 500 000 Juifs, ainsi répartis :

– Algérie : 140 000 Juifs (tous de nationalité française)[5], ce qui représentait 28% des Juifs d'Afrique du Nord.
– Tunisie : 105 000 Juifs (dont 71 000 de nationalité tunisienne)[6], soit 21% des Juifs d'Afrique du Nord.

4 Un sondage de la SOFRES réalisé en 1976 estimait entre 600 000 et 700 000 le nombre de Juifs en France, mais ces chiffres, largement surestimés, furent démentis par la suite. *Cf.* D. Bensimon et S. Della Pergola, *La population juive de France*, *op. cit.*, p. 35.

5 Les Juifs d'Algérie ont collectivement acquis la citoyenneté française par décret, préparé sous le Second Empire et signé le 14 octobre 1870 par les membres du Gouvernement provisoire dans lequel Adolphe Crémieux occupait les fonctions de ministre de la Justice.

6 Les Juifs de Tunisie ont obtenu des naturalisations individuelles.

– Maroc : 225 000 Juifs (presque tous de nationalité marocaine) soit 51% de la population juive d'Afrique du Nord. Le Maroc détenait donc, de loin, le plus important groupement juif.

L'indépendance des pays du Maghreb entraîna un exode massif des populations juives et la quasi disparition des communautés juives de cette région, dont certaines y étaient implantées depuis le début de l'ère chrétienne ou même avant.

– *L'Algérie.* – A l'heure du départ, quelque 110 000 Juifs d'Algérie, de nationalité française, choisirent collectivement la France qui leur conféra le statut de rapatriés. Ils rejoignaient ainsi les 20 000 Juifs d'Algérie déjà installés en France avant l'Indépendance de l'Algérie en 1962, soit un total de 130 000 Juifs. Profondément pétris de culture française dès 1830 et revendiquant haut et fort leur « francisation », le choix de la France leur était pour ainsi dire naturel. Une fois en France, ils représentaient les deux-tiers de la judaïcité nord-africaine, alors qu'ils ne constituaient – en Afrique du Nord – qu'un peu plus du quart avant l'immigration[7].

– *Le Maroc.* – Avant la décolonisation du Maroc, une population de 255 000 Juifs vivaient au Maroc en 1948, sur 500 000 Juifs dans tout le Maghreb, représentant ainsi plus de la moitié de la judaïcité nord-africaine[8]. Mais alors que les Juifs d'Algérie avaient choisi la France au moment de l'Indépendance, les Juifs marocains optèrent massivement pour Israël. Le Protectorat français au Maroc n'ayant duré que quarante-quatre ans[9], il exerça une moindre influence sur le choix de la France comme pays d'accueil ; en outre, le facteur de la « nationalité » joua un

7 En 1990, il ne restait plus que 200 Juifs en Algérie. *Cf.* D. Bensimon, *Les Juifs dans le monde au tournant du 21e siècle*, *op. cit.*, 1994, p. 61.

8 Voir A. Chouraqui, *Histoire des Juifs en Afrique du Nord,* Paris, Hachette Littératures, pp. 329-330 et *La condition juridique de l'Israélite marocain*, Paris, Presses du Livre français, pp. 29-42.

9 Le Protectorat au Maroc dura de 1912 à 1956.

rôle prépondérant dans ce choix. Pour les Juifs marocains, Israël avait toujours représenté une terre de prédilection. Ayant conservé des rapports étroits avec *Ereṭṣ-Israël* depuis le début de l'ère chrétienne, ceux-ci avaient entretenu au cours des siècles, l'idée d'un retour à Sion et l'amour de Jérusalem[10] à travers une abondante production littéraire et poétique[11]. A l'heure du choix, il parut donc évident aux Juifs marocains de se tourner massivement vers Israël[12] qui répondait plus à leurs aspirations que la France. C'est pourquoi, dans les années 1960, 23 000 Juifs marocains optèrent pour la France, soit seulement 10% d'entre eux[13]. De 1968 à 1976, on évaluait à 13 000 le nombre de Juifs arrivant du Maroc mais également de Tunisie en France[14]. Depuis, l'immigration juive d'Afrique du Nord a connu un net ralentissement, puisque l'essentiel de cette population avait déjà quitté le Maghreb.

– *La Tunisie.* – La Tunisie comptait 105 000 Juifs en 1951. Ce chiffre englobait les Juifs tunisiens, français et étrangers. Cette population était extrêmement urbanisée, puisque les deux-tiers de la judaïcité tunisienne étaient concentrés à Tunis. Alors que les Juifs d'Algérie étaient français à part entière depuis le décret Crémieux de 1870, les Juifs de Tunisie

10 Joseph Tedghi, *Yehude Maroqo ve-ha-ṣionut, in Yahadut Ṣarfat, ha-ṣiyonut u-medinat Israël, (French Jewry, Zionism and the State of Israël)*, ouvrage collectif, The Ben Gourion Research Center, Ben Gourion University of the Negev, Inalco, Paris, 1992, pp. 299-300.

11 Sur la poésie juive au Maroc, voir H. Zafrani, *Poésie juive en Occident musulman*, Paris, 1977.

12 Sur l'immigration des Juifs d'Afrique du Nord en Israël, voir D. Bensimon, *Immigrants d'Afrique du Nord en Israël*, Paris, 1970 et J. Tedghi, *Les Juifs d'Afrique du Nord, 1967-1985 : évolution socio-politique,* Thèse de doctorat, Paris VIII-Inalco, 1987.

13 Environ 230 000 Marocains immigrèrent en Israël dans les années 1960.

14 A la suite des violences arabes provoquées par la Guerre des Six-Jours en 1967, près de 50 000 Tunisiens et 20 000 Juifs d'Algérie optèrent pour Israël.

comme leurs coreligionnaires du Maroc, demeuraient des sujets du souverain[15] malgré la présence française en Tunisie, datant de 1882.

L'exode des Juifs tunisiens s'est échelonné sur une très longue période. Il commença en 1947-48, à la suite de la création de l'Etat d'Israël. Il connut une période d'accalmie en 1953 lorsqu'Israël traversa une grave crise économique, puis l'exode connut de nouveaux records en 1956, au moment de l'accession de la Tunisie à l'indépendance[16] et de la mise en place d'un nouveau gouvernement.

En 1961-62, 70% des Juifs de Tunisie avaient quitté leur pays et 50 000 d'entre eux avaient choisi la France. Ce chiffre représente alors 25% de la population nord-africaine en France. A la suite de la guerre des Six-Jours en juin 1967, un vent de panique ébranla la population juive de Tunisie, ce qui déclencha la dernière vague d'émigration.

En vingt ans, près de 100 000 Juifs tunisiens avaient quitté leur pays par vagues successives.

15 En 1923, le Gouvernement français assouplit la procédure d'acquisition de la nationalité française pour les Tunisiens. Beaucoup de Juifs en bénéficièrent surtout entre 1925 et 1933. *Cf.* Claude Tapia, *Les Juifs sépharades en France, 1965-1985, Etudes psychosociologiques et historiques,* Paris, l'Harmattan, 1986, p. 60.

16 A la suite d'une révolte menée par Habib Bourguiba, Pierre Mendès France proclama le droit de la Tunisie à l'autonomie interne le 31 juillet 1954, ce qui entraîna en France la chute du gouvernement Mendès France. En 1956, lors des premières élections pour l'Assemblée Constituante en Tunisie, les Juifs furent appelés à voter. Un Juif nommé Baruch, devint ministre de la Reconstruction et du Plan dans le gouvernement Bourguiba. Claude Tapia souligne que lorsque la Tunisie accéda à l'Indépendance, près des deux-tiers de la population juive étaient décidés à tenter l'expérience de l'intégration dans la nouvelle société tunisienne. « L'indépendance de la Tunisie ne signifia pas immédiatement, comme en Algérie, la disparition de la collectivité israélite ». Claude Tapia, *op. cit.*, p. 62.

IV. Les Juifs d'Afrique du Nord en France

En 1966-67, les Juifs originaires d'Afrique du Nord représentent en France une population de 210 000 âmes. Dans la même période, quelque 10 000 Egyptiens s'installent en France.

Compte tenu de la baisse de la natalité chez les immigrants qui se sont rapidement adaptés au modèle français et des départs de France vers Israël (26 000 entre 1967 et 1976 dont 80% de nord-africains), on estime que le nombre de Juifs originaires d'Afrique du Nord et de leurs descendants en France n'a pas beaucoup évolué depuis la fin des différents exodes[17].

La judaïcité nord-africaine en France, qui constitue plus de 60% de la judaïcité française est ainsi répartie à la fin des années 1960:

Juifs d'Algérie: 130 000 soit 62%, Marocains: 30 000 soit 15%, Tunisiens: 50 000 soit 24%.

V. Répartition géographique

Aujourd'hui, plus de la moitié de la population juive réside dans l'agglomération parisienne (350 000), la seconde moitié étant répartie comme suit[18]:

Nord: 2%, Est: 7,5%, Bassin parisien: 6%, Ouest: 2%, Sud-Ouest: 5%, Sud-Est: 6,5%, Méditerranée: 16%.

17 Il faut également tenir compte des mariages mixtes qui ont affecté toutes les couches de la population juive en France.

18 *Qui sont les Juifs de France?* Enquête sondage de la SOFRES, Agence Télégraphique Juive, n° 1527, 11 février 1977.

La distribution par ville donne les chiffres suivants[19] :

Paris (350 000), Marseille (70 000), Lyon (25 000), Toulouse (23 000), Nice (20 000), Strasbourg (16 000), Grenoble (8 000), Metz/ Nancy (4 000).

A ces chiffres, il conviendrait d'ajouter une douzaine de communautés d'environ 2 000 Juifs. On compte ainsi près de 230 communautés juives à travers la France.

VI. Identités juives

L'immigration maghrébine des années 1950-1960 se distingue des autres courants migratoires non seulement par son caractère quantitatif, mais également par l'élan de religiosité et d'esprit communautaire qu'elle a drainé avec elle et insufflé au judaïsme français.

Plus proche d'un mode de vie que d'une religion au vrai sens du terme, le judaïsme nord-africain n'avait à son arrivée en France rien de commun avec le judaïsme ashkénaze, plus discret et replié sur lui-même. Caractérisé par une longue et solide tradition religieuse mais aussi par la pratique de coutumes souvent assimilées à des actes religieux, le judaïsme nord-africain s'est transposé et épanoui en France pour devenir un courant traditionaliste important, modéré et tourné vers l'extérieur. C'est en outre de cette tendance que se réclame aujourd'hui le Consistoire Israélite de Paris qui administre entre autres, le tribunal rabbinique chargé de toutes les questions relatives au culte, à la *casherut*, aux mariages, aux divorces et aux conversions.

19 Chiffres publiés par l'*Institute of the World Jewish Congress*, 1997.

1. L'Association Consistoriale Israélite de Paris (A.C.I.P.)

La séparation des Eglises et de l'Etat, officiellement adoptée par la loi du 9 décembre 1905, entraîna d'importantes conséquences sur l'organisation du culte israélite en France et en Algérie. Cette loi proclamait que la République «ne reconnaît» ni «ne salarie aucun culte» (art. 2), l'Etat n'intervenant que pour assurer la police des réunions organisées dans les édifices du culte. Désormais, toute liberté est donc laissée aux pratiquants du Judaïsme dans l'organisation de leurs associations.

Les fonctions du Consistoire Central, au terme de ses statuts, sont de

> pourvoir aux intérêts généraux du culte israélite, de veiller à la sauvegarde des libertés nécessaires à son exercice, de défendre les droits des communautés et d'assurer la fondation, le maintien et le développement des institutions et services communs aux organismes adhérents. Il a pour objet de sauvegarder l'indépendance et la dignité des ministres du culte, d'assurer la permanence de la fonction de Grand rabbin de France, de contribuer éventuellement au traitement des ministres du culte, de favoriser leur recrutement en assurant le fonctionnement de l'Ecole rabbinique de France, de maintenir et développer l'enseignement religieux, de veiller, par des règlements généraux, applicables à tous les organismes adhérents, au maintien de l'union, de la discipline et du bon ordre dans l'exercice du culte. Il représente et défend les intérêts généraux du judaïsme français.[20]

Actuellement, les trois fonctions les plus importantes du Consistoire sont la gestion administrative et financière du Grand rabbinat de France, celle du Séminaire Israélite (chargé de la formation des rabbins) et celle du Beth Din (tribunal rabbinique).

20 Sur l'organisation juridique du culte juif, voir Roger Berg et Marianne Urbah-Bornstein, *Les Juifs devant le droit français*, Paris, Collection Franco-Judaïca, Les Belles Lettres, 1984, pp. 16-48.

Le tribunal rabbinique de Paris a été mis en place par le Consistoire de Paris aux termes d'un arrêté datant du 31 janvier 1905, afin de prendre en compte les problèmes posés par les Israélites étrangers régis par leur statut personnel et afin de répondre aux difficultés religieuses rencontrées dans la vie des familles[21]. Il gère entre autres :

- les questions relatives au mariage et au divorce religieux;
- la procédure de la *ḥaliṣah*[22]
- la conversion au Judaïsme;
- l'abattage rituel et les problèmes de *casherut*[23]
- le fonctionnement des bains rituels *(Miqveh)*[24]
- la délivrance de certificats d'état-civil exigés par certains pays étrangers de leurs ressortissants domiciliés en France[25].

Le Consistoire de Paris, situé rue Saint-Georges dans le 9e arrondissement, constitue l'appareil administratif du Rabbinat. Avec 80 communautés composées d'environ 120 synagogues[26], il compte quelque 40 000 adhérents sur Paris et la région parisienne. Dans le domaine

21 R. Berg et M. Urbah-Bornstein, *op. cit.*, p. 30.

22 Entre juin 1993 et juin 1996, deux cérémonies de *ḥaliṣah* ont été pratiquées au tribunal rabbinique de Paris. Sur la *ḥaliṣah*, *cf. supra* p. 76 note 68.

23 58 boucheries dans Paris et la région parisienne sont sous le contrôle du Beth Din de Paris, et 36 d'entre elles bénéficient du contrôle permanent (Calendrier de l'A.C.I.P. 1999/2000).

24 Sur 36 bains rituels situés dans Paris et la région parisienne, 15 d'entre eux sont sous la responsabilité du Consistoire de Paris. *Ibid.*

25 Le service du Statut personnel du Consistoire de Paris délivre également des certificats de célibat (notamment pour autoriser des mariages de Français en Israël) et des certificats de judaïsme aux personnes qui émigrent en Israël et doivent prouver leur judéité pour bénéficier de la « Loi du Retour ». Pour les années 1996 et 1997, 1065 certificats de judaïsme ont été délivrés. *Cf.* A. Atlan, *Rapport et Statistiques du statut personnel pour les années 1996 et 1997*, Paris, Consistoire Israélite de Paris, tribunal rabbinique, 1998.

26 Dont 72 se situent dans Paris et la région parisienne.

du judaïsme, il est de loin l'institution la plus importante[27] et la plus influente, représentant 48% de la communauté juive[28].

Outre les communautés consistoriales, d'autres communautés se réclamant des tendances les plus diverses se sont développées en France.

2. *Les communautés orthodoxes*

– *La communauté Loubavitch ou ḤaBaD.* – Fondée au XVIIIe siècle par le rabbin Schnéour Zalman de Liady – premier Rabbi de Loubavitch – la dynastie de ce nom, héritière du célèbre *Ba'al Shem Tov*, est un mouvement hassidique. Son dernier héritier, le rabbin Menahem Mendel Schnerson de Loubavitch est décédé à New York en 1994. Ce courant est également connu sous le nom de *ḤaBaD*, acronyme de *Ḥohmah-Binah-Da'at* (sagesse, entendement et savoir), concepts qui constituent la devise spirituelle de son fondateur.

Installé en France depuis la deuxième guerre mondiale, le mouvement Loubavitch a connu un véritable essor ces dernières années. Doté d'un rabbinat indépendant, il gère son propre réseau éducatif dont l'ampleur est croissante[29], ainsi que sa propre *casherut*. Il s'est constitué par ailleurs, son propre tribunal rabbinique et il célèbre donc des mariages et délivre des divorces religieux.

27 Le Consistoire Israélite de Paris a un budget annuel de 120 à 132 millions de francs selon les années. Ses ressources proviennent de la *casherut* (60 à 65 millions de francs par an) et des communautés (60 à 65 millions de francs par an) ; M. Serfaty, *Syndicalisme et mentalités juives : La Crise sociale du Consistoire de Paris* (communication), XIIe Congrès Mondial des Etudes Juives tenu à Jérusalem du 29 juillet au 5 août 1997.

28 Chiffres publiés par l'*Institute of the World Jewish Congress*, 1997.

29 Ces dix dernières années, une dizaine d'écoles de la maternelle à la terminale ont été créées à Paris et en région parisienne.

– *La Qehillat ha-Ḥaredim* («La communauté des Pieux»). – Installée dans la capitale depuis plusieurs siècles, la *Qehillat Ha-Ḥaredim* gravite autour de la synagogue de la rue Pavée, dans le vieux quartier juif du Marais. Cette communauté orthodoxe revendique son indépendance par rapport au Consistoire et possède ainsi son propre réseau éducatif, sa propre *casherut* et son tribunal rabbinique.

– *La 'Adath Yere'im* («Assemblée des craignants [Dieu]»). – Située autour de la rue Cadet dans le 9e arrondissement, cette communauté est l'héritière spirituelle du rabbin Samson Raphaël Hirsch qui préconisait une pratique orthodoxe du judaïsme, liée à une certaine ouverture intellectuelle à la modernité. Idéologiquement proche de la communauté de la rue Pavée, elle supervise sa propre *casherut* mais ne possède pas de tribunal rabbinique. Le cas échéant, elle fait appel à celui de la rue Pavée.

L'ensemble des communautés orthodoxes, toutes tendances confondues, représentent 7% des communautés juives françaises[30].

3. Les communautés libérales

Aux antipodes des communautés orthodoxes, les communautés juives libérales fonctionnent comme une fédération. Implantées à Paris, Lyon, Grenoble, Toulouse et Genève, elles possèdent un tribunal rabbinique commun dont le siège est à Genève.

Fondé au début du XIXe siècle en Allemagne par Abraham Geiger (1810-1874), le mouvement crée en 1875 le premier séminaire rabbinique libéral à Cincinnati: *The Hebrew Union College.* Le judaïsme libéral s'implante rapidement en Europe et dans le monde et devient en 1926,

30 *Ibid.* Aux Etats-Unis, 6% des Juifs se disent orthodoxes et en Israël les orthodoxes représentent 10% de la population.

l'Organisation Mondiale du Judaïsme Libéral *(World Union for Progressive Judaism)*[31]. Il est aujourd'hui représenté dans plus de trente pays.

Courant réformiste, il se distingue du judaïsme traditionnel de plusieurs façons, dont le culte synagogal, les conversions, les mariages, la définition de l'identité juive et l'abolition du statut de *mamzerut*, réservé aux enfants nés d'unions illégitimes.

Deux communautés principales composent aujourd'hui le mouvement juif libéral en France : l'U.L.I.F. et le M.J.L.F.

L'U.L.I.F. (Union Libérale Israélite de France) est la plus ancienne communauté juive libérale. Elle est installée rue Copernic dans le 16e arrondissement depuis 1907. Quant au M.J.L.F. (Mouvement Juif Libéral de France), il est créé en 1977 à la suite de dissensions au sein du mouvement libéral.

Les communautés libérales comptent également la *Qehillat Gesher* (non affiliée au mouvement libéral) et la C.J.L. (Communauté Juive Libérale) dirigée par Pauline Bèbe, première femme-rabbin en France.

Le mouvement libéral regroupe quelque 2 500 familles en France dont 1 200 sur Paris et la région parisienne.

4. Le mouvement Conservative ou Massorti

En marge du judaïsme libéral, la communauté *Adath Shalom*, première communauté du mouvement *Massorti*, appellation hébraïque du mouvement *Conservative* américain dont il se réclame, est implantée en France depuis 1989. Cette communauté qui connaît une véritable expansion, compte aujourd'hui une centaine de familles.

Fondé en Allemagne en 1845 par le rabbin Zekharia Frankel en réaction au courant libéral d'une part et au courant orthodoxe d'autre part, le

31 P. Bèbe, *Le Judaïsme libéral*, Paris, éd. J. Grancher, 1993. p. 73.

mouvement *Massorti* constitue un compromis entre ces deux tendances. Défini comme un courant positiviste[32], il se situe en effet de façon simplifiée, au croisement du judaïsme orthodoxe et du judaïsme libéral.

Ce mouvement qui regroupe quelque 2 000 000 d'adhérents aux Etats-Unis – courant majoritaire de la communauté juive américaine – réunit *The United Synagogue* (représentant 900 communautés et synagogues), *The Rabbinical Assembly* (1 600 rabbins attitrés) et le célèbre J.T.S. : *The Jewish Theological Seminary* (chargé de la formation des cadres et éducateurs). Le mouvement *Conservative* est également implanté en Israël depuis 1936, ainsi qu'en Europe, notamment en Hongrie où il représente la majorité de la communauté juive hongroise.

A l'instar des libéraux, le mouvement *Conservative* préconise l'accueil des non juifs aspirant à la conversion, ainsi que l'égalité des sexes dans tous les domaines du culte. Cependant, il se distingue du mouvement libéral en ce sens qu'il refuse de célébrer des cérémonies religieuses pour les personnes qui ne sont pas nées de mère juive ou dûment converties au judaïsme. Il revendique par ailleurs l'observance des lois relatives au *Shabbat* et à la *casherut.*

Les communautés libérales et *Conservative* qui représentent ensemble 5% du judaïsme français[33], diffèrent des mouvements traditionalistes consistoriaux et orthodoxes sur bon nombre de principes fondamentaux, notamment celui de la conversion. De nettes divergences les opposent également sur la question de la dissolution du mariage religieux, celles des *'agunot* et de la *mamzerut.*

Au-delà des clivages qui caractérisent les communautés juives, la question la plus difficile à résoudre au sein des communautés de toutes les tendances, concerne les mariages mixtes. En effet, environ un mariage

32 *La Tradition du nouveau, Charte des principes du mouvement Massorti*, publication de la communauté *Adath Shalom*, p. 11.

33 *Institute of the World Jewish Congress*, 1997.

juif sur deux est une union exogame, c'est-à-dire que l'un des conjoints n'appartient pas à la religion juive[34]. Ce problème mondial constitue – selon les démographes – un danger majeur pour l'avenir du peuple juif, d'autant que dans la tradition rabbinique, la filiation juive est matrilinéaire. La conversion au Judaïsme du futur conjoint non juif, largement facilitée dans les communautés libérales, l'est beaucoup moins au sein du Consistoire de Paris et reste quasi impossible dans les communautés orthodoxes. Le problème des mariages mixtes et des conversions creuse en outre un fossé entre religieux et laïques dont l'ampleur, ces dernières années, risque de diviser irrémédiablement la communauté juive française.

Aujourd'hui, les démographes estiment la population juive française à un peu moins de 700 000 âmes. Ce chiffre n'a pas augmenté depuis plusieurs décennies[35] du fait de l'assimilation, des mariages mixtes, des conversions mais également de la raréfaction des naissances en milieu juif. Roberto Bachi, célèbre démographe de la population juive mondiale, prévoyait que le judaïsme de la Diaspora, fort de 10 millions d'âmes en 1981, n'en compterait plus que 8 millions à la fin de ce siècle. Les statistiques actuelles semblent illustrer cette prévision. Selon le démographe américain Sydney Goldstein, les deux-tiers des couples mariés entre 1985 et 1990 aux Etats-Unis sont mixtes[36] et seulement 25% des enfants nés de ces unions seraient éduqués dans la tradition juive.

En France, en Italie et en Belgique, environ un couple sur deux est exogame. En Allemagne, on compte 75% de mariages mixtes.

34 *Cf.* Michèle Bitton et Lionel Panafit, *Etre juif en France aujourd'hui*, Paris, Hachette Littératures, 1997, p. 60.

35 Dans les années 1960, les dirigeants communautaires estimaient à 500 000 le nombre de Juifs en France. Doris Bensimon, *Les Juifs dans le monde au tournant du 21e siècle*, *op. cit.*, p. 35.

36 Doris Bensimon, *op. cit.*, p. 113.

Le Congrès Juif Mondial estime par ailleurs que 40% des Juifs de France ne seraient affiliés à aucune synagogue et que seulement 25% observeraient les lois de la *casherut* à des degrés divers.[37]

Dans les années 1970, les Juifs de la région parisienne se définissaient ainsi : Pour 34%, le Judaïsme était une religion ; 31% se disaient attachés à la réalité juive en dehors de toute signification religieuse et 31% affirmaient leur attachement aux traditions historiques ou familiales ou à la communauté[38].

La définition du mot « Juif » fait aujourd'hui l'objet de nombreuses polémiques. A la question « Qui est juif ? », toutes les réponses semblent permises. Si l'on s'en tient à la lettre de la loi rabbinique, « n'est juif que celui qui est né de mère juive ». Les chercheurs quant à eux, considèrent comme « juif » toute personne qui se déclare de façon formelle ou informelle comme appartenant au groupe juif.

A l'image des individus qui la composent, la communauté juive est donc caractérisée par une très grande pluralité[39]. Toutes les tendances y trouvent leur place mais la communication entre elles demeure insignifiante. A maintes reprises, on a pu assister à des crises au sein de la communauté, lors de débats politiques tels que le conflit au Proche-Orient ou de débats religieux tels que la question des mariages mixtes, des conversions ou du divorce religieux.

37 *Institute of the World Jewish Congress. Ibid.*

38 Doris Bensimon, *Les Juifs dans le monde au tournant du 21e siècle*, *op. cit.*, 1994, p. 105.

39 *Cf.* l'enquête réalisée sur les Juifs de France par le *Figaro Magazine* du 27 mars 1999, pp. 43-64.

Chapitre III

Photographie sociologique du divorce juif

Introduction

La pratique du *geṭ* au sein du judaïsme traditionnel reste inchangée depuis des siècles. Le présent chapitre examine l'aspect sociologique du divorce juif en France. Il s'agit de comprendre comment les Juifs français et plus particulièrement les Juifs parisiens, adhèrent à cette pratique lorsqu'ils sont confrontés à la dissolution de leur mariage.

Le divorce religieux étant intimement lié à la pratique religieuse dans son ensemble, mon enquête m'a conduite à des conclusions intéressantes sur le judaïsme traditionnel en France. Ainsi, sur l'échantillon de population étudié, seulement un couple sur deux entame une procédure de divorce au tribunal rabbinique de Paris, en concomitance avec le divorce civil ou peu de temps après. Pour ces couples, le *geṭ* est donc une procédure indispensable à la rupture de leur mariage. Les autres ne s'y résolvent que beaucoup plus tard, au moment où l'intérêt de l'un des conjoints ou celui des deux l'exige, comme la perspective d'un second mariage juif. Toutefois, même ceux qui considèrent le *geṭ* comme une formalité obligatoire, n'en demeurent pas moins fidèles au judaïsme traditionnel – incarné par le Consistoire – puisque c'est là où se déroule la bénédiction de leur seconde union.

Il est en effet très rare de voir un couple marié dans une synagogue consistoriale, rompre son union dans une synagogue libérale, à moins que le Consistoire ne puisse pour une raison quelconque, faire aboutir le divorce religieux. Les synagogues libérales où la conversion du conjoint non juif peut se réaliser très rapidement[1], accueillent des personnes désirant contracter une union que le Consistoire considère comme un mariage mixte[2], à cause de la conversion hative du futur conjoint. Elles célèbrent en outre des mariages interdits par la loi juive orthodoxe, telle l'union d'un *Cohen* avec une convertie ou une divorcée[3].

Les couples qui se contentent du divorce civil sont légion mais leur nombre est inconnu[4] car la confession ne figure pas dans les dossiers d'état-civil. Ils peuvent se refuser au divorce religieux pour plusieurs raisons :

– Ils n'étaient pas attachés aux traditions juives, avant même de se marier et ne se sentent donc pas concernés par la pratique du *geṭ*.
– Ils décident délibérément de rompre avec le judaïsme traditionnel et n'envisagent pas de se remarier religieusement.
– Ils projettent un mariage mixte dans un avenir très proche.
– Par indifférence ou ignorance, beaucoup de couples ne se préoccupent pas de cet acte religieux immédiatement après leur divorce civil.

1 Il faut en effet préciser que la durée de la procédure de conversion au tribunal rabbinique de Paris est bien souvent vécue par les candidats à la conversion comme un facteur dissuasif. Lorsque le motif de la conversion est le mariage avec un conjoint juif – motif que le tribunal rabbinique de Paris rejette *a priori* – les candidats recourent à des rabbins libéraux qui admettent plus facilement la conversion. Ces derniers célèbrent ainsi une centaine de mariages religieux entre Juifs et convertis. Voir Michèle Bitton et Lionel Panafit, *Etre juif en France aujourd'hui*, *op. cit.*, p. 60.

2 Un mariage mixte (nous emploierons désormais ce terme) ou exogame est un mariage dont l'un des conjoints est juif et l'autre n'est pas de mère juive ou n'a pas été converti au judaïsme.

3 D'après le texte biblique, les fonctions sacerdotales du *Cohen* interdisent à ce dernier d'épouser une veuve ou une femme divorcée. (*Lévitique* 21, 7).

4 Dans les années 1970, 12% des couples homogames ne célébraient qu'un mariage civil. *Cf.* D. Bensimon et S. Della Pergola, *La population juive de France, socio-démographie et identité,* Jérusalem, Paris, The Institute of Contemporary Jewry, The Hebrew University of Jerusalem et le C.N.R.S., 1984, p. 112.

Etudier le divorce juif sur le plan sociologique exige donc maintes précautions tant il est vrai que la communauté juive française est extrêmement variée. Aussi, ai-je décidé, dans le cadre de cette enquête, de me fixer un objectif bien précis : l'étude de la population accédant au divorce religieux au tribunal rabbinique de Paris.

I. Cadre de mes recherches

Le Consistoire Israélite de Paris au sein duquel siège le tribunal rabbinique, a constitué le cadre principal de cette étude sociologique. Cet organisme délivre le plus grand nombre de *giṭṭin*[5] en France. Il représente aussi la branche officielle du judaïsme français, un judaïsme rigoureux mais aussi modéré.

Placé sous l'autorité du Grand rabbin Michel Gugenheim, le service des divorces établit en moyenne 350 *giṭṭin* par an. En fait, il en traite beaucoup plus, car un grand nombre de dossiers sont en instance et peuvent le demeurer plusieurs mois ou plusieurs années lorsque la procédure est difficile. Nous n'avons pu quantifier les dossiers en instance, mais sauf exception, le *geṭ* peut être établi à plus ou moins longue échéance.

II. Problématique de l'étude sociologique du divorce juif

Dans cette étude, j'ai été confrontée à plusieurs difficultés, en particulier pour l'établissement de comparaisons avec les statistiques nationales.

5 *Giṭṭin :* pluriel de *geṭ :* acte de divorce religieux.

Prenons un exemple précis :
Les statistiques de l'Insee pour l'année 1994 montrent qu'un couple sur deux a divorcé en région parisienne et un couple sur trois en province. Pour la population juive française, nous ne pouvions établir de telles statistiques pour les raisons suivantes :

1) Depuis le recensement de la population de 1872 dans lequel figuraient des informations sur l'appartenance religieuse, il n'existe pas de statistiques officielles concernant les minorités confessionnelles[6]. En outre, aucune organisation juive – pas même le Consistoire – ne détient un fichier de la population juive. Les seules sources scientifiques sur la démographie juive dont nous disposons – fruit d'une longue enquête menée conjointement par l'Institut du Judaïsme Contemporain de Jérusalem et le C.N.R.S.[7] – datent de la fin des années 1970. Depuis cette étude, aucune enquête socio-démographique de la population juive n'a été réalisée en France, si ce n'est un sondage de la S.O.F.R.E.S. datant de février 1977, dont seuls quelques résultats partiels ont été publiés[8]. Cette enquête-sondage réalisée par la S.O.F.R.E.S. à la demande du Consistoire Central de France, de l'Appel Unifié Juif de France et du Fonds Social Juif Unifié a été effectuée sur le plan national entre les mois de mai et octobre 1976. Par conséquent, il est très difficile d'établir des comparaisons avec des études qui datent de plus de 25 ans, compte tenu de l'évolution et des mutations qu'a connues la communauté juive française, ne serait-ce que sur cette dernière décennie. Cependant, faute d'enquête plus récente, nous prendrons en considération ces résultats pour mesurer l'évolution de la population juive à travers l'échantillon étudié au Consistoire de Paris. La seconde difficulté consistait à établir

6 En 1941, le gouvernement de Vichy avait procédé à un recensement de la population sur l'ordre des Allemands (avec des informations sur l'appartenance religieuse) dans le dessein d'appliquer les lois raciales en Algérie.

7 D. Bensimon et S. Della Pergola, *La population juive de France, socio-démographie et identité, op. cit.*

8 *Qui sont les Juifs de France ?* Agence Télégraphique Juive, n° 1527, 11 février 1977.

des comparaisons avec les résultats de notre enquête, car cette dernière concernait exclusivement des individus ayant divorcé tant civilement que religieusement. Par ailleurs, le nombre de couples juifs qui ne divorcent que civilement étant impossible à déterminer, il est donc clair que notre enquête porte seulement sur une partie des Juifs divorcés.

2) Du fait d'une assimilation croissante au milieu ambiant, la pratique du *geṭ*, considérée comme un acte essentiellement religieux, n'est envisagée, pour un couple sur deux, que six mois, voire plusieurs années après le divorce civil. Il est donc aisé de comprendre que tous les couples juifs ne divorcent pas forcément religieusement. Il est vraisemblable que la grande majorité d'entre eux se contentent du divorce civil.

3) Le Consistoire de Paris n'est pas le seul à délivrer des *giṭṭin*. De nombreux rabbinats orthodoxes à Paris et en province délivrent également des divorces religieux, mais il est difficile de les quantifier dans la mesure où les différents tribunaux rabbiniques ne fournissent que des chiffres approximatifs. Il faut en outre rappeler que le courant orthodoxe gère une dizaine de synagogues indépendantes du Consistoire de Paris.

4) Nous ignorons combien de couples juifs (dont les deux conjoints sont juifs) se marient à la fois civilement et religieusement en France. Nous ne connaissons que le nombre de mariages célébrés dans la région parisienne dans des synagogues consistoriales. Environ 1100 mariages par an ont été enregistrés ces dernières années.[9] De nombreux mariages religieux sont célébrés en dehors du Consistoire, dans des synagogues dites traditionalistes, non consistoriales, mais aussi dans des synagogues orthodoxes, libérales ou rattachées au mouvement *Conservative.* Certains couples célèbrent leur union en plein air[10] et dans tous les cas

9 Chiffre communiqué par les services de l'A.C.I.P., (Association Consistoriale Israélite de Paris) pour les années 1990.

10 La voûte céleste servant de dais nuptial *(ḥuppah)* aux mariés. Cette coutume se pratique surtout chez les *Ḥassidim.*

susmentionnés, le rabbin est non consistorial[11]. Certains Juifs français célèbrent leur mariage religieux en Israël et reviennent vivre en France. 5) Certains couples orthodoxes ou devenus orthodoxes après leur mariage, se tournent vers des rabbins de même obédience pour rompre leur union.

En revanche, et ce point mérite d'être souligné, le tribunal rabbinique de Paris traite les divorces des couples juifs, sans distinction de tendances (consistoriales ou non), de pratiques religieuses (laïques ou religieux) ou de nationalités. Environ 6% des couples venus divorcer au tribunal rabbinique de Paris résident hors de France et bon nombre d'entre eux sont étrangers.

En raison de l'ensemble des facteurs évoqués, il est difficile de déterminer précisément le pourcentage des divorces par rapport aux mariages au sein de la communauté juive et d'établir des statistiques comparatives fiables, étant donné le caractère non systématique du divorce religieux chez les couples juifs ayant divorcé civilement.

III. Méthodologie de l'enquête

Sur les 1032 divorces religieux délivrés entre juin 1993 et juin 1996[12], j'en ai étudié 516, soit 50%, car l'étude de la totalité des dossiers n'aurait pas apporté plus de détails sur le plan statistique. J'ai donc traité un dossier sur deux, selon la méthode du « tirage aveugle ». Un tel échantillonnage me semble assez représentatif de la population des couples juifs divor-

11 Ces mariages ne sont pas recensés par le Consistoire de Paris, car la pratique est libre.

12 J'ai étudié le divorce juif sur cette période car en 1996, lorsqu'il m'a été donné d'accéder aux dossiers, seuls ceux établis depuis juin 1993 étaient encore accessibles dans le service des divorces et n'étaient pas encore archivés.

cés au tribunal rabbinique de Paris. Dans chaque dossier, j'ai relevé le plus grand nombre de renseignements pouvant servir à mon étude : date d'ouverture des dossiers de *geṭ*, adresses, dates et lieux de naissance, dates et lieux des mariages civils et religieux, date et lieu du divorce civil, professions, nombre d'enfants. Autant de renseignements qui m'ont permis d'établir des statistiques significatives sur la pratique du divorce religieux aujourd'hui en France, sur le profil socio-économique et socio-culturel des individus, mais également sur le mariage juif et plus largement sur la situation du judaïsme français.

S'agissant de dossiers récemment établis et confidentiels, j'ai évidemment respecté l'anonymat des dossiers.

Je n'ai étudié que les dossiers de divorces ayant abouti, c'est-à-dire lorsqu'un *geṭ* a pu être délivré. Les dossiers en cours de procédure et dont la durée peut varier entre une semaine et plusieurs mois, voire plusieurs années, n'ont pas été consultés. En effet, la durée de la procédure du *geṭ* dépend de la volonté ou du refus de l'un des conjoints à se prêter à la cérémonie du *geṭ* ou de la difficulté à entrer en contact avec ce dernier. Rappelons que selon la loi mosaïque, seul l'homme peut délivrer le *geṭ* à son épouse. Même un tribunal rabbinique ne peut se substituer à un homme récalcitrant pour libérer une femme *'agunah*, c'est-à-dire dans l'impossibilité de se remarier.

Il convient enfin de souligner que tous les couples enquêtés sont juifs au sens *halakhique* du terme[13], puisque dans le cas contraire, ils ne pourraient entamer une procédure de *geṭ*. Dans le cas où l'un des conjoints aurait été converti dans une synagogue d'obédience libérale – conversion que le Consistoire ne reconnaît pas – le tribunal rabbinique de Paris procède à un *geṭ la-ḥumrah* (par mesure de précaution). Un *geṭ* est ainsi établi selon les règles, au cas où la conversion aurait été réalisée conformément à la loi juive et que le conjoint ainsi converti serait considéré comme juif à part entière.

13 La *halakhah* ne reconnaît comme juif qu'un individu né de mère juive ou converti conformément à la loi juive.

Dans le cas où un individu serait considéré comme juif par la communauté qui ignorerait l'invalidité de sa conversion, le tribunal rabbinique devrait procéder à la cérémonie du *geṭ*, « mishum mar'it 'ayin » : pour éviter d'induire quiconque en erreur.

IV. Exploitation des statistiques

Chaque fois qu'il m'a été possible de le faire, j'ai établi deux types de statistiques :

– Des statistiques comparatives avec les données officielles fournies par l'Insee, l'Ined et le ministère de la Justice (pour les mêmes années), sur le divorce à l'échelle nationale.
– Des statistiques plus typiques, relatives à la population juive française, que j'ai comparées avec celles réalisées par D. Bensimon et S. Della Pergola sur la population juive de France entre 1972 et 1979.[14]

On sait, pour l'avoir déjà expliqué, que le fait de s'acquitter du devoir religieux supplémentaire qu'est le *geṭ* – pour un couple juif ayant déjà divorcé civilement – relève d'un minimum d'attachement, sinon de respect pour la loi juive. Il peut aussi être la résultante d'un chantage entre époux : « Je t'accorderai le geṭ si j'obtiens de toi ce que je réclame ».

Le faible pourcentage de Juifs entamant de façon systématique une procédure de *geṭ* en concomitance avec le divorce civil prouve le désintérêt et l'abandon progressifs de la pratique du *geṭ* au sein de la population juive française.

N'était pour certains, la motivation de reconstruire de façon imminente un nouveau foyer juif, ce pourcentage serait encore plus faible.

14 D. Bensimon et S. Della Pergola, *op. cit.*

En effet, le *geṭ* ne représente souvent qu'une formalité administrative obligatoire en vue d'obtenir l'autorisation de contracter une nouvelle alliance à la synagogue.

Les possibilités d'exploitation des données étaient telles que j'ai réussi à dresser avec précision le *profil-type* des divorcés de cette fin de siècle. En outre, le *geṭ* étant avant tout un acte religieux, sa pratique au sein de la population juive française a pu jouer le rôle de révélateur, puisque j'ai pu mesurer cette pratique avec précision. En effet, les données dont je disposais m'ont permis de mettre en relief les différences de comportement des individus à l'égard du divorce religieux.

Avant de procéder à l'analyse des statistiques des divorces religieux établis au tribunal rabbinique de Paris et afin de montrer la prédominance de celui-ci sur les tribunaux rabbiniques de province, j'ai réalisé une enquête auprès de ces derniers pour évaluer le nombre de *giṭṭin* établis annuellement en France.

Il faut toutefois souligner qu'en dehors du Consistoire de Paris, tous les renseignements collectés par téléphone auprès des rabbinats de province n'ont pas été vérifiés et restent sans doute approximatifs, ce qui justifie l'emploi du conditionnel. L'absence d'informatisation des différents services à Paris comme en province, a par ailleurs constitué une difficulté majeure pour notre enquête.

Marseille, la ville de province qui compte le plus grand nombre de Juifs (70 000) établirait au sein de son Consistoire, entre 50 et 60 *giṭṭin* par an. C'est d'ailleurs le président du tribunal rabbinique de Paris qui effectue un déplacement hebdomadaire à Marseille pour les établir.

Une fois par semaine également, ce même président se rend à Nice (20 000 Juifs), pour constituer un tribunal rabbinique. Environ 15 *giṭṭin* par an y seraient établis.

A Lyon (25 000 Juifs), le tribunal rabbinique de l'Union Rituelle, qui réunit toutes les communautés de Lyon et sa périphérie établirait pour sa part, entre 50 et 60 *giṭṭin* par an.

A Strasbourg (16 000 Juifs), une quinzaine de *giṭṭin* par an seraient officiellement établis.

Malgré sa forte population juive, la ville de Toulouse (23 000 Juifs), ne possède pas de tribunal rabbinique. La rédaction des *giṭṭin* a donc lieu à Paris. Ils sont ensuite remis à leurs destinataires à Toulouse. Entre 10 et 15 *giṭṭin* seraient établis de cette façon (mais ils sont enregistrés au Consistoire de Paris).

Au total, on recense entre 450 et 500 *giṭṭin* par an en France. Plus de 70% d'entre eux sont établis au Consistoire de Paris.

Une analyse approfondie des statistiques m'a permis de dégager les points suivants :

V. Plan d'étude

1. Evolution du nombre de divorces religieux au tribunal rabbinique de Paris.
2. Répartition géographique des enquêtés.
3. Répartition des enquêtés sur la région parisienne.
4. Pays de naissance et origine des enquêtés.
5. Répartition socioprofessionnelle des enquêtés.
6. Age au mariage.
7. Age au divorce.
8. Nombre d'enfants.
9. Relation entre la catégorie socioprofessionnelle et le nombre d'enfants.
10. Durée du mariage
11. Initiative du divorce religieux.
12. Temps écoulé entre le divorce civil et l'engagement d'une procédure de *geṭ*.
13. Profil des femmes qui refusent de prendre possession de leur *geṭ*.
14. Temps écoulé entre le divorce civil et l'engagement d'une procédure de *geṭ*, en fonction de l'origine des enquêtés.
15. Durée de la procédure du *geṭ*.

1. Evolution du nombre de divorces au tribunal rabbinique de Paris

Tableau 1: Nombre de divorces prononcés à l'échelle nationale et au tribunal rabbinique de Paris entre 1983 et 1997

Années	Divorces civils prononcés à l'échelle nationale*	Divorces religieux prononcés au tribunal rabbinique de Paris
1983	98 730	224
1984	104 012	236
1985	107 505	231
1986	108 380	252
1987	106 527	281
1988	106 096	266
1989	105 295	272
1990	105 813	302
1991	108 086	366
1992	107 994	324
1993	110 759	322
1994	115 656	345
1995	119 189	341
1996	117 382	360
1997	116 158	359

Source: Ministère de la Justice.

Graphique 1 : Evolution du nombre de divorces religieux établis au Tribunal rabbinique de Paris entre 1983 et 1997

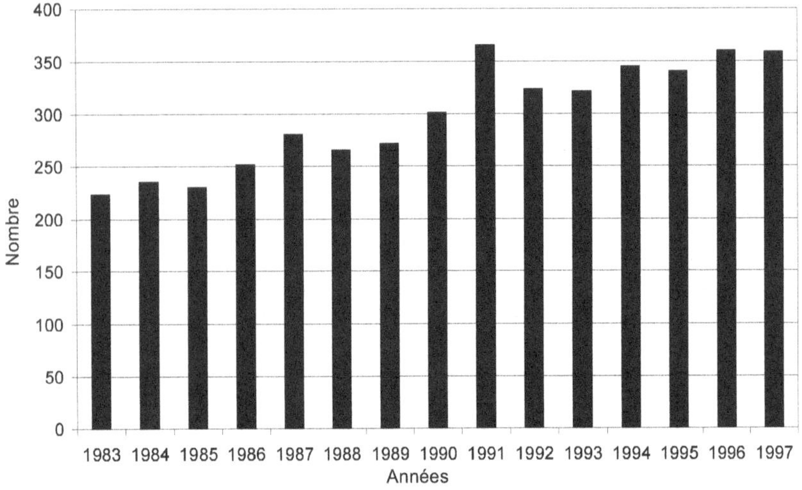

Graphique 1' : Evolution du nombre de divorces prononcés à l'échelle nationale entre 1983 et 1995

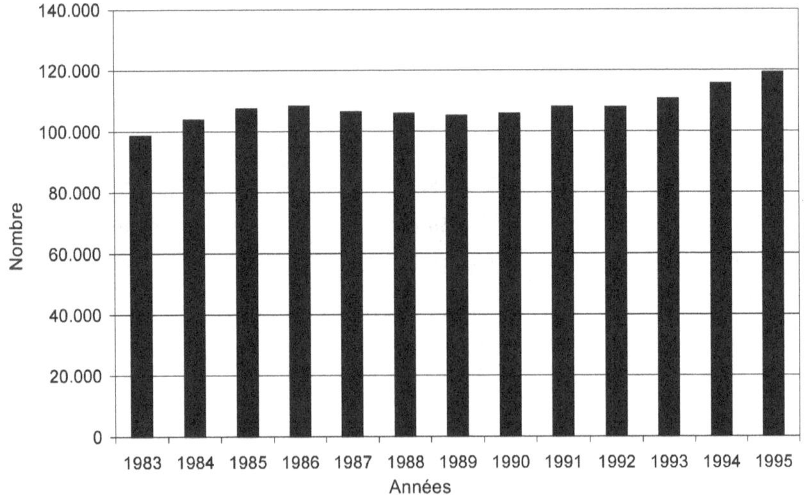

Etant donné le caractère peu scientifique des renseignements obtenus en province et auprès des communautés juives indépendantes du Consistoire de Paris, il est extrêmement difficile d'établir l'évolution du divorce religieux (juif) à l'échelle nationale. En revanche, les chiffres qui m'ont été communiqués par le tribunal rabbinique de Paris ont fait l'objet – après vérification – d'une étude plus rigoureuse.

Le graphique 1 montre que le divorce religieux est en constante progression au sein de la communauté juive. Cette courbe n'est bien sûr que le reflet d'une courbe non moins ascendante du divorce à l'échelle nationale (*Cf.* graphique 1').

Entre 1985 et 1995 on observe (tableau 1) une augmentation de 11% du nombre de divorces prononcés à l'échelle nationale[15], tandis que les divorces religieux prononcés au tribunal rabbinique de Paris ont augmenté de 48% sur la même période.

A l'échelle nationale, on assiste à une période de stabilisation et même à une légère baisse (-1,6%) du nombre de ruptures entre 1985 et 1990, alors que sur la même période, le tribunal rabbinique de Paris enregistre 31% d'augmentation du nombre de *giṭṭin*.

Une reprise très nette s'amorce en 1993 à l'échelle nationale (+4,7%), qui atteint les 11% en 1995 (par rapport à 1990). Au tribunal rabbinique de Paris, la courbe est régulièrement ascendante jusqu'en 1989, puis elle atteint un pic spectaculaire les deux années suivantes qui représente une augmentation de 34% (dont 21% pour la seule année 1991). Nous n'avons pas trouvé d'explication à ce phénomène, d'autant que les divorces à l'échelle nationale sont très stables à la même époque. En ce qui concerne la communauté juive, il semble qu'aucun événement important ne se soit produit en son sein pendant ces deux années, si ce n'est de vifs débats au sujet des conversions au judaïsme, qui sont, nous semble-t-il, sans rapport et sans influence sur la rupture des mariages. Sur le plan international, la guerre du Golf – qui a indirectement touché Israël – a

15 Christine Couet et Irène Tamby, *La situation démographique en 1993, Mouvement de la population*, Insee 1996, tabl. 26, p. 75.

marqué cette période, mais il est fort peu probable que cet événement ait eu une incidence quelconque sur le nombre des divorces dans la communauté juive.

L'année suivante, en 1992, le nombre des *giṭṭin* chute de 13% puis augmente régulièrement les années suivantes pour se stabiliser en 1996 et 1997.

2. *Répartition géographique des enquêtés*

Tableau 2: Répartition géographique des enquêtés

Répartition géographique (lieu de résidence au moment du divorce)	Hommes		Femmes	
	Nbre	%	Nbre	%
Paris et région parisienne	455	89 %	450	88 %
Province	30	6 %	35	7 %
Israël	16	3 %	15	3 %
Autres	12	2 %	13	2 %
Total	513*	100 %	513*	100 %

* Sur les 516 dossiers étudiés, l'adresse était omise dans 3 dossiers.

Comme toutes les grandes métropoles, Paris et la région parisienne détiennent les records du nombre des divorces religieux et ce pour plusieurs raisons. D'une part, à l'échelle nationale, Paris et la région parisienne sont les plus touchées par ce phénomène[16]. D'autre part, ce secteur géographique regroupe plus de la moitié des Juifs de France, lesquels sont

16 En 1992, 23 263 divorces ont été prononcés en Ile-de-France (Paris et sa banlieue) soit 22% des divorces à l'échelle nationale. Ce pourcentage a été calculé à partir des chiffres communiqués par le ministère de la Justice (Répertoire Général Civil). Voir *Les Femmes en Ile-de-France, faits et chiffres*, I.N.S.E.E. et délégation régionale aux droits des femmes d'Ile-de-France, 1995, tabl. 21, p. 42.

dans l'ensemble plus pratiquants qu'en province, comme en témoigne le nombre toujours croissant de synagogues, d'écoles juives et de commerces d'alimentation *casher* qui s'y installent.

Ainsi, 88% des personnes qui divorcent au tribunal rabbinique de Paris résident à Paris et dans la région parisienne, 6% résident en province, 5,5% résident à l'étranger[17], dont 3% en Israël. Pour comprendre ce dernier chiffre, il suffit de se pencher sur une étude publiée par l'Insee[18], faisant état du nombre de mariages civils contractés en France entre Français et étrangers, ainsi que des mariages entre étrangers, par nationalité du conjoint. Pour l'année 1994, 86 mariages dont l'un des conjoints était de nationalité israélienne ont été célébrés. Ils sont répartis de la façon suivante :

1) Pour les hommes : 39 Français ont épousé des Israéliennes et 5 Israéliens ont épousé des Françaises.
2) Pour les femmes : 37 Françaises ont épousé des Israéliens et 5 Israéliennes ont épousé des Français.

A la lumière de ces chiffres, il est aisé de comprendre pourquoi tant d'enquêtés résident en Israël au moment où intervient le divorce religieux. Il s'agit probablement de conjoints israéliens restés ou repartis en Israël au moment du divorce, tandis que le conjoint français est resté ou est revenu en France. Si les deux conjoints résident en Israël au moment du divorce, ils divorcent religieusement sur place dans la plupart des cas.

17 La nationalité des individus ne figurant pas systématiquement dans les dossiers, il ne m'a pas été possible de déterminer l'origine étrangère des enquêtés. En ce qui concerne les 2% (25 individus), résidant dans des pays étrangers comme l'Afrique ou des pays d'Europe, j'ai préféré ne pas donner plus de précisions pour éviter toute identification.

18 Roselyne Keijosse et Irène Tamby, *La situation démographique en 1995, Mouvement de la population*, I.N.S.E.E. Résultats, I.N.S.E.E., 1997, tabl. 23, p. 68.

Nous devons ouvrir une parenthèse sur le judaïsme de province pour comprendre pourquoi les quelque 6% de Juifs résidant en province font établir leur *geṭ* à Paris.

Seules les grandes villes qui concentrent un nombre important de Juifs, sont capables de réunir un tribunal rabbinique – consistorial ou non – pouvant répondre aux besoins de la population juive en la matière. En revanche des villes comme Bordeaux, Lille ou Toulouse, dépourvues de tribunaux rabbiniques, ne peuvent offrir ce genre de service à leur population juive. Les couples sont donc contraints de se déplacer dans la ville la plus proche ou à Paris pour faire établir un *geṭ*.

Deux cas se présentent à nous :

a) L'homme et la femme résident en province au moment du divorce et se trouvent éloignés des grandes villes susmentionnées. Dans ce cas, ils se déplacent tous les deux à Paris pour faire établir le *geṭ*.
b) Seul l'homme se déplace à Paris si, dans la ville où réside la femme, le rabbin peut procéder à la remise du *geṭ*. Dans ce cas, les rabbins du Consistoire, en étroite collaboration avec le rabbin de cette ville, vont organiser une procédure par mandataires interposés (appelée *geṭ 'al yede shaliaḥ*) de façon que le *geṭ* soit remis à la femme.

Dans tous les cas de figure, l'homme est tenu de se déplacer à Paris pour ordonner la rédaction du *geṭ*. Sans sa présence effective devant un tribunal rabbinique, nul *geṭ* ne peut être établi.

En ce qui concerne les 3% de personnes résidant en Israël, le problème se pose différemment. Il s'agit dans tous les cas de couples dont l'un des conjoints réside en Israël et l'autre en France. Ce sont donc les tribunaux rabbiniques de Paris et d'Israël qui entrent en contact pour établir le *geṭ* par mandataires interposés. Ainsi, lorsque l'homme réside en Israël, le *geṭ* y est établi et remis à la femme en France. Mais si l'homme réside en France, le *geṭ* est établi à Paris et remis en Israël, sans qu'il soit pour autant nécessaire de se déplacer d'un pays à un autre.

3. Répartition des enquêtés sur la région parisienne

Sur les 88,7% d'enquêtés résidant dans la région parisienne, 51% résident en banlieue parisienne et 49% dans Paris-ville. Ce qui semblerait prouver que la pratique du divorce religieux est proportionnellement plus fréquente en banlieue parisienne qu'à Paris-ville, puisque la population juive de Paris est plus importante (env. 135 000 Juifs) que celle de la banlieue parisienne (env. 132 000 Juifs).

– *Répartition sur Paris-ville*
53% des enquêtés parisiens se trouvent répartis sur quatre arrondissements : les 11e, 16e, 19e et 20e arrondissements[19], dont 29% pour les seuls 19e et 20e arrondissements (*cf.* tableau 3).

Les 10e, 12e, 13e, 15e et 17e arrondissements comportent un nombre relativement élevé d'enquêtés dont les pourcentages varient respectivement entre 3,9% et 6% de l'ensemble des enquêtés de Paris-ville.

Les 9e, 14e et 18e arrondissements comportent respectivement 3% des enquêtés, tandis que les 1e, 2e, 3e, 5e, 6e, 7e et 8e arrondissements, à faible densité juive et dotés essentiellement de bureaux, d'administrations et de commerces, ne dépassent pas chacun 2,5%.

Le 4e arrondissement, fort vidé de sa population juive à l'époque du sondage sur les Juifs de France[20], l'est encore plus aujourd'hui. Le très faible pourcentage d'enquêtés (1,6%) montre que ce quartier a considérablement perdu de sa population juive. Que les divorces religieux y soient moins fréquents qu'ailleurs nous semble peu probable. En revanche, il est possible que les Juifs de cet arrondissement s'adressent au tribunal rabbinique de la rue Pavée (Paris 4e), indépendant du Consistoire de Paris.

19 Dans une enquête réalisée dans les années 1970, Claude Tapia signalait que les 1500 familles juives recensées dans le quartier de Belleville étaient regroupées dans les 20e, 11e, 10e et 19e arrondissements, dans un ordre décroissant en fonction de leur densité démographique. Claude Tapia, *op. cit.*, pp. 110-112.

20 *Cf.* Doris Bensimon et Sergio Della Pergola, *op. cit.*

Tableau 3 : Distribution des enquêtés parisiens par arrondissement

Arrondissements de Paris	Nbre d'enquêtés (hommes et femmes)	%
1er	0	0,0 %
2e	2	0,4 %
3e	11	2,5 %
4e	7	1,6 %
5e	4	0,9 %
6e	5	1,1 %
7e	5	1,1 %
8e	9	2,0 %
9e	13	3,0 %
10e	23	5,4 %
11e	42	9,8 %
12e	25	5,8 %
13e	17	4,0 %
14e	13	3,0 %
15e	26	6,1 %
16e	62	14,5 %
17e	20	4,7 %
18e	15	3,5 %
19e	67	15,7 %
20e	59	13,8 %
Total	425	100 %

Afin de comparer la distribution des enquêtés sur Paris avec la distribution de la population juive parisienne globale, j'ai repris le découpage en quatre groupes d'arrondissements, ainsi que l'ont établi les auteurs du sondage sur la population juive de France (*cf.* tableau 4).

Le tableau 4 montre que le quatrième groupe (12e, 18e, mais surtout 19e et 20e arr.) comporte le plus fort pourcentage d'enquêtés. Ces

Tableau 4: Répartition des enquêtés par groupe d'arrondissements

Groupes d'arrondissements		Distribution de la pop. juive*	Distribution des enquêtés	
		%	Nbre	%
1er groupe	1er, 2e, 5e, 6e, 7e, 8e	9,7 %	25	5,8 %
2e groupe	3e, 4e, 9e, 10e, 11e	27,5 %	96	22,5 %
3e groupe	13e, 14e, 15e, 16e, 17e	36,4 %	138	32,4 %
4e groupe	12e, 18e, 19e, 20e	26,4 %	166	39 %
	Total	100 %	425	100 %

* D'après l'étude de D. Bensimon et S. Della Pergola, *La population juive de France, Socio-démographie et identité*, Jérusalem, Paris, The Institute of Contemporary Jewry, The Hebrew University of Jerusalem, CNRS Paris, 1984, p. 60.

quartiers se caractérisent de plus en plus par un accroissement d'une population juive pratiquante. Dans ces quartiers, on assiste à une implantation considérable de synagogues, d'écoles juives, de restaurants et de magasins d'alimentation *casher.*

Le troisième groupe (13e, 14e, 15e, 16e et 17e arr.) représente 32,4% des enquêtés parisiens avec le 16e arrondissement qui comporte à lui seul 14,5%.

Le deuxième groupe (3e, 4e, 9e, 10e et 11e arr.), pourtant à forte densité juive aujourd'hui encore, ne représente que 22,5% des enquêtés parisiens. On peut supposer que les Juifs habitant ces quartiers – qui rappelons-le, comportent deux grandes communautés orthodoxes – s'adressent à des tribunaux rabbiniques indépendants du Consistoire de Paris.

Le très faible pourcentage d'enquêtés dans le premier groupe (1er, 2e, 5e, 6e, 7e et 8e arr.), correspond parfaitement à la distribution de la population juive dans ces arrondissements.

– Répartition sur la banlieue parisienne

Le ministère de la Justice a publié la répartition des divorces prononcés en France dans chaque département de l'Ile-de-France. Pour établir mes propres statistiques et afin de pouvoir les comparer, j'ai déterminé la répartition des divorces juifs par département en fonction du lieu de résidence des hommes au moment du divorce (*Cf.* tableau 5).

Ainsi, il apparaît que le Val-de-Marne (94) comporte un pourcentage de divorces religieux deux fois supérieur à la moyenne de l'Insee pour ce département. Il faut rappeler que la ville de Créteil regroupait déjà 4 000 Juifs en 1980[21] et compte aujourd'hui une importante communauté très structurée. Vincennes et Saint-Mandé, banlieues aisées de la périphérie-est de Paris attirent également beaucoup de Juifs[22]. En revanche, à l'échelle nationale, le pourcentage de divorces dans le Val-de-Marne ne se distingue pas de ceux des autres départements de l'Ile-de-France.

Il ressort en second lieu que les départements de la Seine-Saint-Denis (93) à l'est de Paris (banlieues populaires) et des Hauts-de-Seine (92), à l'ouest de Paris (banlieues aisées), détiennent – dans les deux populations comparées – un fort pourcentage de divorces religieux. Cette répartition correspond à une population juive très dense dans ces deux départements[23].

Le Val-d'Oise (95) détient également un fort pourcentage de divorces religieux (supérieur à l'échelle nationale) qui correspond également à la forte densité de sa population juive[24].

21 Claude Tapia, *Les Juifs Sépharades en France, 1965-1985*, *op. cit.*, pp. 157-184. Dans les années 1980, les Juifs de Créteil pour la plupart originaires de Tunisie et d'Algérie appartenaient aux classes moyennes.

22 On recense 29 synagogues et oratoires dans le Val-de-Marne. Voir Calendrier A.C.I.P., Annuaire Général du Consistoire de Paris, 1999/2000.

23 La Seine-Saint-Denis compte 36 synagogues et oratoires et les Hauts-de-Seine en compte 24. *Ibid.*

24 Les banlieues qui gravitent autour de Sarcelles disposent de 20 synagogues et oratoires, d'écoles juives et de *Yeshivot*. *Ibid.* Les villes de Sarcelles et de Montmagny disposent en outre de rabbinats orthodoxes indépendants du Consistoire.

Tableau 5 : Répartition des divorces sur la banlieue parisienne

Départements (petite et grande couronnes)	A l'échelle nationale		Au tribunal rabbinique de Paris	
	Nbre*	%	Nbre**	%
94	2 155	13 %	61	26 %
78	2 283	14 %	11	5 %
92	2 848	17 %	49	21 %
93	3 059	18 %	44	19 %
95	2 110	13 %	44	19 %
77	2 052	12 %	12	5 %
91	2 231	13 %	11	5 %
Total	16 738	100 %	232	100 %

* Nombre de divorces prononcés par département d'Ile-de-France. Source : Ministère de la Justice (Répertoire général civil). *Cf. Les Femmes en Ile-de-France, faits et chiffres*, I.N.S.E.E. et délégation régionale aux droits des femmes d'Ile-de-France, 1995, tabl. 21, p. 42.

** Nombre d'hommes résidant dans ces départements au moment du divorce. (Le nombre de femmes est sensiblement identique). On peut supposer que le divorce civil a été prononcé dans le département de résidence.

Les départements de la grande couronne : les Yvelines (78), la Seine-et-Marne (77) et l'Essonne (91), détiennent le plus faible pourcentage de divorces religieux (respectivement 5%), tandis qu'à l'échelle nationale ils ont un pourcentage identique au 95 et au 94.

A mesure que l'on s'éloigne de Paris, la population juive devient moins dense – et sans doute moins pratiquante – comme en témoigne le faible pourcentage de divorces religieux dans les départements de la grande couronne.

En outre, la répartition des enquêtés sur la banlieue parisienne suit en grande partie celle de la population juive dans sa globalité. Toutefois, il apparaît que le très faible nombre d'enquêtés dans les Yvelines (78) contredit les conclusions de l'enquête socio-démographique de D. Bensimon et S. Della Pergola qui indiquaient une forte attraction des zones résidentielles de l'ouest parisien sur la population juive. Le département des Yvelines a semble-t-il connu en l'espace de vingt ans une désaffection substantielle de sa population juive[25] à moins que celle-ci ne se soit assimilée, de sorte que peu de Juifs ont recours au divorce religieux ?

4. Pays de naissance et origine des enquêtés

Rappelons au préalable, qu'il est généralement admis de classer les Juifs à travers le monde en deux grands groupes : les Ashkénazes et les Séfarades. Cette classification se fait non seulement en fonction de l'origine géographique de l'individu et de ses ascendants, mais également en fonction de la consonance de son patronyme. Ce dernier critère n'est certes pas infaillible, toutefois, dans la grande majorité des cas, il se révèle être exact.

Méthode utilisée pour déterminer l'origine d'un individu

– *les Ashkénazes.* – La consonance du nom a joué le rôle principal dans ma classification. Le lieu de naissance des individus n'a joué qu'un rôle secondaire. Par ailleurs, le pourcentage d'Ashkénazes est si faible au sein de la population enquêtée, que je n'ai pas jugé nécessaire de subdiviser davantage ce groupe, d'autant que la grande majorité d'entre eux sont nés en France.

– *les Séfarades.* – Grâce au lieu de naissance figurant dans les dossiers, il m'a été possible de subdiviser ce groupe de population de façon très précise. Les Séfarades de France étant dans leur presque totalité originaires d'Afrique du Nord, le classement s'en est trouvé simplifié :

25 Les Yvelynes disposent de 9 synagogues et oratoires. *Ibid.*

– Quand un Séfarade est né dans un pays d'Afrique du Nord, on peut généralement affirmer qu'il en est originaire (bien entendu, si le nom est à consonance juive séfarade).
– Quand un Séfarade est né hors de son pays d'origine (en France, en Israël ou ailleurs), j'ai déterminé son origine d'après le lieu de naissance de ses parents (quand il figurait dans les dossiers), ou la consonance de son patronyme. Lorsqu'un doute subsistait ou lorsqu'un nom pouvait être attesté dans deux pays d'Afrique du Nord, j'ai renoncé à en préciser l'origine.
– J'ai procédé de la même manière lorsque le nom avait une consonance non juive[26] ou encore israélienne[27].

Ces trois catégories de personnes (Séfarades dont l'origine ne nous est pas connue, patronymes à consonance non juive et patronymes israéliens), constituent les 8% d'individus originaires de différents pays et dont je n'ai pu déterminer l'origine[28].

26 C'est le cas des convertis, de ceux dont le père n'est pas Juif et de ceux qui ont modifié leur patronyme. Le *geṭ* fournit de nombreuses indications sur l'origine des individus. Ainsi, lorsque l'homme est converti, son prénom est suivi de *Ben Avraham 'avinu* (fils d'Abraham notre père). Si la femme est convertie, l'expression *Bat Avraham 'avinu* (fille d'Abraham notre père) accompagne son prénom. Si un individu est issu de mère juive et de père non juif, le prénom du père n'est pas mentionné ou le prénom de la mère est inscrit.

27 En Israël, de nombreuses familles ont hébraïsé leur patronyme, si bien qu'il est souvent impossible de déceler l'origine des personnes.

28 Quelques mois près avoir enregistré les données concernant l'origine des divorcés, j'ai consulté M. Jacques Dukan, spécialiste dans la rédaction des *giṭṭin*. Celui-ci m'a indiqué qu'il était possible d'identifier l'origine de l'homme d'après la calligraphie de trois lettres du *geṭ*, différentes selon que le mari est ashkénaze ou séfarade, ainsi que d'après quelques mots. Les lettres en question sont le *Nun*, le *Ṣadiq* et le *Gimel* qui, dans un *geṭ* ashkénaze empiètent sous la ligne. Bien que le pourcentage de 8% soit insignifiant, j'ai souhaité revoir l'ensemble des dossiers de divorces pour tenir compte de cette information, mais malheureusement une grande partie des dossiers consultés avait été archivée entre-temps. Il m'a donc été impossible de les réexaminer.

La population juive française est, dans sa grande majorité, constituée de Juifs originaires d'Afrique du Nord, lesquels sont généralement plus attachés à la pratique religieuse et aux traditions que les Ashkénazes, aujourd'hui minoritaires en France.

On constate ainsi que 80% des *giṭṭin* sont délivrés par des époux séfarades, seulement 13% par des époux ashkénazes et 8% par des Juifs dont je n'ai pu déterminer l'origine, comme je l'ai expliqué.

Au sein même des Juifs nord-africains, on ignorait jusqu'à présent le pourcentage de Marocains, de Juifs d'Algérie et de Tunisiens[29] au divorce, et surtout l'attitude de chacun de ces groupes à l'égard du divorce religieux.

– *Pays de naissance des hommes*
58% des hommes sont nés en Afrique du Nord, soit presque deux hommes sur trois, répartis comme suit : 22% sont nés en Tunisie, 19% sont nés au Maroc et 17% sont nés en Algérie.

Deux facteurs expliquent ce pourcentage important de sujets nés en Afrique du Nord :

Dans le sondage socio-économique réalisé auprès des Juifs de France[30] au début des années 1980, D. Bensimon et S. Della Pergola indiquaient que sur 73% des migrants qui s'étaient établis à Paris de 1960 à 1969, 91% étaient nés en Afrique du Nord. Il n'est donc pas étonnant de constater que la majorité des enquêtés séfarades, dont l'âge moyen est de 39 ans, soit née en Afrique du Nord[31].

29 Par commodité, j'ai pris la liberté de nommer les Juifs originaires du Maroc et de Tunisie : Marocains et Tunisiens, quelle que soit leur nationalité (française ou pas). Seule l'origine géographique importe ici.

30 *Cf.* D. Bensimon et S. Della Pergola, « Sondage socio-économique auprès des Juifs de France, Résultats préliminaires pour Paris. », *Yod* 1 (2), (1976), p. 12.

31 Un enquêté âgé de 39 ans en 1995 (date de son divorce civil) est né en 1956, soit six ans avant la décolonisation de l'Algérie.

Tableau 6: Pays de naissance des enquêtés

Pays de naissance des enquêtés	Hommes		Femmes	
	Nbre	%	Nbre	%
France	162	32,7 %	218	44,0 %
Tunisie	110	22,2 %	94	19,0 %
Maroc	93	18,8 %	71	14,3 %
Algérie	83	16,7 %	71	14,3 %
Israël	21	4,2 %	19	3,8 %
Eur. Centr. et Or.	6	1,2 %	7	1,4 %
Autres pays	20	4,0 %	16	3,2 %
Total	495*	100,0 %	496*	100,0 %

* Sur les 516 dossiers étudiés, une dizaine ne comportait pas le lieu de naissance.

Ce même sondage précisait que 57% des immigrés étaient nés en Algérie, contre 34% au Maroc et en Tunisie. On pourrait donc s'attendre à voir les enquêtés nés en Algérie majoritaires dans cette population séfarade. Or, nos statistiques montrent que seulement 17% sont nés en Algérie contre 22% en Tunisie et 19% au Maroc. Il faut sans doute attribuer ce faible pourcentage de Juifs d'Algérie dans la population séfarade à une très forte propension aux mariages mixtes ainsi qu'à l'abandon de la pratique du *geṭ* dans ce groupe de population, considéré comme le plus assimilé des groupements juifs d'Afrique du Nord. Il est par ailleurs peu probable que ce faible pourcentage soit dû au fait que les Juifs d'Algérie divorcent moins que leurs coreligionnaires nord-africains. Ces suppositions sont en outre largement confirmées par ce même sondage socio-économique qui indiquait que dans les années 1970, les mariages mixtes étaient déjà plus fréquents parmi les Juifs d'Algérie (18%) que chez les Tunisiens et les Marocains (8%). Ce constat trouve son explication dans le fait que dès 1871, le décret Crémieux faisait des Juifs d'Algérie des citoyens français. Ayant côtoyé la culture française et les français de la métropole, ces derniers ont connu le processus de l'assimilation dès le milieu du XIXe siècle. En revanche, leurs coreligionnaires du Maroc et de Tunisie, mieux préservés par leur statut et leur mode de vie, ne connurent l'assimilation et les mariages mixtes que beaucoup plus tard, à la suite de l'exode d'Afrique du Nord.

– 33% des hommes sont nés en France. Cette catégorie comprend donc essentiellement les plus jeunes des enquêtés séfarades (nés après les années soixante), mais également la majorité des enquêtés ashkénazes[32].

– 1,2% seulement des enquêtés sont nés dans un pays d'Europe centrale ou orientale. On peut supposer – en tout cas en ce qui concerne les Polonais – qu'ils font partie de la catégorie la plus âgée des enquêtés.

– Il faut également noter le pourcentage non négligeable d'enquêtés nés en Israël (4%).

Examinons à présent de façon précise l'origine géographique de ces individus. 33% des hommes nés en France sont d'origines diverses mais séfarades dans leur majorité. Souhaitant connaître leur origine géographique, il m'a semblé nécessaire de bien distinguer le lieu de naissance de l'origine d'un individu.

– *Origine géographique des hommes*
Le tableau 7 nous montre que près de 80% des enquêtés masculins sont originaires d'Afrique du Nord, contre seulement 13% d'origine ashkénaze. Cette faible représentation des Juifs ashkénazes est sans conteste à mettre en relation avec la tragédie de la *Shoah*. Outre l'aspect quantitatif, le facteur religieux joue aussi très certainement un rôle non négligeable dans la faible représentation des Juifs ashkénazes au sein de la population étudiée. En effet, les mariages mixtes et la baisse de la pratique religieuse plus fréquente dans ce milieu, contribuent à l'érosion démographique des Juifs ashkénazes, autrefois majoritaires en France.

32 Voir le tableau 7 sur l'origine des hommes.

Tableau 7: Origine géographique des enquêtés

Origine géographique	Hommes		Femmes	
	Nbre	%	Nbre	%
Algérie	112	24 %	112	25 %
Maroc	108	23 %	105	23 %
Tunisie	148	32 %	128	29 %
Eur. Centr. et Or.	61	13 %	39	9 %
Autres *	36	8 %	65	14 %
Total	465	100 %	449	100 %

* «Autres» désignent les personnes dont il n'a pas été possible de déterminer l'origine.

Une enquête réalisée en 1972-73 à Paris et dans la région parisienne par D. Bensimon et F. Lautman[33], montrait que les Ashkénazes étaient proportionnellement plus nombreux à conclure des mariages mixtes que les Séfarades. En outre 21% des familles des maris ashkénazes des couples mixtes n'étaient pas pratiquantes, alors que ce n'était le cas que de 5% des Séfarades.

Observons dans le détail l'origine des hommes:

- 32% sont d'origine tunisienne, soit 1 divorcé sur 3.
- 24% sont d'origine algérienne, soit 1 sur 4.
- 23% sont d'origine marocaine, soit environ 1 sur 4.
- 13% sont d'origine ashkénaze, soit environ 1 sur 10.
- 8% sont des hommes dont il n'a pas été possible de déterminer l'origine.

33 D. Bensimon et F. Lautman, *Un mariage, Deux Traditions: Chrétiens et Juifs*, Editions de l'Université de Bruxelles, 1977, pp. 75-77.

Il ressort clairement que la plus grande cohorte d'enquêtés est constituée par les Juifs d'origine tunisienne, les Juifs d'Algérie et les Marocains ayant sensiblement le même pourcentage.

Dans les années 1970, les Juifs d'Algérie étaient majoritaires en France suivis de près par les Juifs tunisiens, en tout cas sur Paris[34]. Or, on constate qu'en matière de divorce, les Juifs d'Algérie ne représentent que 24% des enquêtés alors que leurs homologues tunisiens sont beaucoup plus nombreux (32%). Nous pouvons donc confirmer à nouveau la tendance énoncée dans ce sondage socio-économique : les Juifs d'Algérie sont moins représentés dans notre enquête que les autres groupes nord-africains du fait des mariages mixtes, lesquels n'ont fait que progresser au sein de la population juive près de vingt ans après ce sondage. En outre, les Juifs d'Algérie étant plus assimilés au groupe dominant que les Tunisiens et les Marocains, ils ont donc moins tendance à faire établir un *geṭ* en cas de divorce.

– *Pays de naissance des femmes* (*cf.* tabl. 6)
Comme les hommes, les femmes enquêtées sont nées pour la plupart en Afrique du Nord (48%), tandis que l'autre moitié est née en France (44%). Elles sont plus jeunes que leur conjoint d'environ trois ans, ce qui justifie le taux inférieur de naissances en Afrique du Nord et le taux supérieur en France.

On peut globalement affirmer que sur deux enquêtées, l'une est née en Afrique du Nord et l'autre en France. Mais là encore, la comparaison avec les hommes s'impose, puisqu'il ressort une fois de plus que les femmes nées en Tunisie sont majoritaires : 19% sont nées en Tunisie, 14% sont nées en Algérie et 14% sont nées au Maroc.

44% des femmes étant nées en France, nous devons nous interroger sur leur origine.

34 D. Bensimon et S. Della Pergola, « Sondage socio- économique auprès des Juifs de France [...] », *op. cit.*, pp. 10-11.

– *Origine géographique des femmes* (*cf.* tabl. 7)
77% des femmes sont d'origine séfarade contre seulement 9% de femmes d'origine ashkénaze.

L'enquête susmentionnée[35] de D. Bensimon et F. Lautman recensait 40 à 60% de mariages mixtes entre Juifs et Chrétiens dans la région parisienne. Ces mariages étaient plus fréquents au sein de la population juive née en France. Parmi les migrants, ces mariages concernaient plus les Juifs nés en Europe que ceux nés en Afrique du Nord. Cette étude mettait aussi en relief que l'exogamie était plus fréquente chez les hommes que chez les femmes, les deux-tiers des conjoints juifs des couples mixtes étant des hommes[36].

Un critère à prendre en considération pour expliquer le faible pourcentage de femmes d'origine ashkénaze, est que parmi les 14 % de femmes dont je n'ai pu déterminer l'origine, figurent certainement des femmes ashkénazes, mais ce pourcentage reste tout de même très faible.

Observons dans le détail l'origine des femmes :

- 29% sont d'origine tunisienne, soit environ 1 sur 3.
- 25% sont d'origine algérienne, soit 1 sur 4.
- 23% sont d'origine marocaine, soit environ 1 sur 4.
- 9% sont d'origine ashkénaze, soit 1 sur 10.
- 14% sont des femmes dont je n'ai pu déterminer l'origine.

On peut à juste titre se demander pourquoi les Juifs tunisiens sont plus présents au divorce que les autres groupes nord-africains. Sont-ils plus nombreux que les autres groupes nord-africains aujourd'hui en France ?

35 D. Bensimon et F. Lautman, *Un mariage, Deux Traditions : Chrétiens et Juifs*, *op. cit.*, cité par J. Allouche-Benayoun, « Couples mixtes et transmission », in Actes des journées d'étude : *Femmes et Judéité*, E.H.E.J., 1992, p. 85.

36 D. Bensimon, « Réflexions sur les mariages mixtes », *Traces* 2 (1981), p. 63.

Il est très difficile de répondre à cette question, car aucune étude récente n'a été faite en ce sens. Sont-ils plus religieux? Les chiffres prouvent qu'en tous cas, ils sont moins enclins au mariage mixte que leurs coreligionnaires d'Algérie, comme je l'ai expliqué précédemment.

Plusieurs suppositions peuvent être émises, sans qu'il soit toutefois possible d'en prouver aucune, faute de chiffres ou de sondages récents auprès de la population concernée.

Portant sur une population exclusivement juive, nous ne pouvions faire abstraction dans notre étude, de cette caractéristique typique des populations juives à travers le monde, constituées par la diversité des origines.

Après avoir brossé le tableau des origines des divorcés, il convient à présent d'en décrire les principales caractéristiques, qui cette fois pourront être comparées avec les statistiques à l'échelle nationale.

Commençons par les catégories socioprofessionnelles.

5. Répartition socioprofessionnelle des enquêtés

Ce type de renseignement fait défaut dans les dossiers de divorce du tribunal rabbinique de Paris. La profession n'étant pas demandée, celle-ci n'apparaît qu'incidemment dans les dossiers. C'est la raison pour laquelle je n'ai pu définir cet élément que pour 29% des hommes et pour 24% des femmes de l'échantillon étudié, d'où la nécessité d'interpréter ces résultats avec prudence.

Il faut également préciser qu'un nombre non négligeable de personnes se trouvaient au chômage[37] pendant la procédure du *geṭ*, ou percevaient le R.M.I.[38]

37 Cette indication m'a été fournie par les demandes d'exonération des frais de procédure du *geṭ*. Ayant omis d'enregistrer cette donnée de façon systématique, je n'ai pas été en mesure de la quantifier.

38 R.M.I: Revenu Minimum d'Insertion, dont le montant mensuel était d'environ 2 500 francs au moment de cette enquête.

Tableau 8: Catégories socioprofessionnelles des enquêtés

Catégories socio-professionnelles	Hommes		Femmes		Ensemble (hommes et femmes)	
	Nbre	%	Nbre	%	Nbre	%
Cadres, chefs d'entreprise, prof. libérales	65	43,6 %	32	25,8 %	97	35,5 %
Professions intermédiaires, enseignants, employés	43	28,8 %	79	63,7 %	122	44,6 %
Commerçants	29	19,5 %	12	9,8 %	41	15,0 %
Artisans, ouvriers	11	7,3 %	1	0,8 %	12	3,6 %
Total	148	100 %	124	100 %	272	100 %

L'étude de D. Bensimon et S. Della Pergola[39] montrait que toutes les catégories socioprofessionnelles étaient représentées parmi les Juifs de France. Elle mettait en relief la prédominance de deux groupes : les cadres moyens et employés d'une part, les professions libérales et cadres supérieurs d'autre part. Notre analyse (*cf.* tableau 8), confirme qu'un individu sur deux exerce une profession intermédiaire, est employé ou enseignant (44,6%), tandis qu'un individu sur trois est cadre supérieur ou membre d'une profession libérale (35,5%). Les commerçants (15% des cas), sont représentés dans les mêmes proportions que dans la population juive globale. En revanche, ouvriers et artisans, pourtant relativement nombreux (22%) au sein de la population juive active, ne représentent que 3,6% des enquêtés.

La répartition par catégorie socioprofessionnelle et par sexe montre que sur l'ensemble des femmes enquêtées, 63,7% exercent une profession intermédiaire, sont enseignantes ou employées. Une étude plus

39 D. Bensimon et S. Della Pergola, *La population juive de France, socio-démographie et identité, op. cit.*, pp. 182-196.

détaillée montre qu'une femme sur deux est employée (44,4%) et une femme sur quatre est cadre supérieur ou bien exerce une profession libérale.

En ce qui concerne les hommes, un sur deux est cadre supérieur ou membre d'une profession libérale (43,6%). Il faut noter que les artisans et ouvriers sont pratiquement tous de sexe masculin (7,3%). Seules 0,8% des femmes appartiennent à cette catégorie. Quant aux commerçants, ce sont essentiellement des hommes (19,5%) contre 9,8% de femmes.

En dépit de ces données, on ne peut tirer de conclusions trop hâtives sur le niveau social des divorcé(e)s juifs ou des Juifs dans leur globalité. En effet, les renseignements ayant trait aux professions concernent, comme je l'ai souligné précédemment, moins d'un individu sur trois pour les hommes et un sur quatre pour les femmes. Ils nous fournissent cependant une idée sur le niveau socio-économique de la population étudiée. Ainsi, la tendance des femmes à exercer une profession leur assurant une indépendance économique est sans doute à mettre en relation avec le nombre croissant des divorces dans la communauté juive, comme à l'échelon national. Par ailleurs, chez les hommes comme chez les femmes, les catégories sociales les plus défavorisées sont peu représentées. Quant aux autres, largement majoritaires, elles témoignent d'un niveau socio-économique assez élevé.

Contrairement aux résultats de l'enquête socio-économique auprès des Juifs de France mentionnée précédemment, où il apparaissait que le niveau d'instruction des femmes était très inférieur à celui des hommes, nos statistiques montrent que leur niveau d'instruction est relativement élevé dans les années 1990. Nous nous situons certes dans une tranche de population qui a accédé au divorce, et l'on connaît le rôle déterminant du facteur économique dans le processus d'un divorce. Il faut rappeler aussi qu'une vingtaine d'années séparent ces deux enquêtes et qu'on enregistre aujourd'hui un accroissement du niveau d'instruction des femmes à l'échelle nationale.

D'autre part, si l'on tient compte d'une constante significative, à savoir que le pourcentage de mariages mixtes est plus fréquent dans les milieux intellectuels que dans d'autres couches de la population, on pourrait conclure que nos statistiques ne correspondent pas vraiment à celles de la population juive française dans sa globalité.

Les catégories socioprofessionnelles représentées dans notre enquête montrent toutefois que la population juive est bien intégrée économiquement et culturellement à la société ambiante. C'est précisément cette intégration qui justifie entre autres, les plus grandes cohortes de divorcés parmi les couches les plus instruites de la population.

6. *Age au mariage*

D'après les statistiques de l'Insee[40], l'âge moyen au premier mariage en 1994 en France, était de 28,7 ans pour les hommes et de 26,7 ans pour les femmes, soit une augmentation d'environ quatre ans depuis 1972[41].

Concernant la communauté juive, le service des mariages du Consistoire de Paris n'a pas été en mesure de nous communiquer les données nous permettant d'évaluer l'âge moyen des individus au mariage. Aussi, la moyenne que nous présentons est calculée sur un échantillon d'individus dont le mariage s'est soldé par un divorce entre 1993 et 1996. A titre indicatif, cette moyenne est de 28 ans pour les hommes et de 24,8 ans pour les femmes[42]. Cette évaluation ne correspond cependant pas à

40 Catherine Launay, « Mariages 1994. La nuptialité à son niveau le plus bas, avant une reprise ? », *I.N.S.E.E. Première* 438, (mars 1996).

41 Alors que l'âge moyen au mariage s'élevait d'un trimestre par an sur la dernière décennie, l'augmentation a été en 1996 d'une demi-année, pour les hommes comme pour les femmes. *Cf.* Catherine Beaumel, « Des mariages, des couples et des enfants », *I.N.S.E.E. Première* 624, (Janvier 1999).

42 Mariages et remariages confondus. A titre indicatif, les hommes se sont mariés à 33,6 ans à l'échelle nationale et les femmes à 30 ans (premiers mariages et remariages confondus). *Cf.* Catherine Beaumel, I.N.S.E.E. *op. cit.*

l'âge moyen au mariage sur une année précise, mais à celui des individus qui ont rompu leur mariage sur les années susmentionnées.

Grâce aux données enregistrées, j'ai calculé l'âge moyen au mariage des hommes et des femmes par année de mariage, de 1950 à 1996. Ces chiffres une fois de plus, ne sont pas significatifs, puisqu'ils ne concernent que des individus dont le mariage s'est soldé par un divorce et font donc abstraction des individus dont le mariage perdure.

En outre, trop échelonnées dans le temps, les données par année étaient insignifiantes pour que les moyennes soient représentatives et permettent d'en tirer des conclusions. Enfin, les «remariages»[43] – soldés également par un second divorce – figurent également dans nos dossiers, de sorte que le calcul de l'âge moyen au premier mariage n'a pas été possible.

A titre indicatif, j'ai fait figurer ci-après l'âge moyen au mariage des hommes et des femmes depuis 1987, dont le mariage s'est soldé par un divorce entre 1993 et 1996.

Tableau 9: Age moyen au mariage par sexe et par année de mariage

Année de mariage (mariages et remariages confondus)	Hommes	Femmes
1987	34 ans	32 ans
1988	26 ans	23 ans
1989	37 ans	28 ans
1990	34 ans	29 ans
1991	27 ans	27 ans
1992	35 ans	29 ans
1993	29 ans	26 ans
1994	22 ans	24 ans

43 Les «remariages» concernent 5% des couples enquêtés (9 hommes et 16 femmes).

7. Age au divorce

L'âge moyen des divorcés a évidemment été calculé à la date du divorce civil.

Chez les hommes tout comme chez les femmes, on retrouve le même phénomène de grande précocité des enquêtés dans leur attitude face au divorce. En effet, l'âge moyen des hommes au divorce est 39,3 ans contre 42,8 ans à l'échelle nationale[44]. Les femmes ont en moyenne 35,6 ans au moment du divorce contre 40 ans à l'échelle nationale[45].

Cette différence de l'ordre de quatre ans mérite d'être notée car elle met en relief la différence entre les deux populations comparées. Cette différence est sans aucun doute à mettre en relation avec le statut socio-économique élevé des enquêtés au moment du divorce qui n'est pas sans jouer un rôle déterminant dans la capacité des individus à rompre précocement l'union matrimoniale.

– Age des hommes au divorce

Observons la répartition des effectifs masculins par tranche d'âge à l'échelle du tribunal rabbinique de Paris et la même répartition à l'échelle nationale (dont les chiffres sont publiés par le ministère de la Justice).

– La plus grande cohorte des enquêtés masculins se situe entre 30 et 39 ans, 53% des divorces se produisant dans cette tranche d'âge, soit un divorce sur deux, contre seulement 40% à l'échelle nationale.

– 64% des hommes ont moins de 40 ans au divorce, contre 50% à l'échelle nationale.

– Entre 40 et 50 ans, 23% des hommes divorcent, contre 35% à l'échelle nationale. Les tendances s'inversent donc considérablement.

44 Chiffres publiés par l'I.N.S.E.E. pour l'année 1994.

45 Aux Etats-Unis, la moyenne nationale pour l'année 1990, est encore plus basse : 35,6 ans pour les hommes et 33,2 ans pour les femmes. Source : U.S. National Center for Health Statistics of the United States, *Vital Statistics of the United States Annual, Monthly Vital Statistics Report*. 1994, tabl. 146.

Tableau 10: Répartition des hommes au divorce (comparaison entre les répartitions au tribunal rabbinique de Paris et à l'échelle nationale) pour l'année 1994

Age des hommes au divorce	Au tribunal rabbinique de Paris			A l'échelle nationale (Ministère de la Justice)		
	Nbre	%	% cumulés	Nbre	%	% cumulés
Moins de 20 ans	0	0 %	0 %	6	0 %	0 %
entre 20 et 24 ans	1	1 %	1 %	1 181	1 %	1 %
entre 25 et 29 ans	12	10 %	11 %	10 504	9 %	10 %
entre 30 et 34 ans	33	28 %	39 %	21 606	19 %	29 %
entre 35 et 39 ans	29	25 %	64 %	24 144	21 %	50 %
entre 40 et 44 ans	20	17 %	81 %	22 600	20 %	70 %
entre 45 et 49 ans	7	6 %	87 %	17 661	15 %	85 %
entre 50 et 54 ans	6	5 %	92 %	8 412	7 %	92 %
entre 55 et 59 ans	4	4 %	96 %	4 725	4 %	96 %
+ de 60 ans	5	4%	100 %	4 819	4 %	100 %
Total	117*	100 %	100 %	115 658	100 %	100 %

* Seuls 117 *giṭṭin* enregistrés au tribunal rabbinique de Paris sur 345 pour l'année 1994 (*cf.* tabl. 1), ont fait l'objet d'un divorce civil dans la même année (1994). *Cf. infra* § 12 sur le temps écoulé entre le divorce civil et le début d'une procédure de *geṭ*.

– Au-delà de 50 ans, les pourcentages sont sensiblement les mêmes dans les deux populations comparées, avec toutefois une tendance à la hausse à l'échelle nationale.

Lorsqu'une famille avec des enfants est constituée, les Juifs ont semble-t-il moins tendance à divorcer qu'à l'échelle nationale. En revanche, au-delà de 50 ans, l'attitude face au divorce semble identique lorsque les enfants sont majeurs ou ne sont plus à la charge de leurs parents.

– *Age des femmes au divorce*

Le tableau 11 montre la répartition des effectifs féminins par tranche d'âge à l'échelle du Consistoire de Paris et la même répartition à l'échelle nationale.

– La tranche d'âge la plus exposée se situe entre 25 et 39 ans, puisque 70% des divorces se produisent dans cette tranche, soit deux divorces sur trois, contre seulement 56% à l'échelle nationale.

– 52% des femmes ont moins de 35 ans au moment du divorce, soit une femme sur deux, contre 38% à l'échelle nationale.

– 75% des femmes ont moins de 40 ans, contre 59% à l'échelle nationale.

– Entre 40 et 50 ans, les tendances sont inversées puisque seulement 20% des femmes divorcent, contre 30% à l'échelle nationale.

– Au delà de 50 ans, les pourcentages sont sensiblement les mêmes avec toujours la même tendance à la hausse à l'échelle nationale.

Femmes et hommes font preuve d'une grande précocité à rompre leur union. Environ les trois-quarts ont rompu leur union avant d'atteindre 40 ans. Cette précocité à rompre n'est pas sans rapport avec le statut socio-économique des individus au moment du divorce que nous avons mis en relief précédemment. Au-delà de ce phénomène particulièrement intéressant, il semblerait que lorsque le couple juif a dépassé le seuil de la quarantaine, il soit beaucoup plus stable qu'à l'échelle nationale.

Une étude réalisée en Israël dans les années 1970 sur les attitudes des femmes face à la vie de famille confirme nos conclusions. Il a été

Tableau 11 : Répartition des femmes au divorce (comparaison entre les répartitions au tribunal rabbinique de Paris et à l'échelle nationale) pour l'année 1994

Age des femmes au divorce	Au tribunal rabbinique de Paris			A l'échelle nationale (Ministère de la Justice)		
	Nbre	%	% cumulés	Nbre	%	% cumulés
Moins de 20 ans	0	0 %	0 %	60	0 %	0 %
entre 20 et 24 ans	6	5 %	5 %	3 915	3 %	3 %
entre 25 et 29 ans	22	19 %	24 %	16 420	14 %	17 %
entre 30 et 34 ans	33	28 %	52 %	24 544	21 %	38 %
entre 35 et 39 ans	27	23 %	75 %	23 606	21 %	59 %
entre 40 et 44 ans	16	14 %	89 %	20 656	18 %	77 %
entre 45 et 49 ans	7	6 %	95 %	14 255	12 %	89 %
entre 50 et 54 ans	3	3 %	97 %	6 063	5 %	94 %
entre 55 et 59 ans	2	2 %	99 %	3 180	3 %	97 %
+ de 60 ans	1	1 %	100 %	2 959	3 %	100 %
Total	117*	100 %	100 %	115 658	100 %	100 %

* Seuls 117 *giṭṭin* enregistrés au tribunal rabbinique de Paris sur 345 pour l'année 1994 (*cf.* tabl. 1), ont fait l'objet d'un divorce civil dans la même année (1994). *Cf. infra* § 12 sur le temps écoulé entre le divorce civil et le début d'une procédure de *geṭ*.

montré que 65% des femmes de Tel-Aviv estimaient le divorce nécessaire lorsqu'un couple était déchiré par des conflits, à la condition qu'il n'ait pas d'enfant. 60% d'entre elles s'opposaient au divorce même en cas de conflits si le couple avait des enfants. A la question : « Pourquoi les enfants sont-ils importants ? » 60% ont répondu « que les enfants donnaient un sens à la vie ».[46]

La précocité au mariage et au divorce peut également s'expliquer par le fait que le mariage « à l'essai » est un phénomène relativement rare chez les jeunes Juifs. En effet, lorsqu'un jeune couple juif souhaite s'unir, il opte plus volontiers pour le mariage que pour le concubinage. Sans aucun doute encouragés par leurs familles respectives, les jeunes gens vivant encore sous le toit paternel et ne disposant pas de biens matériels, ne s'opposent nullement à la célébration religieuse de leur union. Dans le cas où le mariage s'avérerait être un échec, ces mêmes couples n'hésitent pas à rompre rapidement leur union, surtout s'ils n'ont pas encore d'enfant[47]. Poussés par leurs familles respectives à ne pas faire perdurer un mariage malheureux, ils sont souvent encouragés à divorcer pour « recommencer leur vie » tant qu'ils sont encore jeunes. En revanche, lorsqu'il s'agit d'unions de couples plus âgés, (veufs, divorcés ou vieux célibataires), ils n'abordent pas le mariage avec la même insouciance, d'autant que des intérêts financiers entrent bien souvent en jeu. Pour certains, le changement de statut constituerait une perte de gains (pensions, rentes...), de sorte qu'ils optent plus volontiers pour le concubinage.

46 Lesley Hazelton, *Israeli Women. The reality behind the myths*, New York, Simon and Schuster, 1977, (traduit de l'anglais par Michèle Bitton, *Les Israéliennes au-delà des mythes*, 1981, p. 163).

47 23% des couples divorcent avant d'avoir un enfant. *Cf. infra* § 8.

8. Nombre d'enfants

Le nombre moyen d'enfants par famille en 1990 était de 1,78 pour la France métropolitaine et de 1,83 en Ile-de-France[48]. En ce qui concerne la population étudiée, il est difficile de mesurer la fécondité des enquêtés en raison des durées inégales d'union. J'ai toutefois réalisé une moyenne dont il ne faudra tenir compte qu'à titre indicatif. Concernant les couples, les statistiques révèlent une moyenne de 1,6 enfants[49]. Mais il faut apporter quelques précisions :

– Cette moyenne est celle d'une population dont la durée de mariage est réduite, puisque soldée par un divorce. (Ce qui n'est pas le cas du calcul du nombre moyen d'enfants à l'échelle nationale).
– Le nombre moyen d'enfants calculé ne correspond pas à une année en particulier mais à un calcul effectué sur trois années.

A titre indicatif, j'ai voulu comparer ces chiffres avec ceux de la population juive en France au début des années 1980[50]. La moyenne d'enfants par famille était de 2,1 enfants et variait en fonction de l'origine des familles. Les familles nord-africaines étaient alors beaucoup plus nombreuses que les familles ashkénazes. Pourtant les générations nées avec l'Exode des Juifs d'Afrique du Nord ont intégré rapidement le modèle français et l'origine des familles n'intervient plus aujourd'hui dans ce domaine.

48 *Les Femmes en Ile-de-France, faits et chiffres*, I.N.S.E.E. et délégation régionale aux droits des femmes d'Ile-de-France, 1995.

49 A l'échelle nationale, le nombre moyen d'enfants est de 1,8 mais ce chiffre englobe bien évidemment des couples mariés et divorcés. (A titre indicatif, la moyenne est de 1,07 enfants aux U.S.A. Source : Vital Statistics of the United States Annual, *op. cit.*)

50 *Cf.* D. Bensimon et S. Della Pergola, « Sondage socio-économique auprès des Juifs de France [...] », *op. cit.*, p. 17. Pour plus de détails sur la natalité en milieu juif en fonction de l'origine des familles, *Cf.* D. Bensimon et S. Della Pergola, *La population juive de France, socio-démographie et identité, op. cit.*, p. 145.

Tableau 12 : Nombre d'enfants par couple d'enquêtés

Nbre d'enfants	Nbre de couples	%	% cumulés
0	114	23 %	23 %
1	138	27 %	50 %
2	154	30 %	80 %
3	78	15 %	95 %
4 et +	27	5 %	100 %
Total	511*	100 %	100 %

* Sur les 516 dossiers étudiés, 5 ne fournissaient pas d'indication sur le nombre d'enfants.

La lecture du tableau 12 montre que :

– 23% des couples ont rompu leur mariage avant même d'avoir un enfant, soit environ un couple sur quatre et 27% des couples ont un seul enfant. Cela signifie qu'un couple sur deux a au maximum un enfant au moment du divorce.
– 30% des couples ont deux enfants quand le divorce intervient, soit environ un couple sur trois.
– 15% des couples ont trois enfants et ce pourcentage décroît avec l'augmentation du nombre d'enfants.

Il semble donc que le risque de divorce diminue à mesure qu'augmente le nombre d'enfants.

Ce dernier point me permet d'ouvrir une courte parenthèse sur une partie de la population juive non représentée ici. Il s'agit des couples orthodoxes, généralement parents de nombreux enfants.

Les couples orthodoxes sont également touchés par le phénomène du divorce, mais dans une moindre mesure que le reste de la communauté juive. Outre la raison que nous venons d'évoquer sur les rapports de cause à effet entre le nombre d'enfants et le risque de divorce, il faut souligner une autre caractéristique spécifique à ce groupe.

Alors qu'aujourd'hui, les femmes sont encouragées à poursuivre des études supérieures, à occuper des fonctions importantes dans la société et à obtenir leur indépendance socio-économique, les femmes orthodoxes n'ont pas le même profil :

– Se mariant relativement jeunes, elles entament rarement des études supérieures, leur préférant un bref cursus d'études juives dans des établissements spécialisés. Ces dernières années, les jeunes filles tendent à choisir une formation professionnelle de courte durée, parallèlement à des études juives, combinant ainsi un programme offert dans ces mêmes établissements.
– La transmission des valeurs du judaïsme traditionnel par le milieu familial, conjuguée à l'étude et l'approfondissement de ces valeurs dans les dits établissements, confèrent à la femme et à son futur conjoint – ayant reçu la même éducation – une appréhension du mariage et de la vie de couple tout à fait différente de celle de la grande majorité des couples. Entièrement dévouées au bonheur de leur foyer, auquel elles consacrent toute leur vie et vivant leur judaïsme au quotidien, les femmes orthodoxes font généralement abstraction de la réussite personnelle, de l'ascension sociale et de l'épanouissement personnel qui caractérisent bien souvent les aspirations des couples modernes. Ce phénomène que l'on observe également chez les Chrétiens pratiquants, semblerait prouver – par la pérennité de leur mariage et le nombre de leurs enfants – que la spiritualité dans le foyer et la poursuite commune d'un même objectif, soient un rempart contre l'érosion du mariage.

Toutefois, il faut bien admettre qu'un nombre important d'enfants dans un foyer désuni est un facteur dissuasif même pour les couples les plus orthodoxes.

Cette digression me paraît nécessaire, car non seulement elle confirme la conclusion de mon enquête sur le nombre d'enfants, mais n'étant pratiquement pas représentée dans mes dossiers, cette couche de la population risquait d'être ignorée[51].

9. Relation entre la catégorie socioprofessionnelle et le nombre d'enfants

Il existe une relation évidente entre le nombre d'enfants, la durée du mariage et le statut social des individus. Examinons d'abord le rapport entre le nombre d'enfants et le statut socioprofessionnel des hommes et des femmes.

– *Chez les hommes*

– Les couples enquêtés dont les chefs de famille appartiennent à la catégorie la moins représentée et la plus défavorisée: les «artisans et les «ouvriers» (7,3%), comptent en moyenne 1,9 enfants.

– Les couples dont les chefs de famille appartiennent à la catégorie «cadres, chefs d'entreprise, professions libérales» (43,6%), ainsi que la catégorie «commerçants» (19,5%), comptent 1,3 enfants en moyenne.

– La dernière catégorie des chefs de famille: «professions intermédiaires, enseignants, employés», représentée à 28,8% ne compte en moyenne que 1,1 enfants.

Tableau 13: Catégories socioprofessionnelles des hommes

Catégories socioprofessionnelles des hommes	Nbre d'enfants	Age moyen	Durée du mariage
Artisans, ouvriers	1,9	36,3	9,0
Cadres, chefs d'entreprise, professions libérales	1,3	40,3	10,0
Commerçants	1,3	38,1	9,3
Professions intermédiaires, enseignants, employés	1,1	38,5	8,8

51 Les couples orthodoxes s'adressent généralement à des rabbins de même obédience pour tous les événements de la vie juive (circoncisions, mariages, divorces, décès...). Il paraît donc difficile de mesurer le pourcentage de divorces au sein de la population orthodoxe. Il semblerait pourtant – d'après mon observation personnelle – que les divorces y soient relativement peu fréquents.

– *Chez les femmes*
– Dans la catégorie «artisans, ouvriers», les femmes ont en moyenne quatre enfants. Cependant, ce chiffre n'est pas significatif dans la mesure où seulement 1% des femmes fait partie de cette catégorie.
– Dans la catégorie la plus fortement représentée (63,7%) : «professions intermédiaires, enseignants et employés», le nombre moyen d'enfants est de 1,2. Cette catégorie est semble-t-il assez représentative des femmes enquêtées.
– Les femmes «commerçantes», faiblement représentée (9,6%), ont en moyenne 1,4 enfants.
– Enfin, chez les «cadres, chefs d'entreprise et professions libérales», catégorie où les femmes sont représentées à 25%, on enregistre la moyenne la plus basse : 0,8 enfant.

Ce chiffre trouve son explication dans le fait que les femmes appartenant à cette catégorie sont sans doute contraintes de privilégier leur carrière professionnelle au détriment de leur vie familiale. En outre, mener de front une carrière comportant d'importantes responsabilités (chefs d'entreprise, professions libérales), constitue peut-être pour certaines femmes un handicap pour mener parallèlement une vie de famille paisible et équilibrée. D'ailleurs, si l'on compare la durée de leur mariage

Tableau 14 : Catégories socioprofessionnelles des femmes

Catégories socioprofessionnelles des femmes	Nbre d'enfants	Age moyen	Durée du mariage
Artisans, ouvriers	4,0	49,6	22,0
Cadres, chefs d'entreprise, professions libérales	0,8	33,1	8,8
Commerçants	1,4	33,0	9,3
Professions intermédiaires, enseignants, employés	1,2	35,7	9,4

avec celle des femmes des autres catégories, on constate qu'elles détiennent la durée de mariage la plus courte : 8,8 ans en moyenne. En outre, dans la catégorie « commerçantes », elles sont plus promptes à rompre leur mariage. En effet, elles ont en moyenne 33 ans quand intervient leur divorce, contre 35,6 ans pour la moyenne générale.

Le statut socioprofessionnel des femmes influe donc incontestablement, non seulement sur leur précocité à rompre l'union matrimoniale, mais aussi sur le nombre d'enfants.

En conclusion, le nombre d'enfants, la durée du mariage et le groupe socioprofessionnel sont des facteurs indissociables. A cette constatation d'ordre général, il faut ajouter un fait notoire au sein de la population juive : les mariages homogames ou plus précisément « intra-communautaires » ont une durée de vie supérieure à celle des mariages hétérogames ou « extra-communautaires »[52].

10. Durée du mariage

En 1995, le mariage était dissous au bout de 13 ans et 10 mois en moyenne[53], à l'échelle nationale[54]. Le mariage juif a une durée moyenne de 11 ans[55] sur la période étudiée (1993-1996). Elle est donc inférieure de trois ans au mariage à l'échelle nationale.

Afin de comparer la durée du mariage (civil) juif avec la durée du mariage à l'échelle nationale, j'ai établi un tableau et un schéma comparatifs sur la base d'une année (1994).

52 Sur la durée du mariage en fonction de l'origine des conjoints, *cf. infra* § 18.

53 Aux U.S.A, la moyenne était de 7,2 ans pour l'année 1990. Source : *Vital Statistics of the United States Annual, op. cit.*

54 *Les femmes, portrait social*, I.N.S.E.E., Paris, 1995, p. 30.

55 Cette moyenne correspond à la durée du mariage civil et ne tient pas compte de la date du divorce religieux.

Tableau 15: Durée moyenne du mariage
(Année 1994)

Durée du mariage civil	Au tribunal rabbinique de Paris			A l'échelle nationale (I.N.S.E.E.)		
	Nbre	%	% cumulés	Nbre	%	% cumulés
Moins d'1 an	6	5 %	5 %	19	0 %	0 %
1 an	9	8 %	13 %	956	1 %	1 %
2 ans	10	9 %	21 %	3 740	4 %	5 %
3 ans	12	10 %	32 %	5 945	5 %	10 %
4 ans	7	6 %	38 %	6 250	5 %	15 %
5 ans	8	7 %	44 %	5 816	5 %	20 %
6 ans	6	5 %	50 %	5 479	4 %	24 %
7 ans	4	3 %	53 %	5 211	4 %	29 %
8 ans	5	4 %	57 %	4 717	4 %	33 %
9 ans	4	3 %	61 %	4 658	4 %	37 %
10 ans	5	4 %	65 %	4 458	4 %	41 %
11 ans	4	3 %	68 %	4 403	4 %	45 %
12 ans	2	2 %	70 %	4 433	4 %	49 %
13 ans	2	2 %	72 %	4 166	4 %	53 %
14 ans	4	3 %	75 %	4 158	4 %	56 %
15 ans	2	2 %	77 %	3 944	4 %	60 %
16 ans	3	3 %	79 %	3 963	3 %	64 %
17 ans	3	2 %	82 %	3 829	3 %	67 %
18 ans	2	3 %	84 %	3 611	3 %	70 %
19 ans	3	1 %	86 %	3 742	3 %	73 %
20 ans	1	4 %	87 %	3 518	3 %	76 %
21 ans	5	1 %	91 %	3 384	3 %	79 %
22 ans	1	1 %	92 %	3 394	3 %	82 %
23 ans	1	1 %	93 %	2 971	3 %	85 %
24 ans	1	2 %	94 %	2 776	2 %	87 %

25 ans	2	0 %	96 %	2 371	2 %	89 %
26 ans	0	0 %	96 %	2 046	2 %	90 %
27 ans	0	0 %	96 %	1 745	1 %	92 %
28 ans	0	0 %	96 %	1 333	1 %	93 %
29 ans	0	0 %	96%	1 239	1 %	94 %
30 à 34 ans	4	3 %	99 %	4 118	3 %	97 %
35 à 39 ans	1	1 %	100 %	1 905	2 %	99 %
40 ans et +	0	0 %	100 %	1 360	1 %	100 %
Total	117*	100 %	100 %	115 658	100 %	100 %

* Seuls 117 *giṭṭin* enregistrés au tribunal rabbinique de Paris sur 345 pour l'année 1994 (*cf.* tabl. 1), ont fait l'objet d'un divorce civil dans la même année (1994). *Cf. infra* § 12 sur le temps écoulé entre le divorce civil et le début d'une procédure de *geṭ*.

J'ai d'abord calculé la durée du mariage civil des 117 couples juifs qui ont divorcé civilement en 1994 et qui figurent dans les dossiers.

Les renseignements à l'échelle nationale pour la même année m'ont été fournis par le ministère de la Justice. Il s'agit du nombre de divorces prononcés en France, en fonction de la durée du mariage pour l'année 1994 (*cf.* tableau 15).

Il faut également rappeler que l'échantillon de population juive (117 divorces civils en 1994) qui représente 50% de l'ensemble des divorces religieux enregistrés au Beth-Din, est incluse dans la population nationale (115 658 divorces en 1994). Ce qui représente donc 2/1 000 divorces civils de la population nationale. Cela ne signifie pas qu'il n'y ait eu que deux divorces juifs sur 1 000 dissous en France par an. Il s'agit plutôt de la proportion des divorces (civils) également dissous par un divorce religieux au tribunal rabbinique de Paris. On peut en effet supposer que la grande majorité des Juifs qui divorcent civilement ne divorcent pas religieusement et n'apparaissent donc pas dans cette étude.

Afin de comparer la durée du mariage de la population enquêtée avec la population à l'échelle nationale, j'ai établi un graphique comparatif des durées de mariages par tranche d'années (*cf.* graphique 2).

Graphique 2: Durée des mariages dissous civilement en 1994 (enregistrés au Tribunal rabbinique et à l'échelle nationale

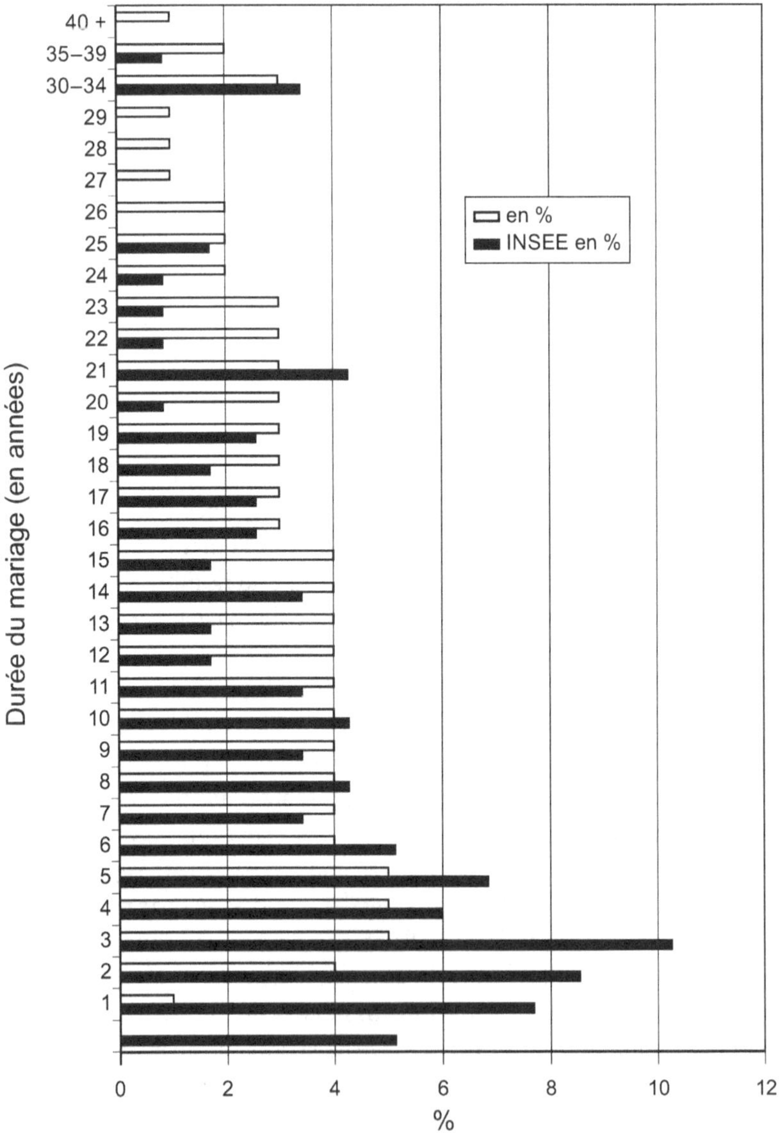

1. Un mariage sur deux est dissous avant la 7e année du mariage, contre seulement un sur quatre à l'échelle nationale. La population enquêtée divorce donc deux fois plus sur la même période.
2. Le pourcentage de mariages dissous pendant la 1ère année de mariage est de 5% dans la population juive, tandis qu'il est de 0% à l'échelle nationale[56].
3. Avant la 4e année de mariage, un couple sur trois a divorcé, contre un couple sur dix à l'échelle nationale.
4. Entre la 4e et la 6e année de mariage, les différences entre les deux populations comparées s'amenuisent mais le phénomène se poursuit.
5. Une fois dépassée la 6e année de mariage, les différences ne sont plus significatives.
6. Au-delà de la 11e année de mariage, les tendances s'inversent radicalement : la population enquêtée divorce de moins en moins, alors que la population globale connaît une augmentation du nombre de divorces.
7. Entre la 21e et la 22e année du mariage, on note un léger pic indiquant une recrudescence des divorces religieux, puis à nouveau, les chiffres baissent dans les deux populations comparées (*cf.* graphique 2 p. 174).

Il faut noter un fait saillant dans cette étude comparative. Sur l'ensemble de la population française qui a divorcé pendant la première année de mariage, environ deux couples sur trois sont juifs. En effet, j'ai recensé 6 divorces juifs (dans les 50% de dossiers) dans la première année de mariage, pour 19 divorces à l'échelle nationale. Statistiquement donc, environ 12 couples sur 19 sont des Juifs qui ont divorcé dans la première année de mariage.

Quoi qu'il en soit, ces résultats prouvent que le divorce dans la première année de mariage est un phénomène extrêmement fréquent

56 En chiffre, 19 divorces ont été prononcés dans la première année de mariage, en 1994, à l'échelle nationale (sur un total de 115 658 divorces), ce qui correspond en pourcentage à 0,016%.

au sein de la population juive. Les rabbins en charge du divorce au tribunal rabbinique de Paris m'ont expliqué que beaucoup de mariages « arrangés » de façon peu scrupuleuse débouchaient bien souvent sur un divorce.

Par ailleurs, le fait que le « mariage à l'essai » soit un phénomène relativement rare au sein de la population juive traditionaliste (représentée dans cette enquête) expliquerait également le nombre exceptionnel de ruptures précoces du mariage.

On constate que le risque de divorce diminue au-delà d'une certaine durée de mariage. Chez les couples juifs, il semblerait que la stabilité observée à partir de la sixième année de mariage corresponde à la naissance d'un ou deux enfants, événement qui contribuerait sans doute à la stabilisation du couple.

La recrudescence des divorces entre la 20e et la 21e année de mariage s'expliquerait quant à elle, par le fait que bien souvent, des couples désunis retardent de plusieurs années l'échéance de leur divorce, à un moment où leurs enfants seront en âge de mieux supporter la séparation de leurs parents. Bien entendu, cette supposition n'exclut pas la possibilité d'une crise au sein du couple après vingt ans de vie commune.

Quant à la reprise des divorces vers la 30e année de mariage elle correspond pour certains, à l'époque de la retraite de l'homme et/ou de la femme, période qui est parfois très mal vécue dans le couple et qui est susceptible de conduire à un divorce, lequel était peut-être à l'état latent pendant des années.

– *Durée du mariage en fonction de la profession de l'homme* (*Cf. supra* tabl. 13)

– La durée de mariage la plus longue (10 ans) est caractéristique de la catégorie « cadres, chefs d'entreprise et professions libérales » qui rappelons-le, constitue le groupe le plus représenté dans notre échantillon (43,6%).

– En revanche, les personnes exerçant une « profession intermédiaire », les enseignants et les employés ont la durée de mariage la plus courte : 8,8 ans.

– Les « artisans et ouvriers » et les « commerçants » ont quant à eux, respectivement une durée moyenne de mariage de 9 ans et 9,3 ans.

Au niveau national, le sociologue Jean-Paul Kaufmann[57] a montré que les hommes ayant un statut socioprofessionnel élevé garantissant un certain confort matériel à leur épouse, avaient une durée de mariage supérieure à la moyenne, car leur épouse déploierait, semble-t-il, beaucoup plus d'efforts pour sauvegarder leur mariage que les femmes mariées à des hommes dont le statut socioprofessionnel serait moins valorisant ou moins rémunérateur.

Une autre étude « Les dissolutions d'unions en France, étudiées à partir des minutes de jugement » publiée par l'Ined en 1971[58], confirme les tendances enregistrées chez les enquêtés juifs, du moins en ce qui concerne la profession de l'époux.

Il faut préciser en outre, que cette étude laisse apparaître que les « ouvriers » constituent une catégorie à risque, puisqu'ils font partie de ceux dont le divorce survient dans les quatre premières années de mariage[59]. D'autre part, les femmes dont le conjoint appartient à une catégorie sociale élevée, entament plus rarement la procédure de divorce, tandis que les autres prennent l'initiative du divorce dans la plupart des cas[60].

– *Durée du mariage en fonction de la profession de la femme* (*Cf. supra* tabl. 14)

A la lecture de ce tableau, nous constatons à nouveau que plus le statut socioprofessionnel de la femme est élevé, plus la durée de son mariage est limitée. Plus la femme est autonome sur le plan économique, plus elle

57 J.-P. Kaufmann, *Sociologie du Couple*, Paris, P.U.F, 1993.

58 E. Jaulerry, « Les dissolutions d'unions en France, étudiées à partir des minutes de jugement », sous la direction de Louis Roussel in *Population* (numéro spécial), Paris, I.N.E.D., 20e année, 1971, p. 166.

59 Avec les « sans-professions » et les employés.

60 E. Jaulerry, *Ibid.* p. 166.

se sent apte à rompre son mariage en cas de conflit. D'ailleurs, la durée de mariage la plus courte (8,8 ans) est caractéristique des « cadres, chefs d'entreprise et professions libérales ».

– Les enquêtées appartenant aux catégories « professions intermédiaires, enseignants et employés » qui rappelons-le, sont majoritaires (63,7%), ainsi que les « commerçantes » sont restées mariées 9,4 ans en moyenne.

– La catégorie la moins représentée : « artisans et ouvriers » a une durée moyenne de mariage de 22 ans, mais il faut rappeler à nouveau que ce chiffre ne reflète pas la réalité, dans la mesure où les artisans et ouvriers représentent moins d'1% des enquêtés. Il faut peut-être rappeler à nouveau que les enquêtés de cette catégorie n'apparaissent que faiblement dans nos dossiers, alors qu'à l'échelle nationale, la divortialité concerne aujourd'hui l'ensemble de la population française, sans distinction de classe socioprofessionnelle[61]. En outre, le sondage de la S.O.F.R.E.S. datant certes de 1977, montrait que 22% des Juifs de France appartenaient à cette catégorie socioprofessionnelle. Est-ce donc à dire que l'on divorce moins en milieu ouvrier juif ? Il est difficile de l'affirmer, d'autant que les professions ne figurent que dans un dossier sur trois environ. On peut également penser que les frais engagés dans une procédure de divorce civil, ainsi que le manque d'autonomie des femmes – appartenant généralement à la même catégorie socioprofessionnelle que leurs maris – ne permettent pas d'accéder facilement au divorce. Il est à supposer en outre, que les femmes appartenant à cette catégorie socioprofessionnelle soient peu motivées par un divorce religieux, quand pour d'autres personnes, celui-ci est un moyen de se libérer avant de pouvoir contracter un second mariage religieux.

La forte tendance des femmes juives à exercer une profession leur assurant une autonomie économique est sans doute à mettre en relation avec le fait même qu'elles sont, comme à l'échelle nationale, assez actives

61 Anne Thèvenot, *Les femmes dans le divorce en France aujourd'hui* (étude psychologique), Strasbourg, Thèse Université Louis Pasteur, Strasbourg, 1993.

dans le divorce. Des statistiques émanant du ministère de la Justice et portant sur l'année 1990 montrent qu'en France, 60% des demandes de divorce qui ne sont pas des demandes conjointes, sont faites par des femmes[62].

Ces chiffres nous conduisent à nous poser la question suivante: lequel des deux conjoints prend l'initiative du divorce religieux dans la communauté juive?

11. L'initiative du divorce religieux

Lorsque l'un des conjoints ou les deux décident d'entamer une procédure de divorce religieux au tribunal rabbinique de Paris, le divorce civil est généralement prononcé ou bien engagé. Par conséquent, il serait maladroit d'établir des comparaisons avec l'initiative des conjoints dans le divorce civil, d'autant plus que les motivations d'un individu au *geṭ* ne ressemblent en rien à celles d'un individu entamant une procédure de divorce auprès d'une juridiction civile[63].

Comme je l'ai déjà expliqué dans le chapitre consacré au divorce dans la tradition rabbinique, le *geṭ* constitue pour la femme juive, la seule façon de rompre totalement son mariage. Le divorce civil – certes indispensable – ne représente aux yeux de la loi mosaïque qu'une formalité administrative, tandis que le *geṭ* permet aux conjoints de recouvrer leur liberté, surtout lorsque la femme désire «refaire sa vie», fût-ce, par le biais du concubinage, et *a fortiori*, lorsqu'elle souhaite contracter une

62 L'ensemble des demandes émanant de femmes sont comptabilisées, y compris celles acceptées dans le cadre d'une procédure par consentement mutuel. C. Aubin et H. Gisserot, *Les femmes en France: 1985-1995*, La Documentation Française, Paris, 1994, p. 43.

63 En matière de divorce civil, les statistiques montrent que «l'initiative du divorce revient majoritairement à la femme. Elle est l'auteur de la demande dans un peu plus de 7 cas sur 10». B. Munoz- Perez et M.-C. Rondeau, *Une nouvelle phase pour le divorce*, Données Sociales, I.N.S.E.E., 1990, p. 298.

nouvelle alliance à la synagogue et avoir des enfants légitimes de cette nouvelle union.

En ce qui concerne l'homme, s'il est vrai qu'en vivant maritalement, il ne commet pas d'adultère – alors qu'il n'a pas encore remis le *geṭ* à son ex-épouse – il n'a pas le droit de contracter un nouveau mariage religieux tant qu'il n'a pas fourni la preuve qu'il a libéré son ex-épouse par le *geṭ*.

Les motivations des conjoints concernant le *geṭ* sont donc bien différentes de celles qui président au divorce civil car l'enjeu est d'une toute autre nature. Aussi, me contenterai-je cette fois-ci, d'exposer mes résultats sur l'initiative du divorce, sans les comparer à ceux de l'Insee.

39% des femmes ont pris l'initiative du divorce. Ce sont donc des femmes qui se sont présentées de leur propre chef au tribunal rabbinique pour entamer une procédure de *geṭ*. Dans 37% des cas, les hommes en ont pris l'initiative. Quant aux demandes conjointes, elles représentent 24% des ouvertures de dossiers.

On peut donc conclure que les initiatives émanant des femmes sont plus ou moins égales à celles émanant des hommes. Dans un cas sur quatre, la demande est conjointe.

Outre ces initiatives individuelles et conjointes, il faut signaler que 2% des demandes de procédure de *geṭ* ont été effectuées par les parents des conjoints[64]. Ce pourcentage est certes insignifiant, mais l'on sait que l'intervention de l'entourage du couple – notamment les parents respectifs des époux – est parfois déterminante. On constate que la présence des parents accompagnant leur enfant pour l'ouverture d'un dossier ou pour la cérémonie du *geṭ* reste très fréquente.

Il arrive fréquemment aussi que le conjoint demandeur – relativement jeune – ne soit pas convaincu de la nécessité du *geṭ* mais agisse conformément à la volonté de ses parents qui, plus conscients des pratiques

64 Six ouvertures de dossiers ont été effectuées par les parents (le père ou la mère) de la femme et quatre par les parents de l'homme.

religieuses, veulent épargner leurs enfants des écueils d'un divorce civil sans *geṭ*.

Nous avons en effet constaté que l'âge moyen des hommes sollicitant un *geṭ* par l'intermédiaire de leurs parents était de 34,6 ans, soit 5 ans et demi de moins que l'âge moyen des enquêtés masculins (40 ans).

En ce qui concerne les femmes, elles sont âgées – dans le même cas de figure – de 28,9 ans, soit 6 ans de moins que les enquêtées féminines (36 ans).

Essayons à présent de définir le profil des hommes et des femmes ayant pris l'initiative du *geṭ*.

Lorsque l'homme est demandeur, l'âge moyen est de 40 ans, tandis que la moyenne de l'ensemble des hommes enquêtés au divorce est de 39 ans. Quand la femme a pris l'initiative du divorce, elle est âgée de 35 ans alors que la moyenne d'âge de l'ensemble des femmes enquêtées au divorce est de 36 ans. Les demandeurs ont donc un an de plus que la moyenne et les demanderesses ont un an de moins que la moyenne. Ces différences ne sont donc pas significatives.

– *Origine des enquêtés qui ont pris l'initiative du geṭ*

Tableau 16: Origine des enquêtés qui ont pris l'initiative du *geṭ*

Origine des demandeurs	Hommes		Femmes	
	Nbre	%	Nbre	%
Algérie	40	24 %	41	24 %
Maroc	46	27 %	48	28 %
Tunisie	49	29 %	49	29 %
Israël	3	2 %	3	2 %
Europe Centrale et Orientale	24	14 %	12	14 %
Autres	6	4 %	16	2 %
Total	168*	100 %	169*	100 %

* Un certain nombre de dossiers n'indiquaient pas qui était l'initiateur du *geṭ*.

Le tableau 16 met en relief l'origine des demandeurs : 29% des demandeurs sont originaires de Tunisie, 27% sont originaires du Maroc et 24% sont originaires d'Algérie.

Les femmes sont représentées dans les mêmes proportions avec 1% de plus (28%), pour les femmes d'origine marocaine. Ces chiffres correspondent à la distribution des enquêtés en fonction de leur origine.

Selon le témoignage des rabbins en exercice au service des divorces depuis de nombreuses années, deux facteurs déterminent la plupart des personnes qui entament une procédure de *geṭ* au tribunal rabbinique : soit elles se trouvent sur le point de contracter un nouveau mariage à la synagogue (c'est le cas le plus fréquent), soit elles désirent régulariser une situation embarrassante.

Les données ci-après corroborent en effet ce témoignage.

12. Temps écoulé entre le divorce civil et l'engagement d'une procédure de geṭ

Deux ans et quatre mois est le temps moyen écoulé entre le divorce civil (déjà prononcé ou en cours de procédure) et l'ouverture d'un dossier de *geṭ*.

Le tableau 17 montre que 37% des couples ont entamé une procédure de *geṭ* aussitôt le divorce civil prononcé ou de façon concomitante. Ce chiffre représente environ un couple sur trois. Pour ceux-là, on peut supposer que le *geṭ* constitue une étape obligée dans la rupture du mariage. Il s'agit vraisemblablement de couples attachés aux pratiques religieuses. On peut également supposer que tous les contentieux ont déjà été réglés pendant la procédure du divorce civil, de sorte que rien ne s'oppose à la dernière étape ou encore qu'aucun désaccord majeur ne préside à la remise du *geṭ*.

Les rabbins souhaiteraient que les couples procèdent au divorce religieux dans la mouvance du divorce civil pour éviter que les contentieux surgissant généralement lors de la procédure civile ne rejaillissent sur le processus du *geṭ*. En effet, des conflits d'intérêts apparaissent rapide-

Tableau 17: Temps écoulé entre le divorce civil et l'engagement d'une procédure de *geṭ*

Temps écoulé entre le divorce civil et l'engagement d'une procédure du *geṭ*	Nbre	%	% cumulés
en concomitance avec le divorce civil	189	37 %	37 %
- 1 mois	18	3 %	40 %
1 à 2 mois	14	3 %	43 %
2 à 3 mois	18	3 %	46 %
3 à 4 mois	11	2 %	48 %
4 à 5 mois	13	3 %	51 %
5 à 6 mois	17	3 %	54 %
6 mois à 1 ans	50	10 %	64 %
1 à 2 ans	55	11 %	75 %
2 à 3 ans	29	6 %	80 %
3 à 4 ans	16	3 %	83 %
4 à 5 ans	13	3 %	86 %
5 à 10 ans	37	7 %	93 %
+ de 10 ans	36	7 %	100 %
Total	516	100 %	100 %

ment pendant la procédure du divorce. Ces conflits engendrent toutes sortes de frustrations qui à leur tour entravent le divorce religieux, lequel devient l'enjeu d'un chantage affectif, trop souvent monnayable par les parties en cause. Afin de donner au *geṭ* toutes les chances d'aboutir, les rabbins conseillent donc d'agir en amont des litiges susceptibles de causer le rejet du divorce religieux.

Après le divorce civil, la moitié des couples entame une procédure de *geṭ* dans les cinq mois qui suivent, tandis que l'autre moitié attend entre un et dix ans pour s'y résoudre.

Pour cette seconde moitié, une nouvelle alliance religieuse en perspective est bien souvent la principale motivation. Le conjoint demandeur avoue fréquemment vouloir accélérer la procédure pour se remarier rapidement, soit parce que son futur conjoint désire un mariage à la synagogue – et c'est le cas le plus fréquent – soit parce que la future épouse se trouve dans un état de grossesse avancée.

Souvent aussi, il arrive que des personnes – ayant récemment effectué un retour à la foi – encouragées par un rabbin, viennent régulariser leur situation matrimoniale, en complétant leur divorce civil (déjà très ancien[65]) par le divorce religieux.

Il arrive également que lors du mariage d'un enfant, des parents divorcés civilement depuis de nombreuses années soient sollicités par le rabbin en charge du dossier de mariage de leur enfant, afin d'établir le *geṭ* qui leur fait défaut. Dans ce cas, les parents se prêtent généralement sans résistance aux vœux du rabbin, de façon à favoriser le bon déroulement du mariage de leur enfant.

Entre ces deux groupes de personnes : celles qui font établir leur *geṭ* dans la mouvance du divorce civil et celles qui attendent plusieurs années après celui-ci, le tableau 17 montre une recrudescence d'ouvertures de dossiers de *geṭ* entre six mois et deux ans après le jugement du divorce civil. C'est en moyenne le temps qu'il faut à un individu pour envisager de fonder un nouveau foyer après un divorce.

S'il est vrai que l'initiative du *geṭ* après plusieurs mois ou plusieurs années revient essentiellement au conjoint motivé par un remariage ou un départ imminent à l'étranger[66], on ne peut faire abstraction de quelques cas isolés, néanmoins typiques du caractère affectif que revêt le *geṭ* : les prises de conscience tardives.

Dans 7% des cas, plus de dix années se sont écoulées avant que les enquêtés n'aient entamé une procédure de *geṭ*. On peut certes envisager

65 Certains *giṭṭin* ont été délivrés près de 20 ou 30 ans après le divorce civil.

66 Notamment en Israël où il est demandé – à tout nouvel immigrant – de fournir des renseignements sur sa situation matrimoniale.

qu'un individu jeune ayant divorcé civilement, puisse vouloir se remarier fût-ce quinze ans plus tard. Néanmoins, une étude détaillée des dossiers révèle qu'un certain nombre d'hommes décident – à un âge très avancé – de délivrer le *geṭ* à leur femme. Les motifs invoqués relèvent souvent d'une prise de conscience tardive et constituent une forme de repentance pour les plus âgés. Pourtant, l'ex-épouse vieillissante, condamnée sa vie durant au célibat forcé, accepte non sans difficulté cette cérémonie devenue désormais inutile pour elle.

Signalons aussi les femmes qui ignoraient l'importance du *geṭ* ou qui manifestaient de l'indifférence à l'égard de cette procédure et qui brusquement – sans envisager un remariage – ont décidé d'entamer une procédure de *geṭ* pour se sentir « libérées ».

Dans tous les cas susmentionnés, il est très fréquent de voir l'ex-conjoint – convoqué par voie rabbinique – refuser de se prêter à ce qu'il considère comme un caprice de la part de l'autre. En effet, un divorce religieux engagé plusieurs années après le divorce civil revêt pour certains un caractère quelque peu absurde.

On peut par ailleurs supposer que le conjoint convoqué après plus de dix ans – parfois même trente ans – refuse de se prêter à cette procédure tardive compte tenu de sa nouvelle situation matrimoniale. En effet, 3% des individus sont déjà remariés civilement (avec un Juif ou un non juif) au moment où intervient le *geṭ*. Certains ne souhaitent même pas répondre à l'appel de leur ex-conjoint.

Outre ces divers cas où l'un des conjoints se manifeste tardivement pour entamer la procédure de *geṭ*, il existe un cas plus grave auquel les rabbins sont confrontés au quotidien. C'est celui des femmes qui refusent de venir chercher le *geṭ* qui leur a été établi, alors que le jugement du divorce civil a déjà été prononcé.

Comme je l'ai signalé dans le chapitre consacré à la législation juive du divorce, les femmes récalcitrantes[67] sont les premières victimes de

67 Ce terme ne comporte aucun caractère péjoratif. Il désigne uniquement l'homme ou la femme qui refuse de se prêter au divorce religieux.

leur propre refus. En effet, leur ex-époux peut contracter une nouvelle alliance à la synagogue, une fois le *geṭ* remis à un mandataire, du moins chez les Séfarades.

Lorsque la femme refuse le *geṭ*, non seulement elle se met en porte-à-faux avec la loi mosaïque si elle cohabite avec un autre homme, mais elle entraîne avec elle les enfants qu'elle est susceptible de mettre au monde. Ces enfants, indéniablement innocents, n'en demeurent pas moins – aux yeux de la loi juive – des *mamzerim*, des enfants adultérins.

Les femmes récalcitrantes connaissent pourtant leurs responsabilités. Lorsque le tribunal rabbinique convoque une femme pour procéder au *geṭ* et que celle-ci s'obstine dans son refus, à trois reprises elle reçoit un courrier qui l'informe sur son statut religieux et sur les conséquences de son refus au cas où un enfant venait à naître.

Les causes de ce refus sont multiples. Soit la femme est déjà remariée ou vit en concubinage avec un non juif et ne tient pas compte de ces avertissements car elle ne se sent pas concernée[68]. Soit, elle a déjà mis au monde un enfant adultérin avant le *geṭ*, auquel cas celui-ci ne « répare » rien puisqu'il n'a pas d'effet rétroactif[69]. Soit, enfin, elle ne souhaite pas se remarier et ne conçoit pas l'utilité de ce *geṭ*.

13. Profil des femmes qui refusent de prendre possession de leur geṭ

Lorsque le divorce civil a été prononcé et que la femme refuse de se prêter à la procédure du *geṭ*, le tribunal rabbinique de Paris procède à sa rédaction sur la demande du mari. Il désigne un mandataire habilité à recevoir le *geṭ* en lieu et place de la femme. Cette procédure appelée *geṭ ʿal yede zikkuy* poursuit deux objectifs :

68 Si elle met au monde un enfant dont le père n'est pas juif, l'enfant n'est pas *mamzer.*

69 En revanche, le *geṭ* serait utile si elle venait à se séparer du père de cet enfant pour se remarier avec un Juif.

1. Elle permet de « disculper » ou tout au moins d'atténuer la responsabilité de la femme qui se rendrait coupable d'adultère en faisant en sorte qu'elle ne soit plus véritablement mariée *('eshet 'ish)*. D'autre part, ce procédé permet de trouver un *hetter* (dénouement) plus rapide au cas où des enfants (*mamzerim* selon la *halakhah*) venaient à naître. Par ce biais, le problème des *mamzerim* est en partie résolu, car le *geṭ* est établi à l'intention de la femme, malgré son refus d'en prendre possession. Les rabbins du tribunal rabbinique de Paris procède systématiquement au *geṭ 'al yede zikkuy* dans un but préventif et dans l'intérêt exclusif de la femme.
2. Cette procédure permet à l'homme séfarade d'obtenir sur le champ une autorisation de remariage *(hetter nissu'in)*, mais son ex-épouse ne pourra contracter une seconde union que lorsqu'elle aura personnellement pris possession du *geṭ*.

Quant à l'homme ashkénaze, visé par la *taqqanah* de Rabbenu Gershom, il ne peut obtenir cette autorisation. Seule l'acceptation du *geṭ* par la femme selon la procédure classique le libère du mariage[70].

Il est intéressant de souligner qu'environ 7% des femmes enquêtées refusent de venir chercher leur *geṭ*. Ce chiffre est semble-t-il symptomatique de l'état de la judaïcité française – et sans doute internationale – car il montre une désaffection progressive des valeurs du judaïsme. En effet, le fait de refuser de délivrer le *geṭ* (pour l'homme) ou de venir le chercher (pour la femme) – gestes qui pourraient être considérés comme une simple formalité – prouve à la fois le désintérêt et sans doute aussi le rejet pour tout ce qui relève de la pratique religieuse. Le *geṭ* étant très souvent considéré comme une monnaie d'échange, il est souvent refusé pour entraver le remariage du conjoint. Il faut pourtant rappeler que les hommes comme les femmes qui rejettent le divorce religieux n'ont en général émis aucune opposition à la célébration religieuse de

70 Sur le *hetter nissu'in* et pour la différence entre Ashkénazes et Séfarades dans le divorce, *cf. supra* p. 73-75.

Tableau 18 : Age des femmes ayant refusé de prendre possession de leur *geṭ*

Age des femmes	Nbre	%
- de 25 ans	2	6 %
26 à 30 ans	4	12 %
31 à 35 ans	6	18 %
36 à 40 ans	5	15 %
41 à 45 ans	5	15 %
46 à 50 ans	5	15 %
51 à 55 ans	4	12 %
56 à 60 ans	1	3 %
61 à 65 ans	1	3 %
+ de 65 ans	1	3 %
Total	34	100 %

leur mariage à la synagogue. Il semblerait donc que la dissolution du mariage par un *geṭ* revête un caractère particulièrement affectif qu'il serait maladroit d'ignorer dans la compréhension de cette étude.

Il m'a semblé intéressant de connaître l'âge des femmes qui refusent de prendre possession de leur *geṭ* afin d'obtenir une vision plus précise de leur profil.

– *Age des femmes ayant refusé de prendre possession de leur geṭ*

La moyenne d'âge des femmes récalcitrantes est de 41 ans. A la lecture du tableau 18, on constate que 50% d'entre elles sont âgées de moins de 40 ans et 35% ont moins de 35 ans. Pour celles-ci, il y a véritablement un risque religieux, puisqu'elles sont encore jeunes et sont donc susceptibles de concevoir des enfants d'une autre union.

On peut admettre sans difficulté qu'une femme âgée de plus de 60 ans n'espère ou ne souhaite pas renouveler l'expérience de la vie de couple et ne tienne donc pas au *geṭ* parce qu'elle n'en voit pas l'utilité. En revanche, les femmes beaucoup plus jeunes font soit preuve d'ignorance ou d'insouciance, soit elles manifestent par le biais de ce refus leur révolte et leur colère et peut-être aussi leur mépris à l'égard de leur ex-époux et/ou de la religion ?

14. Temps écoulé entre le divorce civil et l'engagement d'une procédure de geṭ en fonction de l'origine des enquêtés

Les hommes d'origine ashkénaze attendent en moyenne 3 ans et demi avant d'entamer une procédure de *geṭ* (après le divorce civil), tandis que les hommes d'origine séfarade attendent en moyenne 2 ans et 4 mois.

En ce qui concerne les femmes, la différence n'est que de trois mois entre Ashkénazes et Séfarades, ce qui signifie que les femmes ont la même attitude à l'égard du *geṭ* une fois le divorce civil prononcé.

La différence d'environ un an entre les hommes ashkénazes et les hommes séfarades est révélatrice de l'attachement aux pratiques religieuses des uns et des autres. Pourtant, le chiffre le plus frappant est la moyenne de 2 ans et quatre mois écoulés entre le divorce civil et le divorce religieux chez les divorcés d'origine séfarade.

En effet, ce chiffre prouve que même au sein de la population considérée comme la plus pratiquante, le divorce religieux demeure un fait d'exception et sans doute un tremplin pour un second mariage. N'était l'imminence de ce second mariage, le *geṭ* n'aurait jamais été établi pour certains couples.

On pourrait cependant rétorquer que le fait de s'adresser au Consistoire pour divorcer religieusement – fût-ce vingt ans après le divorce civil – révèle qu'il demeure malgré tout, parmi les candidats au *geṭ*, un certain attachement à la tradition juive. En effet, quelles que soient leurs motivations, ces derniers finissent par s'adresser à des instances religieuses. En ce qui concerne les autres (ceux qui ne se présenteront jamais au Consistoire), on peut supposer que leur choix se porte sur un mariage civil, une union mixte, le concubinage ou même le célibat.

La complexité et la durée de la procédure du *geṭ* seraient-elles des facteurs rébarbatifs au point que tant de couples refusent de se plier au cérémonial du *geṭ* ?

15. Durée de la procédure du geṭ

Lorsque les deux conjoints sont d'accord pour établir un *geṭ*, le temps de la procédure est très bref : quelques jours sont nécessaires aux rabbins pour fixer un rendez-vous et pour réunir toutes les pièces du dossier.

Dans tous les cas cependant, les rabbins tentent toujours, même si le divorce civil a déjà été prononcé, une ultime tentative de réconciliation appelée le *shelom bayit* (la paix du foyer). Les rabbins estiment en effet que tant que le *geṭ* n'a pas été remis, l'espoir de voir le couple se réconcilier subsiste – particulièrement lorsque la femme est libre de toute autre union – d'autant que selon la loi juive, l'homme et la femme sont encore mariés à part entière.

Dans le cas où la procédure dure plusieurs mois, deux hypothèses sont à envisager : soit un contentieux fait diverger les ex-conjoints, soit le conjoint récalcitrant est parti (ou a fui) à l'étranger. Dans le meilleur des cas, si son adresse est connue et qu'il ne s'oppose pas au principe du *geṭ*, le tribunal rabbinique de la ville où il réside est contacté et la procédure est effectuée par mandataires interposés. Dans le cas où il se trouve à l'étranger et refuse de se prêter à la cérémonie du *geṭ*, la procédure peut durer longtemps, en dépit de l'intervention des rabbins.

Seuls 14% des couples enquêtés ont bénéficié d'une procédure extrêmement rapide, variant entre une semaine et un mois. Cette rapidité indique que les deux conjoints étaient d'accord sur le principe du divorce religieux.

Pour un couple sur deux, la procédure a duré entre deux et trois mois, ce qui représente en soi une durée assez courte si on la compare avec celle du divorce civil. Cette moyenne correspond au temps qu'il faut généralement pour entrer en contact avec un conjoint récalcitrant afin de le convaincre et obtenir de lui qu'il se présente au tribunal rabbinique.

Tableau 19: Durée de la procédure du *geṭ*

Durée de la procédure du *geṭ*	Nbre de couples	%	% cumulés
- d'1 semaine	12	2 %	2 %
1 sem. à 1 mois	62	12 %	14 %
1 à 2 mois	150	29 %	43 %
2 à 3 mois	53	10 %	54 %
3 à 4 mois	35	7 %	60 %
4 à 5 mois	24	5 %	65 %
5 à 6 mois	16	3 %	68 %
6 mois à 1 ans	70	14 %	82 %
1 à 2 ans	42	8 %	90 %
2 à 3 ans	17	3 %	93 %
3 à 4 ans	14	3 %	96 %
+ de 4 ans	21	4 %	100 %
Total	516	100 %	100 %

Pour presque 20% des couples, la procédure a une durée moyenne de six mois à deux ans.

Pour 4% d'entre eux, la procédure peut durer plus de quatre ans. Pour ceux-là, on peut supposer que l'opposition du conjoint récalcitrant était radicale pendant plusieurs années, avant qu'une solution n'ait été trouvée, ou que lui-même ait eu besoin du *geṭ* pour se remarier.

Il arrive fréquemment que le conjoint ayant pris l'initiative du *geṭ*, demande aux rabbins d'abandonner la procédure, pour l'entamer à nouveau, des mois voire des années plus tard.

Rappelons que lorsque l'un des conjoints réside à l'étranger au moment où il est convoqué par le tribunal rabbinique de son lieu de résidence, la procédure est plus longue que d'ordinaire. Dans le but de faciliter la procédure et sachant que la plupart des conjoints refusent d'effectuer

Graphique 3 : Durée de la procédure du *geṭ*

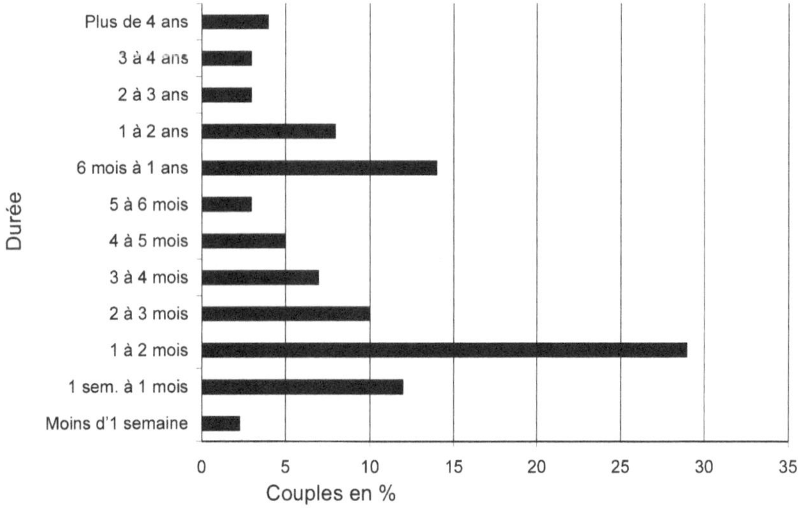

un long voyage pour la cérémonie du *geṭ*, les rabbins procèdent dans ce cas de figure à la rédaction et à la remise du *geṭ* par mandataires interposés et ce, à la condition *sine qua non*, que l'homme donne son accord.

Cette procédure déjà évoquée ici, prouve que pour que la femme soit « libre », tous les moyens autorisés par la loi sont mis en application, tant la cause semble importante. C'est ainsi par exemple, que des rabbins ont dû se déplacer en délégation dans des prisons pour y recueillir l'accord d'un détenu – divorcé civilement – afin qu'un *geṭ* fût rédigé et remis en bonne et due forme à son ex-épouse.

Il arrive également que les rabbins, prévenus par une femme que son époux s'apprête à quitter le pays, se rendent d'urgence en délégation sur les lieux où se trouve l'homme et lui demandent de se conformer à la loi juive en accordant le *geṭ* à son ex-épouse avant son départ.

Si ces pratiques s'avèrent exceptionnelles, elles n'en demeurent pas moins réelles et font partie des activités des rabbins exerçant au tribunal rabbinique de Paris.

Cette étude sur le divorce religieux en France m'a indirectement conduite à dégager des éléments d'information sur le mariage juif. J'ai pu ainsi établir le lieu du mariage des enquêtés, le choix du conjoint en fonction de son origine et la durée du mariage en fonction de cette origine.

Ce dernier point me semble particulièrement intéressant dans la mesure où jusqu'à présent, il n'avait jamais été possible de déterminer statistiquement un tel facteur.

16. Lieu de mariage des enquêtés

La très grande majorité des enquêtés (75%) se sont mariés à Paris et 5% seulement en province. Cette répartition correspond au lieu de résidence des enquêtés. Elle met cependant en relief une composante non négligeable de la judaïcité de province, qui – comme nous l'avons expliqué dans notre présentation sur la judaïcité et le judaïsme français – représente presque 50% de la population juive française.

Il est vrai qu'en province, le divorce est moins fréquent que dans la région parisienne à l'échelle nationale. En outre, les Juifs de province (contrairement aux Chrétiens de province)[71] sont globalement moins pratiquants, beaucoup plus assimilés et donc plus enclins aux mariages mixtes. On peut sans doute expliquer ce phénomène par la relative pauvreté des structures communautaires juives en province[72] et par l'éparpillement de très petites communautés à travers la France.

71 Dans une étude sur le divorce en France (à l'échelle nationale), il a été montré que « la pratique religieuse est la plus fréquente à la campagne et la moins fréquente dans l'agglomération parisienne ». *Cf.* A. Boigeol, *Le divorce et les français*, Paris, P.U.F, 1974, p. 5.

72 A l'exception des grandes communautés juives comme Strasbourg, Marseille, Nice, Lyon, Toulouse ou Bordeaux qui, par leur taille, bénéficient de nombreuses structures communautaires.

Tableau 20 : Lieu de mariage des enquêtés

Lieu de mariage des enquêtés	Nbre	%
Paris	380	75 %
Israël	49	9 %
Province	27	5 %
Tunisie	14	3 %
Maroc	17	3 %
Algérie	8	2 %
Europe Centrale et Orientale	2	0 %
Autres	15	3 %
Total	512*	100 %

* Sur 516 dossiers étudiés, seuls 512 indiquaient le lieu de mariage des enquêtés.

Dans un article publié en 1987, Dominique Schnapper[73] explique que les responsables des communautés juives provinciales estimaient à 50% le nombre de mariages mixtes conclus par des Juifs.

Dans une autre étude consacrée à la famille juive, Freddy Raphaël[74] écrivait en 1972, que dans la communauté juive de Strasbourg, pourtant connue pour la densité de sa vie culturelle et cultuelle et le nombre de ses institutions juives, le taux de mariages mixtes se situait autour de 40%.

Au sein de notre échantillon de population, 8% des enquêtés ont célébré leur union en Afrique du Nord. Il s'agit dans la plupart des cas des couples les plus âgés, c'est à dire ceux qui ont contracté leur mariage avant l'Exode des Juifs d'Afrique du Nord dans les années 1960.

73 Dominique Schnapper, « Mariage mixte et conversion ; le point de vue du démographe », *Les Nouveaux Cahiers* 88 (1987), p. 49.

74 Freddy Raphaël, « La famille juive menacée », *Les Nouveaux Cahiers* 27, (1971-72), p. 57.

Ces 8% comportent également un certain nombre de couples, souvent d'origine marocaine, qui, pour des raisons économiques et familiales célèbrent leur mariage au Maroc. (Rappelons qu'entre 3 000 et 4 000 Juifs vivent aujourd'hui encore au Maroc).

Dans le même esprit, 9% des couples enquêtés ont célébré leur union en Israël. Une étude statistique réalisée en mars 1998 par le rabbin responsable du statut personnel au Consistoire de Paris, montre qu'entre 1996 et 1998, 494 autorisations de mariage ont été délivrées à des couples souhaitant célébrer leur union en Israël. Les dates fixées pour ces mariages correspondent généralement aux périodes estivales.

On note enfin que seulement deux couples ont célébré leur union en Europe centrale ou orientale. Ce chiffre ne peut surprendre dans la mesure où seulement 2% de enquêtés sont nés dans cette partie de l'Europe.

17. Le choix du conjoint

Lorsque l'on se penche sur la question du divorce, on s'interroge sur le choix du conjoint des personnes enquêtées. Les attitudes à l'égard du divorce dépendent étroitement des attitudes à l'égard du mariage. Pour les sociologues de la famille, « étudier le divorce, ce n'est plus rechercher ses causes, c'est se pencher sur ses conséquences et se demander de quel mariage il est la rupture »[75].

En ce qui concerne notre échantillon de population, il s'agit certes dans tous les cas de mariages endogames au sens où tous les individus de notre échantillon sont juifs. Pourtant, il m'a semblé intéressant de pousser mon investigation en tentant de déterminer les composantes des couples en fonction de leur origine géographique. La diversité d'origine est rappelons-le, l'une des caractéristiques essentielles de la population juive de par le monde. Soulignons également que les enquêtés d'origine

75 Louis Roussel, « Mariages et divorces. Contribution à une analyse systématique des modèles matrimoniaux ». *Population* 6 (1980).

Graphique 4: Distribution des mariages en fonction de l'origine des conjoints

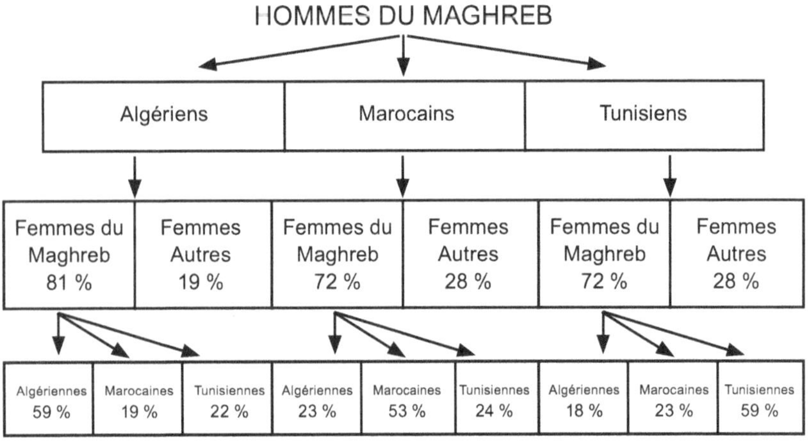

nord-africaine représente 80% de notre échantillon de population. J'ai donc recherché la distribution des mariages en fonction de l'origine géographique des couples[76].

La lecture de ce graphique montre que les mariages sont caractérisés par une tendance marquée à l'homogamie d'un point de vue géographique[77] : on se marie plus volontiers à l'intérieur de son propre groupe d'origine (géographique). Ce résultat est d'autant plus intéressant que rappelons-le, 93% des enquêtés se sont mariés hors d'Afrique du Nord.

76 L'origine des enquêtés traitée au § 4 a servi de point de départ à ce tri croisé.

77 Cette tendance est d'ailleurs une norme en sociologie : On a tendance à choisir un conjoint proche par l'âge, le milieu social et la localisation géographique. R. Hill, *Recent World Developments in Applied Family Sociology*, in Actes du 4e Congrès Mondial de Sociologie, Milan-Stresa, 8-15 septembre 1959, Association internationale de sociologie, 1959, vol. II, pp. 81-126. A. Girard, *Le choix du conjoint*, Paris, I.N.E.D, 1964.

Cela signifie que le choix du conjoint dans son propre groupe d'origine n'est pas imposé par la proximité géographique. Il correspond plutôt à la recherche d'une cohérence identitaire. Pour Alain Girard, « Les mécanismes qui président au choix du conjoint tendent à maintenir les structures anciennes »[78]. Cette affirmation s'applique avec acuité à la population juive séfarade qui, plus que tout autre, fait montre d'un attachement particulier aux traditions ancestrales, mais également aux traditions locales et à leur transmission. Cet attachement se manifeste plus que jamais lors d'un événement majeur engageant l'avenir des individus.

Examinons ce graphique :

75% des hommes originaires d'Afrique du Nord épousent des femmes du même groupe, soit 3 hommes sur 4. Les 25% restant épousent une femme d'une autre origine (ashkénaze ou une femme dont nous n'avons pu déterminer l'origine).

On remarque que la distribution des mariages diffère sensiblement d'un groupe à l'autre. Ainsi, les enquêtés originaires d'Algérie montrent une tendance à l'homogamie plus soulignée que les Marocains ou les Tunisiens. En effet, 81% des Juifs originaires d'Algérie épousent une femme originaire d'Afrique du Nord, contre 72% des Juifs marocains et 72% des Juifs tunisiens.

Il a été possible de décomposer encore le groupe des femmes originaires d'Afrique du Nord pour préciser davantage les tendances. Il apparaît nettement que la préférence aille dans plus d'un cas sur deux dans son propre groupe d'origine. Cette constante est commune aux trois groupes avec une préférence plus marquée pour une épouse du même groupe chez les hommes originaires d'Algérie ou de Tunisie.

Dans 60% des cas, les hommes tunisiens qui épousent une femme d'Afrique du Nord choisissent en effet une femme tunisienne. Les

78 A. Girard, *Le choix du conjoint, une enquête psycho-sociologique en France*, Travaux et documents de l'I.N.E.D., Paris, P.U.F, 2e éd., 1974.

hommes originaires d'Algérie qui épousent eux aussi une femme d'Afrique du Nord, la choisissent d'Algérie, dans 59% des cas.

Quant aux hommes qui épousent une femme d'Afrique du Nord n'appartenant pas à leur propre groupe, ils choisissent dans les mêmes proportions une femme appartenant à l'un des deux autres groupes. Par exemple : 19% des Juifs d'Algérie mariés à des femmes d'Afrique du Nord ont épousé une Marocaine et 22% ont épousé une Tunisienne.

A l'extérieur de leur propre groupe d'origine, les Tunisiens ont une légère préférence pour les femmes marocaines (23%) quand elles ne sont pas d'Algérie (18%).

En revanche, il semblerait que cette tendance à l'homogamie soit moins marquée chez les Marocains. En effet, seul un Marocain sur deux (53%), ayant épousé une femme d'Afrique du Nord a choisi une femme marocaine. Les 47% restant ont épousé indifféremment une Tunisienne (24%) ou une femme d'Algérie (23%). Malgré cette démarcation par rapport aux autres groupes nord-africains, il n'en demeure pas moins évident que le choix du conjoint ne relève pas du hasard mais plutôt d'un processus identitaire conscient ou inconscient qui aboutit – selon Joëlle Allouche-Benayoun – à un ajustement matrimonial. « L'individu qui se marie, monnaie objectivement et symboliquement, un certain capital personnel (valeurs économiques, culturelles, linguistiques, physiques) sur le marché matrimonial »[79].

A l'échelle nationale, de nombreuses études ont prouvé que l'homogamie géographique, professionnelle et culturelle était un facteur déterminant dans le choix du conjoint : « n'importe qui n'épouse pas n'importe qui, qui se ressemble s'assemble[80] ».

Ayant trait à un échantillon d'individus dont le mariage s'est soldé par un divorce, examinons à présent si le choix du conjoint d'après son origine géographique a une incidence sur la durée de vie du mariage.

79 Joëlle Allouche-Benayoun, « Couples mixtes et transmission », in *Femmes et judéité*, Actes des journées d'études, (9 avril et 18 novembre 1992), Paris, Inalco, pp. 83-91.

80 M. Bozon, F. Héran, *La découverte du conjoint*. I : *Evolution et morphologie des scènes de rencontre*, I.N.E.D., *Population* 6, (1987).

18. Durée du mariage en fonction de l'origine des conjoints

L'examen du tableau 21 montre que la durée du mariage varie considérablement en fonction de l'origine géographique des conjoints. Choisir son conjoint dans son propre groupe s'avère très judicieux puisqu'il apparaît clairement que les mariages homogames ont une durée moyenne supérieure aux mariages hétérogames.

Les mariages entre individus de même origine durent en moyenne quinze ans, ce qui correspond à la durée moyenne la plus longue. Si les mariages hétérogames ont effectivement une durée moyenne très inférieure, il faut souligner que certains d'entre eux durent deux fois moins longtemps que les mariages homogames : Tunisiens/Algériennes et Tunisiens/Marocaines, qui ne durent respectivement que 7 et 8 ans.

Il faut noter que tous les chiffres figurant à la périphérie du tableau (dernière ligne et colonne de droite), dans lesquels l'un des conjoints est ashkénaze, ne peuvent être significatifs tant ces types d'union sont peu fréquents dans l'échantillon de population qui nous intéresse. Prenons deux exemples : 1) Les mariages entre Polonais et Tunisiennes dont la durée moyenne ne dépasse pas six ans ne représentent que 2% de l'ensemble des mariages de notre échantillon. 2) A l'opposé, les unions entre Polonais et Algériennes dont la durée moyenne est de 14 ans, ne représentent que 0,7% des unions de notre échantillon.

Ces deux derniers chapitres consacrés au choix du conjoint et à la durée du mariage en fonction de ce choix, sont révélateurs de l'attitude des individus face à un choix de vie. Si la préférence pour une union homogame, qui se justifie *a posteriori* par sa durée relative n'est jamais véritablement avouée par les candidats au mariage, (car ce serait accréditer le concept que les couples ne sont pas fondés sur l'amour), les statistiques confirment que le choix du conjoint dans son propre groupe d'origine ne peut pas relever que du hasard. Rappelons que 93% des enquêtés se sont mariés hors d'Afrique du Nord et que le choix n'a donc pas été imposé par la proximité géographique des enquêtés.

Tableau 21: Durée moyenne du mariage en fonction de l'origine des conjoints

Origine des femmes / Origine des hommes	Algérie	Maroc	Tunisie	Europe (Ashkénazes)
Algérie	**15 ans**	12 ans	10 ans	9 ans
Maroc	9 ans	**14 ans**	12 ans	8 ans
Tunisie	7 ans	8 ans	**15 ans**	16 ans
Europe (Ashkénazes)	14 ans	9 ans	6 ans	**14 ans**

Alain Girard a montré que « près d'une fois sur deux, l'homme et la femme formant un couple sont, encore aujourd'hui, nés dans un même département[81] ».

Reprenons à notre compte la conclusion d'une enquête de M. Bozon et F. Héran visant à vérifier les hypothèses et approfondir l'étude des mécanismes du choix du conjoint : « La ‹foudre› quand elle tombe, ne tombe pas n'importe où[82] ».

19. Conclusion

Comme nous avons pu le constater, l'étude sociologique du divorce religieux au sein de la communauté juive française contemporaine est ardue et nécessite un certain nombre de précautions dont la plus difficile

81 M. Bozon, F. Héran, *L'aire de recrutement du conjoint,* Données sociales, I.N.S.E.E., 1987.

82 M. Bozon et F. Héran, *La découverte du conjoint. op. cit.*

consiste à éviter les simplifications réductrices. Tout au long de cette étude, j'ai pris garde de ne pas émettre de jugements *a priori*, pour ne pas fausser mes conclusions.

La communauté juive de France aux origines si variées, se répartit de façon irrégulière sur le plan géographique et offre à l'observateur de multiples facettes qui, pour être interprétées de façon cohérente et objective, impliquent de solides connaissances de l'histoire et des traditions juives.

En travaillant sur les dossiers de divorces établis entre 1993 et 1996, j'ai pu étudier un échantillon de population qui pour moitié, est née en Afrique du Nord. Cette donnée concernant le lieu de naissance m'a permis d'évaluer les composantes de la communauté juive et de les comparer avec des études beaucoup plus anciennes. Cette opportunité est d'autant plus importante et originale que dans quelques années, et dans une enquête identique, seule une infime minorité d'individus seront nés en Afrique du Nord pour laisser la majorité aux individus nés en France. Avec la multiplication des mariages mixtes et la baisse ou la stagnation des mariages, les composantes de la communauté juive seront dans quelques années beaucoup plus difficiles à déterminer qu'elles ne le sont aujourd'hui.

Comme je l'ai précisé dans l'introduction à cette photographie sociologique du divorce, je n'ai pu traiter que les dossiers de divorce ayant abouti. Les dossiers en instance n'ont pu être consultés pour plusieurs raisons. Ils sont pour la plupart incomplets et ne peuvent fournir de renseignements significatifs. Nombreux sont par ailleurs les dossiers qui ont été ouverts il y a plusieurs années sans que les initiateurs de la procédure aient jamais donné suite.

Peut-on alors qualifier de *'agunah*, ou femme abandonnée sans *geṭ*, une femme dont le dossier de divorce a été ouvert et dont personne ne se préoccupe, pas même la femme concernée ?

Il arrive fréquemment que la procédure soit abandonnée par le ou les conjoints et dans ce cas, le tribunal rabbinique ne peut les contraindre à régulariser leur situation. Il arrive également que la femme à l'origine de la procédure, renonce à l'obtention de son *geṭ*, parce qu'elle a changé de situation matrimoniale ou parce qu'elle n'est pas vraiment motivée par l'obtention du *geṭ* ou encore parce que le couple a repris une vie commune dans « l'intérêt » des enfants.

Face à tous ces cas de figure, on ne peut quantifier le nombre de *'agunot* en France. Cependant, le problème perdure et il représente la partie immergée de l'iceberg, celle qui constitue un véritable défi pour le judaïsme traditionnel ou orthodoxe. Sous la menace de voir se multiplier les femmes *'agunot*, les rabbins se hâtent aujourd'hui de conclure un divorce civil par un *geṭ*. C'est précisément la question délicate mais cruciale des *'agunot*, des *mamzerim*, et les solutions préconisées par les rabbins qu'il me tient à cœur d'aborder dans le troisième volet de cette étude.

Troisième partie

Les ʿ*agunot* ou les femmes victimes du déni de *geṭ*

Chapitre I

Les *'agunot* et les *mamzerim*

I. Introduction

Le déni de *geṭ* ou le refus par l'homme de délivrer un acte de divorce à son épouse, constitue un problème majeur non seulement pour les tribunaux rabbiniques, mais également pour les épouses qui en sont les premières victimes.

Abandonnées par un mari s'obstinant à leur refuser le *geṭ*, ou liées par le mariage à un homme malade, incapable physiquement ou intellectuellement de prendre une décision quelconque, ou encore mariées à un homme ayant disparu sans laisser de trace, ces femmes sont condamnées au célibat forcé. Les rabbins les qualifient de *'agunot*[1], littéralement: «ancrées», tel le bateau amarré dans un port, dans l'impossibilité de prendre le large tant qu'il n'a pas levé l'ancre.

Demeurant liée malgré elle à un mari absent, la *'agunah* ne peut sous peine d'adultère, s'unir à un autre homme. Ni veuve ni divorcée, elle demeure mariée à part entière, jusqu'à ce que la mort de son mari soit formellement établie ou jusqu'à ce qu'il consente à la libérer par le divorce.

1 Le terme *'agunah* trouve son origine dans *Ruth* 1, 13: «Ha lahen te'agennah le-vilti heyot le-'ish»: «Vous attacheriez-vous à eux en n'épousant personne d'autre».

De tout temps, les *'agunot*, ont suscité la plus vive des compassions auprès des rabbins, et leur statut a fait l'objet d'une vaste littérature rabbinique visant à résoudre des situations douloureuses[2].

Pour mieux saisir l'enjeu de la question, une brève digression liée à la problématique du divorce s'impose ici. Cette problématique se résume en deux points :

1. Le droit hébraïque distingue deux types de commandements : les commandements d'origine biblique (en araméen *de-'orayta'*) et les commandements d'origine rabbinique *(de-rabbanan)*. Les premiers sont caractérisés par leur immuabilité et leur rigidité qui, de surcroît, ne peuvent faire l'objet d'aucune controverse. Quant aux seconds, composés notamment de décrets rabbiniques *(gezerot)* ou d'ordonnances *(taqqanot)* ils visent à sauvegarder l'ordre social (*tiqqun ha-'olam*) et invitent à une plus grande souplesse de la part des rabbins. Ainsi, lorsqu'une polémique s'instaure entre Sages sur la façon de traiter un problème juridique, le principe suivant est appliqué : « S'il s'agit d'un commandement d'origine biblique, adopte l'attitude la plus rigoureuse et s'il s'agit d'un commandement d'origine rabbinique, adopte l'attitude la plus accommodante »[3]. Ce principe ne signifie pas pour autant que les commandements d'origine rabbinique soient relégués au second plan. Les rabbins accordent en effet autant d'importance à leurs décisions qu'à celles de la *Torah*. Pourtant, lorsqu'il s'agit de trancher sur un cas – objet de controverses – les rabbins eux-mêmes ont fixé l'attitude à adopter[4].

2 Shlomo Riskin, *Women and Jewish Divorce, The Rebellious Wife, the Agunah and the Right of Women to Initiate Divorce in Jewish Law. A Halakhic Solution,* New York, Ktav Publishing House, 1989.

3 *'Avodah Zarah*, 7a ; Menahem Elon, *op. cit.*, p. 189.

4 Menahem Elon, *op. cit.*, p. 197.

2. L'origine biblique des lois sur le divorce constitue le handicap majeur des rabbins. Rappelons que le Deutéronome 24 : 1 ne prévoit que le seul cas où le mari souhaiterait répudier son épouse : « Quand un homme aura pris une femme et cohabité avec elle ; si elle cesse de lui plaire, parce qu'il aura remarqué en elle quelque chose de malséant, il lui écrira un libelle de divorce [...] ». Ce texte ne présentant aucune ambiguïté possible, (en l'occurrence, une ambiguïté eut été souhaitable pour aider les rabbins à l'interpréter avec plus de souplesse), il en ressort que nul ne pourrait contraindre un homme à répudier son épouse, pas même un tribunal rabbinique. En la matière, celui-ci ne fait qu'exécuter les ordres du mari et ne peut se substituer à lui. Il n'a droit à aucune autre prérogative que celle de faire établir un *geṭ* en conformité avec la *halakhah.* C'est même l'un des rares cas où le tribunal se voit réduit à une telle impuissance.

Quelle conséquence une telle situation entraîne-t-elle ? Si un homme refuse de délivrer le *geṭ* à son épouse, nul ne peut l'y contraindre *a priori.* Cette incapacité provient de l'origine biblique du commandement sur le divorce *(de-'orayta')* : Puisqu'il s'agit de juger un cas explicitement envisagé par la *Torah*, les rabbins ne peuvent qu'adopter « l'attitude la plus rigoureuse ». Telle est donc la problématique du divorce religieux et le point de vue des rabbins fidèles à une tradition orthodoxe.

Malgré la volonté farouche des rabbins de porter secours aux femmes victimes du déni de *geṭ* et face aux impératifs de la *halakhah*, ceux-ci demeurent impuissants à résoudre efficacement leur problème. Telle est la raison pour laquelle, la question des *'agunot* reste à ce jour insoluble. La sécularisation de nos sociétés ainsi que la progression spectaculaire du nombre des divorces à travers le monde n'ont fait qu'accroître le problème et multiplier le nombre de femmes victimes du déni de *geṭ.*

Dans le présent chapitre, je tenterai dans un premier temps d'expliquer concrètement pourquoi ces femmes suscitent tant d'intérêt. Dans un second temps, je brosserai l'historique des tentatives des rabbins de différentes obédiences pour tenter de résoudre cette difficulté épineuse en France et dans les principales communautés juives à travers le monde.

II. Intérêt des rabbins pour les *ʿagunot*

Le problème engendré par la situation de *ʿaginut* (abandon) est rarement circonscrit aux seules femmes concernées. Si tel était le cas, les conséquences seraient relativement limitées. Lorsque les *ʿagunot* sont encore jeunes et susceptibles de mettre au monde des enfants, l'enjeu du problème est d'une toute autre nature. La naissance d'enfants nés de femmes réputées adultères ébranle tout le système de la filiation, risque de provoquer le désordre institutionnel et de remettre en cause l'équilibre social et familial tant défendu par les rabbins.[5]

L'enfant illégitime, qui naîtrait d'une liaison entre une *ʿagunah* et un autre homme que son mari est qualifié de *mamzer*, car au moment de sa conception, sa mère n'est pas libérée de son premier mari et ne peut donc s'unir légalement avec le père de l'enfant[6]. De ce fait, selon la Torah, le *mamzer* est exclu, ainsi que toute sa descendance, de la *Communauté du Seigneur* pour des générations[7]. Son statut de *mamzer*, tare suprême s'il en est dans le Judaïsme, est d'autant plus lourd à porter qu'aucune faute personnelle ne lui est imputée. Il porte en lui la responsabilité de ses parents et particulièrement celle de sa mère : « Les parents ont mangé du verjus et les dents des enfants en ont été agacées »[8].

Si la *ʿagunah* était seule mise en cause, son cas aurait peut-être suscité un intérêt moindre. C'est précisément parce qu'elle engage avec elle sa descendance et à travers elle, la communauté toute entière, que son cas

5 M. Chigier, « Ruminations over the Agunah Problem », *The Jewish Law Annual* 4 (1981), The Netherlands, Leiden E. J. Brill, p. 207.

6 Il convient de préciser ici que l'enfant né d'une femme célibataire est légitime selon la loi juive (*'Even ha-ʿezer* 4 : 26). « L'enfant naturel » dans le sens que lui donne le Code civil est un concept inconnu du droit hébraïque.

7 « L'enfant illégitime ne sera pas admis dans l'Assemblée du Seigneur ; sa dixième génération même ne pourra pas y être admise ». (*Deutéronome* 23, 3).

8 *Jérémie* 31, 28-29 ; *Ezekiel* 18, 2.

préoccupe autant les rabbins. Ces derniers se sentent en outre investis d'une lourde responsabilité à l'égard des enfants *mamzerim*, dans la mesure où aux yeux d'un large public non averti, les rabbins sont tenus pour responsables du statut de parias que la Torah – dont ils sont les représentants – leur a irrémédiablement infligé.

Rappelons au préalable que les enfants nés d'un inceste sont également qualifiés de *mamzer*,[9] mais leur cas – pourtant critique – ne retient pas autant l'attention des rabbins. Il est vrai que les cas d'inceste sont peu fréquents et ne sucitent qu'horreur et aversion dans la tradition juive. En outre, les enfants nés d'un inceste ou même d'un adultère classique[10] ne sont généralement pas identifiés comme tels. Un voile pudique dissimule généralement leur véritable ascendance et ils bénéficient de surcroît de la présomption de paternité: «Les enfants nés pendant le mariage ont pour père le mari, et ce, quand bien même l'opinion publique désignerait la mère comme adultère»[11].

En revanche, l'ascendance d'un enfant adultérin, de mère réputée *'agunah*, est quant à elle, difficile à dissimuler. Tôt ou tard, ces enfants ont à dévoiler leur identité ou peut-être même à la découvrir eux-mêmes s'ils l'ignorent. Ainsi, les femmes qui depuis plus d'un siècle, se contentent d'un divorce civil de gré ou de force, ignorent sans doute l'importance que revêt le *geṭ* et les conséquences d'une liaison qui demeure extra-maritale aux yeux de la loi juive. Car comment expliquer autrement leur responsabilité dans le statut de leur enfant?

9 Les unions interdites sont répertoriées en *Lévitique* 18, 6-23; *'Even ha-'ezer* 15: 1-31.

10 Lorsque la femme a une liaison extra-conjugale alors qu'elle partage encore sa vie avec son mari.

11 *'Even ha-'ezer* 4: 15. L'article 312 du Code civil prévoit à son tour, que «l'enfant conçu pendant le mariage a pour père le mari». Le *Shulḥan 'Arukh* stipule en outre que: «La femme mariée, qui déclare que son enfant n'a pas pour père son mari, n'est pas digne de foi. Cette déclaration ne peut suffire pour rendre l'enfant *mamzer*. En revanche, si un père déclare que son enfant n'est pas de lui, il est digne de foi et l'enfant est déclaré *mamzer*». *'Even ha-'ezer* 4: 29.

On peut à juste titre se demander pourquoi, face à ce fléau qui s'abat sur les communautés juives du monde entier, aucune résolution émanant de rabbins traditionalistes ou orthodoxes, ne soit adoptée pour résoudre le problème des *'agunot* et celui des *mamzerim.*

Le corps rabbinique dans son ensemble en est pourtant unanimement conscient et connaît mieux que quiconque l'acuité du problème qui se pose à lui. En Israël, où la loi mosaïque est appliquée à ce jour, son enjeu est devenu politique. Ailleurs, partout où le divorce civil est devenu le divorce officiel des non juifs comme des Juifs, nous connaissons les conséquences fâcheuses d'un divorce sans *geṭ*. Il semblerait que si aucune solution rabbinique admise, reconnue et appliquée par l'ensemble des communautés juives n'est envisagée, les rabbins se trouveront dans une impasse et se verront confrontés dans une quinzaine d'années à des conflits inextricables.

Pourtant, force est de constater qu'au cours des siècles, les rabbins de toutes tendances n'ont pas ménagé leurs efforts pour tenter de résoudre les conflits liés à l'immuabilité des lois bibliques du divorce et à l'inadéquation entre le divorce religieux et le divorce civil apparu dans nos sociétés à la fin du XVIIIe siècle.

Chapitre II

Apparition du divorce civil et conflits de lois

I. Projets des rabbins pour résoudre les problèmes liés à l'apparition du divorce civil

Dès l'apparition du divorce civil en France, le nombre croissant de femmes qui ne demandèrent ou n'obtinrent pas leur *geṭ* et qui néanmoins contractèrent un mariage civil, commença à alerter les rabbins français. Ces derniers furent confrontés à une question urgente : Comment éviter la multiplication des *mamzerim*, causée par l'inadéquation entre les exigences de la *halakhah* et le nouveau statut juridique des Juifs ?

Outre les problèmes suscités par le divorce civil, le mariage civil obligatoire fit également l'objet de nombreuses consultations rabbiniques au sein du judaïsme français. Les Juifs d'Algérie, collectivement naturalisés français en 1870 par le décret Crémieux, connurent également les vicissitudes et les contradictions liées à leur nouveau statut juridique. Les autorités civiles de l'Etat ne reconnaissant que le mariage civil et n'accordant à l'acte de mariage religieux qu'une valeur symbolique, menacèrent de condamner les rabbins à une amende, s'ils célébraient des mariages religieux sans procéder au préalable au mariage civil. Obéissant aux nouvelles lois civiles de l'Etat, les rabbins d'Algérie, plus particulièrement ceux d'Alger, allaient dans le sens de la modernité[1].

1 Abraham Enkaoua, *Kerem ḥemer*, Livourne, vol. I, 1862-1871, cité par Joseph Charvit, *Elite rabbinique d'Algérie et modernité, 1750-1914*, Jérusalem, éd. Gaï Yinassé, 1995.

Faute de pouvoir freiner le pouvoir des maris récalcitrants au *geṭ*, les membres du Consistoire Central d'Alger et leur président Salomon Honnel adoptèrent plusieurs mesures comme en témoigne la lettre adressée au Grand rabbin de France Zadoc Kahn, en date du 17 octobre 1900 :

Monsieur le Grand rabbin,
A la date du 17 février 1889, en accord avec le Consistoire Central, le Consistoire d'Alger avait pris la décision suivante :

Quiconque refusera le geṭ ou la ḥaliṣah sera privé de tout honneur religieux. Les geba'im et les ḥaberim auront défense de lui faire les visites de circonstance. S'il marie sa fille, on ne fera pas l'adoua[2]*. Il n'approchera jamais le Sefer Torah et aucune miṣvah ne lui sera vendue. En cas de décès, les derniers honneurs ne lui seront pas rendus. Ces dispositions sont applicables aux parents des récalcitrants lorsqu'ils donneront leur consentement au mariage de ces derniers avant le geṭ ou la ḥaliṣah* [...]
Salomon Honnel

Le grand rabbin du Consistoire Central des Juifs de France et d'Algérie, Lazare Izidor, revendiqua dans sa lettre pastorale de 1873, l'application du droit français au sujet du mariage[3].

Les rabbins d'Algérie qui exerçaient « sur le terrain » – étaient extrêmement sceptiques quant à l'application du nouveau statut juridique des Juifs. En effet, si un homme contractait un mariage religieux, puis abandonnait son épouse et contractait un mariage civil avec une autre femme, la première – épousée religieusement – ne pouvait espérer l'aide de la justice française puisqu'elle était considérée comme célibataire. Si l'époux persistait à lui refuser le *geṭ*, elle risquait par la suite de mettre au monde des enfants *mamzerim*. Quant à la seconde épouse, elle était

2 Visite de courtoisie et félicitations à la jeune mariée par les membres de la communauté.

3 Robert Attal, « Le Consistoire de France et les Juifs d'Algérie, lettre pastorale du rabbin Lazard Izidor, 1873 », *Michaël V.*, (1978), pp. 9-16.

considérée par les autorités rabbiniques comme une maîtresse, puisque le mariage religieux n'avait pas été célébré.

Quelques mois après la loi du 27 juillet 1884, rétablissant le divorce en France, Moïse Netter, rabbin de Médéah en Algérie, proposait la suppression définitive du *geṭ* pour le remplacer par le divorce civil, au nom de l'adage talmudique *Dinah de-malkhuta' dina*, « La Loi du royaume est la Loi »[4]. Il proposait que le *geṭ* fût supprimé de la même façon que la cérémonie de la *ḥaliṣah* avait remplacé le Lévirat. Il préconisait également la réunion d'un grand Sanhédrin, chargé de réviser la législation rabbinique relative au *geṭ*. Ses deux propositions furent catégoriquement rejetées.

Suite au projet du rabbin Netter et aux nombreux débats qu'il suscita au sein du rabbinat français, le rabbin Michel-Alexandre Weill publia un article dans lequel il appuyait la requête du rabbin Netter et suggérait une plus grande souplesse à l'égard des *'agunot*. A cet effet, il préconisait la suppression du *geṭ* puisque « le divorce civil n'était accordé que dans des circonstances et pour des faits d'une certaine gravité, égale pour ne pas dire supérieure à celle qui provoque le divorce religieux »[5]. Son second argument était fondé sur le Talmud, lequel envisage la possibilité de contraindre un mari récalcitrant à délivrer le *geṭ*, en vertu du principe qu'un homme désire au fond de lui-même se conformer à la volonté des Sages – et ce, même s'il le nie – mais poussé par un instinct de revanche, il s'y oppose farouchement en refusant le *geṭ* à son épouse[6]. Cette référence au Talmud justifiait, selon Michel-Alexandre Weill, que l'on se passât du *geṭ* si l'homme refusait de s'y conformer, pour éviter à la femme le statut de *'agunah*. Ainsi, un divorce prononcé par un tribunal civil serait considéré comme un *geṭ*, même si celui-ci n'avait pas été établi conformément aux règles de la Loi de Moïse et d'Israël.

4 *L'Univers Israélite* 2, (1885), pp. 35-38.
5 *L'Univers Israélite* 4 (1885), pp. 101-103.
6 *Mishneh torah, Hilkhot gerushin* 2 : 20.

La proposition du rabbin Weill prétendait rester dans le cadre de la *halakhah* et ne souhaitait en aucun cas se ranger aux idées des réformistes de l'époque[7].

Le Grand rabbin de France de l'époque, Lazare Izidor qui occupa cette fonction de 1867 à 1888 se montra très intéressé par cette proposition et la soumit aux autorités rabbiniques étrangères dans une lettre datée du 20 décembre 1885. Interpellées par ce qu'elles estimaient être une hérésie, de nombreuses autorités rabbiniques parmi lesquelles figuraient le rabbin Naftali Tswi Yehudah Berlin, plus connu sous le nom de Netsiv, ainsi que le rabbin Hildesheimer de Berlin réagirent si violemment à la proposition du rabbin M. A. Weill que celle-ci demeura sans suite.

En juillet 1907, le Grand rabbin Lehmann proposait à son tour qu'au moment des *qiddushin*, le mari stipule qu'il se marie à condition qu'aucun tribunal civil ne vienne jamais prononcer le divorce car dans le cas contraire, le mariage serait nul et non avenu. En fait, le Grand rabbin Lehmann ne faisait que reprendre la proposition faite par le Grand rabbin Elie Hazan d'Alexandrie[8] initialement consulté par les rabbins français. Celui-ci suggérait d'introduire une clause au moment du mariage stipulant que le mariage serait nul rétroactivement dans le cas où les juges du pays en auraient décidé ainsi[9].

La proposition du Grand rabbin Hazan était pourtant fondée sur l'autorisation du célèbre décisionnaire rabbinique R. Moshe Isserles, à l'autorité incontestée. S'appuyant sur les propos de ce dernier, le Grand rabbin Hazan montrait qu'il était possible dans des cas de force majeure, d'émettre une clause avec valeur rétroactive dans les *qiddushin* dont le texte serait le suivant : « Te voici mariée, sauf pour le cas où les juges du

7 Zeev Falk, *Tevi'at gerushin mi-ṣad ha-'ishah be-dine Yisra'el,* Jerusalem, Institute for Legislative Research and Comparative Law, 1973, pp. 28-33.

8 Elie Hazan fut Grand rabbin d'Alexandrie de 1888 à 1908.

9 E. Hazan, *Ta'alumot Lev*, Vol. 3, resp. 49.

pays prononceraient notre divorce et que je refuse de te donner le *geṭ* selon la loi de Moïse et d'Israël. Dans ce cas, les *qiddushin* n'auraient plus aucune valeur »[10].

Précisons néanmoins que R. Moshe Isserles ne préconisait cette clause rétroactive que dans le cas où un homme aurait des frères apostats et qu'il craindrait de voir son épouse tomber sous le coup du Lévirat *(yibbum)* s'il mourait sans descendance[11]. Par cette clause, le mariage serait annulé rétroactivement et protégerait ainsi la veuve du statut de *'agunah* au cas où ses beaux-frères refuseraient de pratiquer la cérémonie de la *ḥaliṣah* pour la libérer. Le rabbin Weill omettait sans doute que R. Moshe Isserles ne préconisait cette solution que pour libérer la femme de ses beaux-frères, non d'un mari encore en vie. En fait, l'argument majeur des autorités rabbiniques consultées peut se résumer ainsi : Il est formellement interdit d'émettre une condition quelconque au mariage, les rapports conjugaux supposant de la part des protagonistes, un engagement total, définitif et sans condition[12]. Et quand bien même l'époux émettrait une clause lors du mariage, il faudrait que deux témoins dignes de foi mettent l'époux en garde contre toute annulation implicite de cette clause au moment de la consommation du mariage, afin que cette clause prît effet. Or, ceci n'est pas possible en France où la culture ne permet pas ce genre de pratique.[13]

Le rabbin Yehudah Lubetski, rabbin de la communauté des immigrants russes, polonais et roumains à Paris, réagit en déclarant que l'annulation rétroactive du mariage allait à l'encontre de la Torah puisque désormais, ce ne serait plus le mari qui accorderait le divorce mais des tiers qui prononceraient la dissolution du mariage[14].

10 Yehudah Lubetzki, *En tna'y be-nissu'in*, Vilna, 1930.

11 Sur la *ḥaliṣah* et le *yibbum* *Cf.* p. 76 note 68.

12 Daniel Dahan, *Le mariage à clause résolutoire dans le droit rabbinique*, (Mémoire), Paris, Ecole Pratique des Hautes Etudes, Section Sciences Religieuses, 1993, p. 11.

13 *Ibid.*, p. 12.

14 Henri Kahn, « Mariage sans condition », *Kountrass* 43, novembre-décembre 1993, p. 17.

Le Grand rabbin de France Zadoc Kahn s'adressa néanmoins à différentes autorités rabbiniques pour leur soumettre ce projet, mais il fut rejeté sans appel pour non-conformité à la *halakhah* par le Grand rabbin Isaac Elḥanan Spector de Kovno[15] – autorité rabbinique incontestée – ainsi que par d'autres maîtres, ce projet faisant fi des lois du Talmud stipulant que le *geṭ* ne pouvait être remis à la femme que par la seule volonté du mari, qu'il devait être rédigé selon une procédure bien précise et signé par des témoins juifs dignes de foi. Or, la Loi Naquet de 1884 sur le divorce autorisait aussi bien l'homme que la femme à obtenir le divorce sans le consentement du conjoint, ce qui s'opposait radicalement à la *halakhah*.

Après le décès du Grand rabbin Zadoc Kahn, « l'Union des rabbins français » décida en 1907 de mettre en application leur projet d'un mariage à clause résolutoire et se fixait un délai de six mois pour l'appliquer.

Dans un article virulent[16], le rabbin Moshe Weitskopf de la communauté orthodoxe de la rue Cadet, réagit pour sa part en dénonçant une telle pratique qui selon lui, était le fruit d'une certaine décadence religieuse au sein du rabbinat français et de la communauté juive. Il soulignait notamment que l'introduction d'une clause dans la formule du mariage contribuerait à discréditer l'institution du mariage. Il ajoutait par ailleurs que la jurisprudence d'une clause n'était admise qu'exceptionnellement, dans les cas où la femme aurait des beaux-frères apostats, mais cette clause ne pouvait être étendue à tous les mariages.

La question suscita également une vive réaction parmi les rabbins orthodoxes de France et d'autres pays alertés par le rabbin Yehudah Lubetski. Parmi ceux qui, par voie épistolaire, manifestèrent leur opposition au projet français, figuraient les grands décisionnaires R. David Friedman de Karlin, le rabbin Hayim 'Ozer Grodzinsky et le rabbin Hayim Soloveitchik de Brisk. Le rabbin Yehudah Lubetski compila alors

15 Isaac Elḥanan Spector de Kovno (1801-1896), rabbin à Kovno et à Novardok était connu pour son action en faveur des *'agunot* et sa faculté à trancher en leur faveur quand il était sollicité.

16 *L'Univers Israélite* 43 (12 juillet 1907), pp. 524-527.

un recueil connu sous le nom de *'En tna'y be-nissu'in*, (« Pas de condition au mariage ») qui regroupait les arguments incisifs des différents rabbins opposés à ce projet[17].

Le baron Edmond de Rothschild, alors président du Consistoire Central mit définitivement un terme à ce projet, lorsqu'il fut alerté par ces autorités rabbiniques à l'étranger des conséquences de cette réforme sur les relations de la communauté juive française avec les autres communautés juives à l'étranger. Opposés à cette réforme, ces rabbins menaçaient très sérieusement d'interdire les mariages entre les membres de leurs communautés et les enfants issus de ces mariages avec clause résolutoire, ces derniers étant considérés par eux comme des *mamzerim*[18].

La difficulté n'ayant pas été résolue, un émissaire d'*Eretz Israël* – le rabbin Ben-Sion Alkalaï, en visite en Algérie, fut sollicité en 1912 pour tenter de trouver une solution[19] . Celui-ci proposa que le fiancé remette, au moment des *qiddushin*, une autorisation de rédaction de *geṭ*. Ainsi, un tribunal rabbinique serait investi du pouvoir d'écrire le *geṭ* en cas de divorce civil[20]. Cette proposition fut également rejetée avec force et ne fut pas diffusée de son vivant.

La première guerre mondiale posa à nouveau le problème du *geṭ* avec encore plus d'acuité. Beaucoup d'hommes quittèrent leur foyer et leur ville et il devint difficile pour les rabbins de porter secours aux *'agunot*, ces femmes restées sans nouvelle de leur mari.

Les rabbins de Constantinople proposèrent alors en 1924 d'instituer une clause aux *qiddushin*, prévoyant d'annuler rétroactivement les *qiddushin* eux-mêmes en cas de divorce civil, afin d'éviter à la femme le risque de devenir *'agunah*. Mais une fois de plus, une telle suggestion fut rejetée et le débat se poursuivit.

17 Voir Zeev Falk, *op. cit.*, p. 27.

18 *L'univers Israélite* 49 (21 août 1908), pp. 714-717.

19 Sur l'annulation du mariage et les consultations rabbiniques en Algérie, voir J. Charvit, *Elite rabbinique d'Algérie et Eretz Israël au XIX*e *siècle, Tradition et Modernité*, Thèse de doctorat, Inalco, 1999, pp. 177-197.

20 Ben-Sion Alkalaï, *Taqqanot 'agunot*, manuscrit, Alger, 1911.

Le rabbin Y. M. Tolédano, Grand rabbin séfarade de Tel-Aviv (puis ministre des Cultes) et le Grand rabbin B. T. Ouziel, Grand rabbin séfarade d'Ereṣ Israël avancèrent tous deux des propositions semblables à la précédente. Deux autorités rabbiniques ashkénazes suggérèrent pour leur part, une prise de position universelle des rabbins pour résoudre le problème des *'agunot*. L'un d'eux, le Grand rabbin Kaltkin surnommé le « génie de Shaklov », qui fut le président du tribunal rabbinique de Lublin et qui passa les sept dernières années de sa vie à Jérusalem (de 1925 à 1932), suggérait d'inclure dans la cérémonie du mariage, une autorisation de rédaction de *geṭ*, afin de donner pleins pouvoirs au tribunal rabbinique, ceci dans le but d'éviter aux femmes le statut de *'agunot*[21]. A l'instar des autres solutions préconisées, celle-ci fut rejetée.

21 *Milu'e 'Even*, § 29.

Chapitre III

Les propositions américaines au problème des *'agunot*

A la même époque, le rabbin Henkin de New York, l'un des dirigeants de l'Union des rabbins orthodoxes des Etats-Unis prit une initiative similaire. Il soulignait que le problème des *'agunot* nécessitait une *taqqanah* universelle et non des solutions individuelles. Pour ce faire, il invitait tous les Sages de l'époque à se réunir pour prendre des résolutions qui auraient force de loi.

Le rabbin Henkin suggérait qu'au moment des *qiddushin*, le fiancé donnât pleins pouvoirs au tribunal rabbinique de Jérusalem afin d'écrire un *geṭ* en son nom, au cas où cela s'avérerait nécessaire, considérant ce *geṭ* comme un *geṭ piṭṭurin*[1] pour le distinguer d'un *geṭ* traditionnel rédigé sur l'ordre du mari. Il offrit également deux versions différentes de *geṭ* pour marquer une nette différence entre les deux cas. En fait, le rabbin Henkin suggérait sans même le savoir, le même nom que les Caraïtes attribuaient à leur *geṭ* depuis des siècles.[2]

1 Littéralement : *geṭ de* « libération ».
2 Z. Falk, *op. cit.*, pp. 24-25.

I. Résolution adoptée par les rabbins *conservative* américains

Face aux revendications de plus en plus pressantes des mouvements de femmes juives, l'assemblée des rabbins *Conservative* aux Etats-Unis décida d'adopter l'opinion du rabbin Henkin.

En 1930, le rabbin Juda Leïb Epstein avança à son tour l'idée que le fiancé mandatât sa fiancée pour faire rédiger un *geṭ* si le tribunal rabbinique jugeait son abandon injustifié[3]. Cet avis fut également rejeté.

Quand en 1935, le mouvement *Conservative* américain décida de mettre en application les thèses du rabbin Henkin, les mouvements orthodoxes d'Amérique et de Pologne s'élevèrent et menacèrent d'excommunier tout rabbin coupable de célébrer de tels mariages. En conséquence, le rabbin Henkin dut se dédire publiquement.

L'opposition si violente provoquée par le projet du rabbin Epstein découragea – et ce jusqu'à nos jours – toute initiative en vue de résoudre le problème des *'agunot*, du moins dans les milieux traditionalistes et orthodoxes.

La raison principale résidait dans le manque absolu de confiance que nourrissaient les rabbins orthodoxes envers les rabbins *Conservative.* Les premiers reprochaient aux seconds leur laxisme en matière de *halakhah* et leur apparente tendance à vouloir détruire les fondements de la religion. Par conséquent, toute initiative émanant de leurs rangs étaient toujours évaluée avec défiance et réserve.

En 1945, le Docteur Abraham Haïm Freiman publia un ouvrage[4] dans lequel il examinait toutes les solutions proposées jusqu'alors et s'adressant au Grand rabbinat d'Israël[5], il l'exhortait à user de son autorité pour

3 Y. L. Epstein, *Li-she'elat ha-'agunah*, New York, Ginsberg Linotoping Company, 1940.

4 A. H. Freiman, *Seder qiddushin ve-nissu'in*, Jérusalem, Mossad Harav Kook, 1945.

5 Zeev Falk, *op. cit.*, p. 30.

imposer des mesures. Le livre fut reçu favorablement mais n'entraîna aucune décision.

Avec la création de l'Etat d'Israël, la nécessité de trouver une solution s'imposa à nouveau. Le ministre des Cultes, le rabbin Y. L. Maïmon émit l'idée de l'instauration d'un Sanhédrin qui résoudrait les problèmes de cette gravité. Cette nouvelle initiative fut rejetée à nouveau par ses confrères.

II. La Clause Lieberman

En 1954, l'assemblée des rabbins *Conservative* soumit alors des propositions qui concerneraient seulement les Etats-Unis. Celle-ci instaura une clause prénuptiale telle que l'avait conçue le rabbin Saul Lieberman du Jewish Theological Seminary. La «clause Lieberman» stipulait que le couple s'engageait au moment du mariage à prendre conseil en cas de désaccord, auprès du tribunal rabbinique central du mouvement *Conservative.* Elle stipulait en outre, qu'en cas de conflit au sujet du *geṭ*, les deux parties s'en remettraient aux décisions du tribunal rabbinique. En outre, si l'un des conjoints refusait d'obtempérer, il serait condamné à verser à l'autre, une somme d'argent fixée par le tribunal rabbinique. Le cas échéant, le conjoint lésé aurait recours à une juridiction civile pour obtenir réparation[6]. Les rabbins orthodoxes rejetèrent évidemment l'introduction à la *ketubbah* d'une telle clause, mais la cour d'Appel de New York fit pourtant appliquer la «clause Lieberman» dans un jugement prononcé en 1982[7].

6 Rivon Krygier, *La loi juive à l'aube du XXIe siècle*, Paris, Ed. Messer, 1995, p. 57.
7 Irwin Haut, *Divorce in Jewish Law and Life*, New York, Sefer-Hermon Press, 1983, pp. 67-84.

En 1966, le Professeur Eliezer Berkovits publia à son tour un ouvrage[8] dans lequel il proposait l'instauration d'un « mariage conditionnel ». Son idée différait de celle du rabbinat français. Selon lui, les clauses du mariage impliqueraient, en cas de divorce, les juridictions civiles et religieuses. Le mari stipulerait donc au moment du mariage qu'au cas où il refuserait de se soumettre à la demande du tribunal rabbinique de délivrer le *geṭ*, le mariage serait nul rétroactivement. A l'instar des tentatives infructueuses précédentes, celle-ci fut rejetée.

Après la guerre des Six-Jours en 1967 et lors de la disparition de soldats israéliens, l'assemblée des rabbins *Conservative* adopta définitivement – sous l'impulsion du rabbin B. Z. Kreitman[9] – l'institution d'un accord prénuptial prévoyant l'annulation rétroactive du mariage en cas de divorce civil. Le texte de cet accord est le suivant :

Le [...] (date juive) *qui correspond à* [...] (date civile) *à* [...] (ville et pays), *le fiancé, M. Untel et la fiancée, Mademoiselle Unetelle ont conclu de leur plein gré, l'accord suivant concernant leur mariage :*

Je te sanctifie et te prends pour épouse selon la loi de Moïse et d'Israël conformément aux conditions suivantes :

Si notre mariage est rompu par un jugement du tribunal civil et si dans les six mois qui suivent ce jugement, je te délivre un geṭ selon la loi de Moïse et d'Israël, les qiddushin et le mariage conclus entre nous, seront fermes et définitifs.

En revanche, si au bout de six mois à partir de ce jugement civil, je ne te remettais pas le geṭ selon la loi de Moïse et d'Israël ; les qiddushin et le mariage conclus entre nous seraient considérés comme nuls et non-avenus.

8 Eliezer Berkovits, *Tna'y be-nissu'in u-ve-geṭ*, Jérusalem, Mossad Harav Kook, 1967.

9 B. Z. Kreitman, *Chairman Committee in Jewish Law and Standards, The Rabbinical Assembly*, May 27, 1968, cité par Z. Falk, *op. cit.*, pp. 32-33.

La fiancée répond au fiancé : « J'approuve la condition que tu as émise ».

Quant à nous, qui signons ci-après et qui siégeons en tribunal, témoignons sur les déclarations et les signatures du fiancé et de la fiancée. »

Signature du rabbin.

Signature du fiancé.

Signature de la fiancée.

Aujourd'hui encore, les mouvements *Conservative* et libéraux font usage de la « clause Lieberman » dans la célébration de leur mariage dans le monde entier. En revanche dans les milieux orthodoxes, aucune solution à la source du problème n'a été adoptée à ce jour.

Chapitre IV
Solutions préconisées par les rabbins du Maroc

I. Mesures adoptées par les rabbins-juges marocains dans les années 1950

Il me paraît intéressant de nous pencher un instant sur l'attitude des rabbins marocains à l'égard du *geṭ* dans les années 1950[1].

Bien que régis par le statut personnel, les Juifs marocains ont eux aussi été confrontés de très près aux problèmes liés au divorce civil. En effet, lorsque deux sujets juifs marocains souhaitent divorcer, les rabbins-juges marocains *(dayyanim)* appliquent la loi mosaïque – aujourd'hui encore – laquelle suffit pour que le couple soit considéré comme divorcé à part entière. En revanche, lorsque l'un des conjoints est de nationalité différente, française par exemple, il peut arriver qu'il refuse de se prêter à la cérémonie du *geṭ* une fois le divorce civil prononcé. Pour remédier à cette situation, les rabbins marocains, alors réputés pour leur rigueur, adoptèrent à partir de 1955 une formule « d'engagement au *geṭ* » pour ces mariages contractés entre un sujet marocain et un conjoint d'une

1 De 1947 à 1955, les rabbins-juges marocains se réunirent annuellement en Concile rabbinique et instituèrent des *taqqanot* concernant surtout le statut personnel (mariage, divorce, héritage), la *casherut* et d'autres domaines de la vie juive. *Cf. Les Conseils Annuels des Grands rabbins du Maroc, Takanot,* Direction des Affaires Chérifiennes, Institutions Israélites au Maroc, 1947, 1948, 1950, 1953, 1955.

autre nationalité. Cette formule permettait de protéger la femme mariée civilement, au cas où le mari ne respecterait pas son engagement à délivrer le *geṭ*, dès que la décision du tribunal civil serait devenue définitive. Voici la formule « d'engagement au *geṭ* » telle qu'elle est rapportée par A. Zagouri[2]:

Je soussigné, M. [...] né le [...] à [...] uni par devant l'officier d'Etat civil de [...] le [...] à Mlle [...] née le [...] à [...] m'engage, solennellement et formellement, par les présentes,
– Dans les cas où le divorce civil viendrait à être prononcé entre moi-même et mon épouse, pour quelque motif que ce soit et quel que soit le demandeur en justice, et quelle que soit la partie au profit de laquelle la décision sera rendue.
– A établir et délivrer le geṭ en la forme requise par la loi mosaïque à ma dite épouse, dès que la décision du divorce civil sera rendue définitive.
– En cas de non-exécution de cet engagement de ma part, pour quelque cause que ce soit, je serai tenu de plein droit, sans aucune mise à demeure, à lui verser une astreinte à caractère indemnitaire, de[...] francs par jour de retard.

La dite somme sera définitivement acquise à mon ex-épouse, en tout état de cause.

Je reconnais la compétence du Président du tribunal de Première Instance de [...] pour statuer en référé, même sur le fond, pour tout ce qui concerne les engagements ci-dessus souscrits et leur exécution, et, notamment, pour prononcer toute condamnation au paiement de l'astreinte prévue, avec le caractère indemnitaire stipulé.

Fait à [...] en double exemplaire, le [...] 19[...]
Bon pour accord, le [...] à [...]
(signature)

2 Abraham Zagouri, *Le divorce d'après la loi talmudique. Chez les Marocains de confession Israélite et les Réformes actuelles en la matière*, Tanger, Librairie Générale de Droit et de Jurisprudence, 1958, pp. 113-114.

Les rabbins marocains engageaient donc le mari récalcitrant devant la loi française à délivrer le *geṭ* sous peine d'astreinte. Mais, à la différence de leurs confrères occidentaux, ils ne remettaient pas en cause la validité des *qiddushin* en cas de non-délivrance du *geṭ*. Ils ne proposaient donc pas de se passer du *geṭ* par une annulation rétroactive du mariage. Néanmoins, cet « engagement au *geṭ* » constituait en soi une mesure sans précédent pour les rabbins marocains réputés scrupuleux. En effet, par cet engagement, ils reconnaissaient l'autorité des juridictions civiles à prononcer le divorce et ce, quand bien même le mari n'en aurait pas été l'initiateur. Car, rappelons-le, si les rabbins orthodoxes refusent un quelconque accord ou engagement de ce type, c'est parce que la loi mosaïque ne reconnaît la validité d'un *geṭ* que si celui-ci est établi sur prérogative du mari et sans contrainte aucune, *a fortiori*, si cette contrainte émane d'un tribunal non juif[3].

Cette initiative des rabbins marocains eut le mérite en son temps de mettre en garde les maris récalcitrants contre tout excès. Une telle mesure avait mis un frein à l'abus de pouvoir exercé par les hommes à l'égard de leur épouse.

D'autres *taqqanot*, directement en rapport avec ce sujet, ont été édictées par les Grands rabbins du Maroc à la même époque. Il est utile d'en citer ici quelques-unes[4].

II. *Taqqanot* des rabbins-juges marocains

1. « L'épouse légitime dont le mari vit avec une concubine a droit à partir du jour de sa requête introductive d'instance, à une pension double de celle correspondant au rang social de son mari. L'épouse est en outre

3 *Mishneh torah, Hilkhot gerushin* 2 : 20.

4 *Cf.* Abraham Zagouri, *op. cit.*, pp. 96-100.

déchargée de toutes ses obligations envers son mari et gardera à son profit tout le produit de son propre travail». (*Taqqanah* de 1950).

2. «Si, conformément à la loi mosaïque, le mari répudie sa femme enceinte pour une cause autre que la mauvaise conduite, il est tenu de lui verser la moitié du montant de la pension alimentaire dont elle a besoin». (*Taqqanah* de 1951).

3. «En cas de divorce motivé par la stérilité, la femme a la faculté de reprendre le reste disponible de ses apports, à la place du montant de son douaire. Dans le cas contraire, le paiement du douaire se fera en tous lieux sans aucun rabais. Par ailleurs, il a été décidé que les pensions alimentaires doivent être payées en espèces». (*Taqqanah* de 1952).

4. «En droit mosaïque, c'est toujours la femme divorcée qui doit quitter les lieux. Mais considérant toutefois, d'une part la pénurie des logements dans les temps actuels; d'autre part qu'il y a lieu de discerner entre les cas où le divorce requis par le mari est motivé ou non; le Concile des rabbins des 15 et 16 décembre 1953, portant une entorse à la loi hébraïque en la matière, a décidé ce qui suit:
– Le droit du mari de garder le logement (après le divorce) peut être modifié par le tribunal lorsqu'il l'estimera opportun; en cas par exemple de préjudice notoire pour la femme qui, une fois renvoyée, n'aurait pas où aller.
– Dans le cas même où le mari serait tenu de laisser ce logement à sa femme, il aura la faculté de lui laisser en échange un autre, correspondant à ses besoins, si tel est l'avis du tribunal.
– La femme divorcée pour «rébellion» ou inconduite devra, de toutes façons, quitter le logement conjugal».

En 1947, les Grands rabbins du Maroc édictèrent les six mesures suivantes en vue de réduire le nombre de répudiations et mieux garantir les droits de la femme mariée:

1. La femme, qui souvent sous la contrainte maritale renonce au bénéfice total ou partiel du douaire peut se rétracter dans les trois jours. Nous

trouvons pour notre part ce délai trop court pour permettre à la femme victime d'une manœuvre quelconque de se rétracter en temps utile.

2. Le *geṭ* ne peut être dressé que dans un délai de trois mois à compter du jour du dépôt de la requête introductive d'instance, sauf dans les cas urgents (cas d'adultère ou cas désespéré d'accord). Cette disposition a pour objet d'imposer un délai de réflexion aux époux et de permettre aux membres de la famille de faire revenir le mari à de meilleurs sentiments.

3. Dans les localités où il n'y a que des rabbins-délégués, le motif d'urgence doit être approuvé par le tribunal régional des intéressés. Le recours à ce tribunal prolongera pour autant le délai de réflexion et d'attente.

4. L'autorisation de divorce avant le terme précité et le motif invoqué dans la requête devront être inscrits sur un registre spécial du tribunal. Cette inscription peut éviter ou réduire au minimum les jugements de complaisance et créera une jurisprudence à consulter en temps utile.

5. La femme ne peut être répudiée contre son gré qu'après avoir comparu devant un tribunal collégial composé de trois juges.

6. Ces juges ne prononceront contre la femme un divorce non consenti par elle qu'après avoir longuement médité tous les textes de la loi désapprouvant cette sorte de divorce et délibéré avec beaucoup de mesure.

A. Zagouri signale dans son ouvrage que les tribunaux civils français furent appelés à se prononcer sur des cas de non-délivrance de *geṭ*, relevant pourtant du domaine religieux. Par un arrêt du 9 mai 1933, la Cour d'Appel de Rabat se déclara d'ailleurs compétente dans une telle affaire[5].

5 *Ibid.* p. 110.

Avant l'indépendance de l'Algérie, les tribunaux français condamnèrent des maris récalcitrants à une astreinte parfois élevée, estimant que « l'Israélite qui refuse d'accorder le *geṭ* ou divorce religieux à sa femme, commet une faute [...] dont il doit réparation »[6].

6 Arrêt du 25 juin 1925 – Jurisprudence de la Cour d'Alger, 1927, page 77 (cité par A. Zagouri, *op. cit.*, p. 111).

Chapitre V

Recours pour convaincre un époux récalcitrant en France

Aujourd'hui, le tribunal rabbinique de Paris collabore étroitement avec le rabbinat d'Israël, mais il ne se sent pas habilité à prendre des initiatives dans le domaine du *geṭ*. Il se contente de ratifier par un acte religieux une décision prise par les juridictions civiles et sur demande expresse du mari, conformément à la *halakhah*. Faute de trouver une solution satisfaisante au problème, le tribunal rabbinique de Paris a parfois recours à l'aide de la justice civile pour convaincre les maris récalcitrants à se soumettre à la délivrance du *geṭ*. Cette pratique est autorisée par le Talmud tant que les non juifs agissent par procuration du tribunal rabbinique mais ne sont pas les initiateurs du divorce.

Les divers jugements et arrêts des juridictions judiciaires consultés[1] possèdent un élément commun, le refus de délivrance du *geṭ* par l'ex-mari, malgré le prononcé du divorce civil. Les problèmes de droit soulevés concernent l'appréciation de la faute, afin d'engager la responsabilité ouvrant droit à dommages et intérêts et la compétence du juge civil en matière de divorce religieux. Tous les cas font référence à l'article 1382 du Code Civil qui consacre la règle selon laquelle « Tout fait quelconque de l'homme, qui cause à autrui un dommage, oblige celui par la faute duquel il est arrivé, à le réparer ». Cette faute est constitutive d'un délit si elle est intentionnelle, sinon elle représente un quasi-délit.

1 Voir en annexe jurisprudence des tribunaux français relative au déni de *geṭ*, pp. 279-281.

Dans tous les cas, les tribunaux français se sont déclarés compétents pour apprécier la nature du préjudice, mais à l'exception d'un jugement qui n'a pas fait jurisprudence, ils n'accordent aucun intérêt au *geṭ* en lui-même, acte religieux ou faisant partie d'un registre dans lequel il n'appartient pas à la justice d'intervenir, en vertu du principe de laïcité de la République. Dans ces conditions, le refus de *geṭ* semble assimilable à un abus de droit, faute donnant lieu à réparation (dommages et intérêts) ; en revanche, compte tenu de la nature « religieuse » de l'acte, les diverses juridictions rejettent toute demande d'astreinte.

Il convient d'établir une distinction entre dommages-intérêts et astreinte. Jacques Kohn, avocat général honoraire près la Cour d'appel de Dijon explique de façon très simplifiée que « ce qu'on appelle en droit français une astreinte est une somme d'argent que l'une des parties est condamnée à verser à l'autre et ce, à raison de tant par jour et de tant par mois, etc. de retard dans l'exécution de ses obligations. Condamner quelqu'un à une astreinte revient donc à sanctionner à l'avance un comportement fautif purement éventuel. Une condamnation à des dommages-intérêts, en revanche, intervient pour réparer un comportement fautif passé ». Ainsi la condamnation à une astreinte, pour une faute à venir, risque de frapper de nullité le *geṭ* que le mari remettra éventuellement à sa femme en aval de la décision judiciaire l'ayant prononcée. Rappelons qu'un *geṭ* imposé à l'homme par une juridiction civile risque de rendre le *geṭ* caduc[2]. En revanche, une condamnation à des dommages-intérêts est acceptable sur le plan de la *halakhah*, dans la mesure où une telle condamnation sanctionne une faute commise dans le passé[3].

Lorsque la procédure du *geṭ* est bloquée parce que le mari refuse de se soumettre à la volonté de son ex-épouse, le tribunal rabbinique de Paris informe systématiquement le mari récalcitrant qu'il peut faire l'objet

2 *Mishneh torah, Hilkhot gerushin* 2 : 20.

3 Jacques Kohn, « La protection juridique des *'agunot* par la justice française », *Kountrass* 70 (octobre 1998), pp. 34-38.

d'une sommation par huissier pour obtempérer. En cas d'absence, un procès-verbal ou une attestation de carence peuvent être établis, permettant de saisir le tribunal de Grande Instance dans le but d'obtenir la fixation de dommages et intérêts pour résistance abusive, jusqu'à délivrance du divorce religieux[4].

En 1908 déjà, la Cour d'Alger, par arrêt du 9 avril avait condamné un homme à payer des dommages-intérêts considérables « pour avoir créé à son ancienne épouse une situation préjudiciable et non justifiée, en refusant d'exercer le droit de *geṭ* »[5]. Pour certains maris récalcitrants, cette menace d'une procédure judiciaire joue un rôle persuasif non négligeable et suffit à convaincre les moins déterminés. Malheureusement, d'autres époux peu scrupuleux, indifférents aux menaces et condamnations de la justice française, s'organisent efficacement pour se rendre insolvables; ainsi, est-il rare de les voir abdiquer. C'est le cas de commerçants notamment, qui de par leur statut professionnel, sont aptes à réaliser ce genre de manœuvre.

Pourtant la pire des situations pour la femme, consiste à découvrir que son mari s'est enfui à l'étranger sans lui avoir délivré le *geṭ*. Bien souvent cette fuite est motivée par le refus de verser une pension alimentaire et de faire face aux responsabilités qu'impose un divorce. Le *geṭ* fait alors très souvent l'objet d'un chantage ignoble dans lequel l'homme accepte de remettre le *geṭ* à son épouse à condition que celle-ci renonce à certains droits tels que la pension alimentaire, le partage des biens ou encore la garde des enfants.

4 Il faut préciser ici que certains décisionnaires contemporains n'approuvent pas l'intervention de la Justice française dans le domaine du *geṭ*, estimant que toute pression sur le mari est de nature à compromettre la valeur du *geṭ*. *Ibid.*

5 A. Bloch, « Divorce civil et guett », *L'Univers Israélite* 33 (1er mai 1908), pp. 208-209.

Malheureusement, lorsqu'un homme fuit à l'étranger, mû par un esprit de revanche et fermement résolu à ne pas donner le *geṭ* à son ex-épouse, aucune solution n'est possible, hormis les tentatives de persuasion exercées par des médiateurs de bonne volonté.

Afin d'éviter des situations embarrassantes, les rabbins encouragent vivement les époux en instance de divorce à engager la procédure du *geṭ* pendant la procédure civile et non une fois le jugement de divorce prononcé, pour éviter que les litiges entre époux, surgissant généralement après la procédure civile, n'entravent le processus du *geṭ*. Les contentieux entre époux interviennent généralement au moment où les ex-époux prennent véritablement conscience de l'enjeu du divorce et lorsque les rancœurs liées au constat de l'échec de leur mariage sont exacerbées par les délais et les difficultés de la procédure. En procédant au divorce religieux dans la mouvance du divorce civil, il est possible d'anticiper sur l'émergence de graves conflits, lesquels sont susceptibles de retarder la délivrance du *geṭ* ou d'amenuiser les chances d'y aboutir. Malheureusement, le rabbinat français ne peut s'assurer la collaboration de la justice française, tant il est vrai que celle-ci revendique fortement sa laïcité et qu'elle ne saurait donc accepter d'intervenir efficacement dans des affaires relevant du domaine religieux.

Chapitre VI

Recours pour aider les *'agunot* au Canada et aux Etats-Unis

I. Au Canada

Au Canada où la Séparation de l'Eglise et de l'Etat n'est pas aussi prononcée qu'en France, les lois religieuses ont conservé une certaine importance et les juridictions civiles les prennent donc en considération.

Encore très catholique jusqu'au début des années 1960, époque à laquelle il a amorcé une révolution tranquille, le Québec a adopté une politique de changement, propice au règlement de conflits à l'intérieur des différentes communautés.

Il convient toutefois de préciser que le mariage civil n'est pas obligatoire au Canada, mais on peut y avoir recours si on refuse la célébration d'un mariage religieux. Pourtant, si le mariage religieux est reconnu par l'Etat civil, le divorce religieux lui, ne l'est pas. Par conséquent, si un homme refuse d'accorder le *geṭ* à son épouse, il lui interdit le droit à un remariage pourtant reconnu par le droit canadien.

Ainsi, il fut d'autant plus aisé à la *Coalition of Jewish Women for the geṭ* – dont l'un des membres les plus actifs (dans les années 1990) n'était autre que l'épouse du rabbin de la synagogue portugaise de Montréal – de présenter le problème du déni de *geṭ* au Parlement canadien. Face aux pressions exercées par de nombreux mouvements de femmes[1] en faveur d'un règlement juridique du problème des *'agunot*, le

1 *Canadian O.R.T., Emunah Women of Canada, National Council of Jewish Women, Women's League of Conservative Judaism.*

gouvernement canadien a adopté une *Loi modifiant la Loi sur le divorce (obstacles au remariage religieux)*, sanctionnée le 12 juin 1990. Il s'agit d'un amendement au droit civil canadien qui prévoit en substance que s'il existe un empêchement au remariage d'un individu, le juge peut refuser de prononcer le divorce civil. En outre, si l'avocat du conjoint demandeur en est informé, il peut exiger que le conjoint récalcitrant prouve qu'il n'existe pas d'empêchement au remariage.

Cette loi sur le divorce appliquée d'abord en Ontario et au Québec est aujourd'hui en vigueur dans tout le Canada.

L'adoption d'une telle loi n'a cependant été rendue possible que grâce au pouvoir de la pression communautaire et sociale exercée au Canada comme d'ailleurs aux Etats-Unis. Lorsqu'un homme refuse de délivrer le *geṭ* à son épouse, il n'est pas rare de voir se constituer d'importantes manifestations de femmes devant les bureaux de cet homme, l'interpellant à hauts cris et l'exhortant publiquement à libérer son épouse. Le mari, soucieux de protéger sa réputation, n'a en général d'autre choix que de céder à ces manifestations.

Certaines synagogues affiliées au Congrès Juif Canadien (le *C.J.A* : *Combined Jewish Appeal*), ont décidé d'interdire aux maris récalcitrants toute fonction honorifique ou exécutive au sein de la communauté, jetant en quelque sorte l'anathème sur ceux qui condamnent leur ex-épouse au célibat forcé. Cependant, il semblerait que les rabbins ne coopèrent qu'avec beaucoup de réticence à de telles initiatives.

II. Aux Etats-Unis

Aux Etats-Unis, nous l'avons vu, les propositions par le passé n'ont pas manqué pour tenter de résoudre le problème des *'agunot*. A ce jour, seuls les mouvements *Conservative* et libéraux introduisent systématiquement la « clause Lieberman » au mariage religieux, malgré la tendance croissante de certains rabbins orthodoxes à vouloir adopter une mesure similaire.

Dans le seul Etat de New York, dans les années 1980, près de 15 000 femmes orthodoxes se trouvaient dans l'impossibilité d'obtenir leur *geṭ*[2] et elles seraient au nombre de 25 000 aujourd'hui à travers les Etats-Unis[3]. Le taux élevé de divorces parmi les Juifs aux Etats-Unis et le nombre croissant de litiges autour du *geṭ* sont à l'origine de la constitution de nombreuses associations en faveur des *'agunot* parmi lesquelles :

1. G.E.T. *(Getting Equitable Treatment)* dont la vocation est de s'assurer que le *geṭ* est bien remis après le divorce civil. Ce mouvement emploie la persuasion et si nécessaire recourt à la pression communautaire pour obtenir gain de cause[4].
2. AGUNAH, mouvement créé par Susan Alter à New York a pour but de fournir un soutien matériel et une aide psychologique aux femmes qui ne peuvent obtenir leur *geṭ*.
3. C.O.L.P.A. *(Commission on Law and Public Affairs)*. La majeure partie de ses activités consiste à intervenir dans des litiges autour du *geṭ* auprès des tribunaux.

2 Irwin Haut, *Divorce in Jewish Law and Life*, New York, Sepher-Hermon Press, 1983, p. 101.

3 Jacques Kohn, « La protection juridique des *'agunot* par la Justice française », *Kountrass* 70 (oct. 1998), pp. 34-38.

4 Irwin Haut, *op. cit.*, pp. 103-104.

Dans l'Etat de New York, il existe une loi comparable à celle du Canada, mais le lobby du mouvement orthodoxe *Agudat Israël* y est si puissant que cette loi ne bénéficie pas du même succès. En effet, les rabbins orthodoxes de l'*Agudat Israël* soutiennent farouchement la thèse selon laquelle, contraindre le mari à remettre le *geṭ* de quelque façon que ce soit, s'oppose à la *halakhah* et qu'un tel divorce est caduc d'après celle-ci.

Le mouvement *Agudat Israël* n'est pas moins puissant en Israël où il est même représenté à la *Knesset*, se constituant ainsi en une force politique indéniable[5].

5 Ce mouvement détient actuellement cinq sièges au Parlement israélien.

Chapitre VII

Le divorce en Israël

I. Le droit de la famille en Israël

Avant d'aborder le problème du divorce en Israël, il semble nécessaire de rappeler quelques principes concernant le système juridique israélien et le fonctionnement du droit de la famille.

Après la création de l'Etat d'Israël, une Assemblée constituante était élue le 25 janvier 1949 pour élaborer une Constitution écrite. Celle-ci adopta rapidement le nom de «Première Knesset» et à ce jour, aucune constitution écrite ne put voir le jour. Hostiles à l'adoption d'une constitution écrite, les partis religieux estimaient en effet, que seule la loi de la Torah devait servir de Constitution à un Etat juif. D'autres partis, plus modérés, craignaient qu'une Constitution écrite, dotée d'un contrôle de la constitutionnalité des lois, n'affaiblît les lois religieuses intégrées dans la législation du pays[1]. De ce fait, une série de lois fondamentales – au nombre de neuf à l'heure actuelle – furent établies.

Le droit de la famille israélien est très original dans le sens où les mariages et les divorces dépendent d'un régime de statut personnel. Quant aux autres domaines du droit de la famille (notamment les successions), ils dépendent d'un régime civil.

Perpétuant une tradition instaurée par le pouvoir ottoman et poursuivie sous le Mandat britannique, le Parlement israélien votait une loi le

1 Claude Klein, *Le Droit Israélien*, Paris, Presses Universitaires de France, 1990, p. 38.

26 août 1953, octroyant aux tribunaux rabbiniques l'exclusivité de la juridiction en matière de droit matrimonial. Les deux premiers articles de la loi sur la juridiction des tribunaux rabbiniques (de 1953) disposent :

1. Tout ce qui concerne les mariages et les divorces de Juifs en Israël, qu'ils soient citoyens de l'Etat ou résidents, relèvent de la compétence exclusive des tribunaux rabbiniques.
2. Les mariages et les divorces des Juifs s'effectueront conformément à la loi de la Torah.[2]

Soulignons que les décisions des tribunaux rabbiniques qui ne dépendent pas de l'Etat, (les communautés orthodoxes disposent de leurs propres tribunaux rabbiniques), sont reconnues par les organes de l'Etat, en vertu du principe du statut personnel.

Les tribunaux rabbiniques *(Bate-Din)* dans lesquels siègent des *dayyanim* (rabbins-juges) sont officiellement chargés des questions d'état civil et jugent selon le droit hébraïque exclusivement. Cependant, ils ne peuvent récuser l'intervention d'avocats « civils » – malgré leur méconnaissance de la *halakhah* – en vertu des relations particulières entre l'Etat et les autorités rabbiniques. Il est désormais possible de présenter les litiges concernant les aspects financiers du divorce, la question de la garde des enfants et la pension alimentaire devant des tribunaux civils. Les mariages et les divorces sont enregistrés au rabbinat et au ministère de l'Intérieur.

En ce qui concerne les divorces, l'homme doit délivrer le *geṭ* à sa épouse de son plein gré. Quant à la femme, elle doit également l'accepter de son plein gré. Il convient de rappeler qu'aucun tribunal ne peut se substituer à l'époux et prendre l'initiative de délivrer le *geṭ* à sa place. Ce n'est en aucun cas le tribunal qui prononce le divorce. Il s'agit en quelque sorte d'un divorce par consentement mutuel[3]. Le tribunal rabbinique

2 Il existe des dispositions analogues pour les musulmans et les druzes.
3 Claude Klein, *op. cit.*, p. 77.

ne peut en principe, faire établir le *geṭ* sans l'accord mutuel des deux parties, contrairement à la France par exemple, où le divorce peut être prononcé par un tribunal civil pour rupture de la vie commune[4], même contre la volonté de l'un des conjoints. La durée de la procédure dépend de l'attitude des conjoints vis à vis du divorce. Elle est extrêmement rapide lorsque les deux parties se prêtent d'un commun accord à la cérémonie du *geṭ*, en revanche, elle peut rester bloquée pendant plusieurs mois, voire des années, lorsque l'un des conjoints refuse le divorce ou s'enfuit à l'étranger.

En Israël, le déni de *geṭ* est un phénomène extrêmement courant, fort connu des rabbins et des avocats auxquels on fait appel pour convaincre un conjoint récalcitrant. Dans la plupart des cas, il s'agit du mari. Quant à la femme, elle subit bien souvent les rigueurs de la loi. De nombreux facteurs contribuent à l'affaiblir dans son combat pour le *geṭ*. Les mouvements féministes israéliens représentés par l'*Israel Women's Network*[5] ont établi un synopsis des facteurs qui contribuent à affaiblir la femme dans un divorce :

II. Statut de la femme israélienne dans le divorce (doléances formulées par les mouvements féministes)[6]

1) Le pouvoir de donner le divorce n'appartenant qu'au mari, le *geṭ* fait l'objet d'un chantage sans pareil entre époux. Il est le plus souvent utilisé comme moyen de pression exercée sur la partie adverse en vue d'extorquer d'importantes sommes d'argent et diverses compensations telles que le renoncement à la *ketubbah* ou la garde des enfants. Il est

4 Article 229 du Code civil.

5 The *Israel Women's Network* a été fondé en 1985 par Alice Shalvi.

6 Voir *Women in Israel, Information and Analysis,* Israel Women's Network and The Inner Wheel (Raia Gildor, District Chairman), 1996, pp. 5-20.

monnayable à souhait et en cela, il constitue une profonde injustice qui nie l'existence de l'égalité juridique entre les sexes pourtant prévue par le droit civil israélien.

2) Un autre aspect de cette inégalité face à la loi réside dans la capacité de l'homme à fonder un nouveau foyer sans être divorcé, tandis que ce droit est refusé à la femme dans la même situation. En effet, si un homme cohabite avec une autre femme que la sienne et fonde une nouvelle famille, les enfants nés de cette union sont entièrement légitimes, à condition que la mère de ces enfants soit apte à contracter légitimement un mariage. En revanche, si une femme en attente de *geṭ* entretient des relations intimes avec un autre homme, non seulement elle se rend coupable d'adultère mais les enfants nés de cette union sont considérés comme des *mamzerim*, des enfants adultérins.

Cette différence entre hommes et femmes au regard de la *halakhah* est à l'origine de situations extrêmement douloureuses car bien souvent, le conjoint récalcitrant – généralement l'homme – vit maritalement avec une autre femme, en attendant que son épouse légitime cède au chantage qu'il lui impose, tandis que de son côté, l'épouse se débat pour retrouver sa liberté. Elle n'a alors qu'une alternative : attendre patiemment – souvent plusieurs années – que rabbins et avocats obtiennent gain de cause et se voir de surcroît condamnée au célibat forcé. Si la femme a déjà des enfants, c'est une chance, mais si elle n'en a pas encore, elle risque en dépassant l'âge de la fécondité dû à cette attente, de ne jamais en avoir[7]. Si elle brave ces prescriptions religieuses, elle condamne sa propre personne et les enfants qu'elle est susceptible de mettre au monde à un statut peu enviable dans un Etat où la gestion des affaires matrimoniales est confiée aux tribunaux rabbiniques.

7 Daniela Valensi, « Teluyyot ba-'avir », *Nogah, magazine féministe,* (hiver 1992), pp. 37-38.

3) La durée et les frais de procédure, les honoraires des avocats chargés de sa défense précipitent la femme dans une situation financière difficile, surtout si celle-ci ne jouissait pas d'une autonomie économique pendant le mariage. C'est la raison pour laquelle, on constate qu'elle abandonne fréquemment la procédure et opte pour le concubinage[8].

4) En ce qui concerne les juges chargés de faire appliquer la *halakhah* en Israël, il semblerait qu'ils se sentent plus investis d'une mission de réconciliation entre conjoints que du devoir de procéder au *geṭ*[9]. Ainsi, la tendance générale serait de retarder la procédure du *geṭ*, espérant rétablir le «*shelom bayit*»: la paix du ménage.

5) L'article 6 de la loi sur la juridiction des tribunaux rabbiniques (mariages et divorces) de 1953 prévoit la mise en place de moyens coercitifs allant jusqu'à la peine d'emprisonnement pour contraindre un mari récalcitrant à donner le *geṭ*. Or, comme nous l'avons expliqué dans notre chapitre consacré au divorce[10], les rabbins préfèrent se prononcer pour l'obligation de divorcer *(ḥiyyuv ba-geṭ)* plutôt que pour la contrainte *(kefiyyah ba-geṭ)* de crainte d'établir un *geṭ me'usseh*, un *geṭ* «forcé», caduc au regard de la *halakhah*. Il faut toutefois préciser que dans la plupart des cas, les instances officielles manifestent beaucoup de compréhension, au point parfois de fermer les yeux sur la stricte application des lois et des pratiques pour que certains dossiers de *'agunot* puissent être réglés[11].

8 Voir Ariel Rozen Tsvi, *Dine mishpaḥah be-yisrael ben qodesh le-ḥol*, Hoṣa'at Papyrus, 1990, pp. 143-149.

9 Zeev Falk, *op. cit.*, p. 78.

10 *Supra* pp. 70 et suiv.

11 Nathan Catz, «Le globe-trotter du guett», *Kountrass* 51 (mars-avril 1995), Jérusalem, pp. 21-23.

6) Certains mouvements féministes juifs de par le monde estiment que l'interdiction faite à la femme par la *halakhah* de siéger dans un tribunal rabbinique est certainement à l'origine de sa position d'infériorité dans une procédure de divorce.

Quoiqu'il en soit, les difficultés que rencontre la femme dans une telle situation sont loin d'être résolues. Elles soulèvent la question de l'instauration d'un mariage civil – de plus en plus réclamée par des députés de gauche – qui éviterait le recours au *geṭ* et particulièrement aux rabbins pour divorcer.

Certains rabbins tels que S. Y. Cohen estiment que l'on pourrait aisément résoudre le problème des maris récalcitrants en considérant l'astreinte au divorce *(kefiyyah ba-geṭ)* comme un moyen *halakhique* légal pour contraindre un homme à accepter de délivrer le *geṭ*. Rappelons que cet avis était partagé par les *ge'onim* et Maïmonide[12] notamment et que seul R. Tam s'était opposé à l'astreinte, estimant qu'un *geṭ* remis dans ces conditions était considéré comme « forcé » donc caduc devant la *halakhah*[13].

III. Mesures en faveur des *'agunot*

Du fait de cette situation inextricable et du nombre croissant de divorces au sein de la population juive en Israël, il existe aujourd'hui des milliers de *'agunot*. Les chiffres restent cependant très controversés dans ce domaine. Il est impossible de chiffrer précisément le nombre des *'agunot*, car les dossiers de divorces détenus par les tribunaux rabbiniques sont

12 *Mishneh torah, Hilkhot gerushin* 2 : 20.

13 Voir *Supra* pp. 69 et suiv. Voir également S. Y. Cohen, « Kefiyyat ha-geṭ ba-zeman ha-zeh » *Teḥumin* 11 (1990), pp. 195-202.

totalement interdits d'accès au public. On évoque tout au plus quelques centaines de *'agunot*, car on considère que les dossiers restés ouverts sont en cours de procédure. En revanche, les mouvements féministes – sollicités par un nombre croissant de femmes – estiment à environ 8000 le nombre des *'agunot*.[14]

Face à la situation, de tels mouvements, alliés à des hommes de droit, des députés et des rabbins soucieux de sortir de cette impasse, luttent depuis déjà plusieurs années dans le but de venir en aide aux *'agunot*. Le rabbin S. Y. Cohen – fervent défenseur des droits de la femme en Israël – interrogé par le mensuel israélien *Naamat*[15] affirmait que le rabbinat ne consacrait à aucune autre question, le temps accordé au problème de l'abandon du conjoint. De nombreux rabbins sont aussi mandatés pour se déplacer à l'étranger dans le seul but d'y retrouver des maris en fuite.

En général, des *to'anim rabbaniyyim* (avocats rabbiniques) sont chargés de régler les dossiers délicats de maris récalcitrants en fuite à l'étranger où ils interviennent essentiellement dans les divorces entre conjoints de nationalité israélienne. Selon le rabbin Gamliel, avocat rabbinique en Israël, le nombre de maris en instance de divorce, en fuite à l'étranger, ne dépasserait pas 10%. Même dans ces cas-là, il affirme que ces hommes finissent souvent par se manifester pour mettre un terme aux liens du mariage. Il faut également noter que seule la *Rabbanut ha-Rashit* (le Rabbinat officiel de l'Etat d'Israël) est en mesure financièrement de mandater des fonctionnaires chargés d'obtenir l'accord des maris récalcitrants au *geṭ* à l'étranger[16].

14 Daniela Valensi, « Teluyyot ba-'avir », *op. cit.*, pp. 37-38.

15 'Anat Londner, « Ha-pesiqot shelo 'osot harbeh ra'ash » (« Ses décisions font beaucoup de bruit »), *Naamat* 148 (nov/déc. 1992), (magazine féministe), pp. 28-30.

16 *Cf. Kountrass* 51 (mars 1995), *op. cit.*, pp. 22-23.

Fondé en 1993 en Israël, indépendant et apolitique, le mouvement I.C.A.R. *(International Coalition for 'Agunot Rights)*, regroupant plusieurs mouvements féminins actifs tels que *Emuna*, *Naamat* ou la *Wiso*, œuvre pour l'amélioration du statut de la femme par le biais de l'éducation, de la loi et de l'action politique.

Implanté en Israël, aux Etats-Unis et au Canada, I.C.A.R. a déjà soumis des propositions en conformité avec la *halakhah* et collabore étroitement avec les tribunaux rabbiniques. Sous leur impulsion, une prise de conscience est en train de voir le jour au sein de la classe politique et dans les milieux rabbiniques. C'est ainsi qu'un tribunal rabbinique constitué spécialement pour étudier les cas de *'agunot (Bet din meyuḥad la-'agunot)* est chargé de traiter les dossiers difficiles. Des techniques juridiques et psychologiques sont employées pour convaincre les maris récalcitrants. Une forte pression est ainsi exercée sur ces derniers pour les obliger à accepter le principe du *geṭ*. Ils sont par exemple sommés de se présenter toutes les semaines au tribunal, avec menaces de mesures à leur encontre s'ils dérogent à ces convocations. En règle générale, deux ans après l'ouverture d'un dossier resté bloqué, le divorce est prononcé sur intervention du tribunal rabbinique spécialisé.

La Direction des tribunaux rabbiniques avec à sa tête le rabbin Ben-Dahan œuvre aujourd'hui favorablement pour les *'agunot* en Israël. Depuis peu, on assiste en Israël à une véritable mobilisation pour vaincre ce fléau. Pendant longtemps, les juges rabbiniques n'avaient disposé que de moyens coercitifs limités pour obtenir le *geṭ* d'un mari acharné. Il s'agissait d'une peine d'emprisonnement dont la durée dépendait de la persistance du mari à se plier à la remise du *geṭ*[17]. Rappelons à titre d'illustration une anecdote, qui fut alors publiée dans la presse[18]: Un

17 Article 6 de la loi sur la juridiction des tribunaux rabbiniques (mariages et divorces), 1953.

18 *Cf. Le Figaro* du 18 février 1993.

vieillard yéménite âgé de 80 ans, ayant déjà purgé trente ans de prison, s'obstinait à refuser de donner le *geṭ* à son épouse. Malgré l'insistance des rabbins et leurs promesses de lui assurer un logement jusqu'à la fin de ses jours, celui-ci ne faillit jamais dans sa détermination en condamnant son épouse à un célibat forcé. Celle-ci n'avait pourtant que trente-quatre ans quand son mari avait été incarcéré.

La farouche détermination des maris coupables du déni de *geṭ* met en relief l'aspect affectif considérable que revêt le *geṭ*. Pour certains, ce dernier constitue l'ultime façon de se venger efficacement et durablement d'un mariage raté.

IV. Moyens juridiques à l'encontre des époux récalcitrants en Israël

A la suite de nombreux projets de lois émis essentiellement ces dernières années pour résoudre la question du déni de *geṭ*, les tribunaux rabbiniques disposent aujourd'hui en Israël d'un nombre important de moyens juridiques pour contraindre un mari récalcitrant à obéir à une décision de justice l'obligeant à donner le *geṭ*[19]. Les principales sanctions pouvant être appliquées à ce jour sont les suivantes :

- Interdiction de sortie du territoire.
- Retrait du passeport. Interdiction de se faire délivrer un passeport ou un visa. Interdiction de les faire prolonger ou d'en détenir, à moins que cela ne soit nécessaire pour revenir en Israël.
- Interdiction d'obtenir, de détenir ou de prolonger un permis de conduire.

19 *Ḥoq bate din rabbaniyyim (Qiyyum piske din shel gerushin) (Hora'at sha'ah)*, Jérusalem, Hoṣa'at Gid'on, 1995, pp. 13231-13233.

– Interdiction de travailler dans la fonction publique (y compris la police et l'armée).
– Interdiction d'exercer une fonction juridique telle qu'avocat.
– Interdiction d'ouvrir ou de posséder un compte bancaire.
– Retrait de la carte de crédit.

Ces sanctions peuvent être prises trente jours après la mise en demeure dans laquelle le juge ordonne le divorce, période pendant laquelle le mari peut faire appel de décision auprès de la Haute Cour rabbinique.

Cette loi revêt tous les aspects d'un *ḥerem*, c'est à dire d'une mise au ban de la communauté. Certaines sanctions de cette loi ont paradoxalement été rejetées par l'un des partis religieux du pays : le *Shass*. Ce dernier estimait en effet ne pas comprendre la raison pour laquelle les maris récalcitrants perdraient par exemple le droit de servir l'Etat[20].

Malgré l'existence de ces lois, la direction des tribunaux rabbiniques déplore le fait qu'elles ne soient pas toujours mises en application ou que les rabbins, les avocats et les juges n'en fassent pas suffisamment usage. A cela, il faut ajouter un autre problème et non des moindres : les juges sont libres d'agir en conscience et sont en droit de ne pas appliquer ces lois.

Outre les moyens légaux mis en œuvre en Israël, des fonctionnaires du rabbinat – généralement des hommes pieux – sont chargés de se déplacer à l'étranger pour obtenir le *geṭ* de maris récalcitrants. Dans des conditions parfois difficiles et périlleuses, ces fonctionnaires n'hésitent pas à se faire introduire dans des prisons ou dans des camps de détention aux Etats-Unis, en Russie ou ailleurs pour convaincre des hommes à se soumettre au *geṭ*. Dotés d'une force de persuasion et d'une détermination à toute épreuve, ils parviennent à régler des dossiers de *'agunot* extrêmement délicats[21].

20 Menahem Perez, *Le Chroniqueur* 33 (nov. 1993).
21 « Commando 'agounoth », *Kountrass* 70 (1998), pp. 16-20.

Chapitre VIII

Le problème des *mamzerim*

En dehors des frontières d'Israël et notamment en France, les moyens de coercition sont, comme nous l'avons vu, bien faibles. Faute de pouvoir agir à la source du problème en trouvant une issue à l'impasse que représente le *geṭ*, les rabbins ont imaginé des solutions pour venir en aide aux *mamzerim* dont le statut n'est pas plus enviable que celui de leur mère.

Malgré toute la compassion que l'on peut éprouver à l'égard de ces enfants et malgré le sentiment de révolte à l'égard de cette loi incontournable, ces enfants demeurent irrémédiablement – aux yeux de la loi juive – des enfants illégitimes, des *mamzerim*.

En dépit de la forte présomption de paternité inhérente au droit hébraïque, quand il est clairement établi qu'un enfant est né d'une union adultérine, une fois devenu adulte, son propre mariage avec un Juif légitime lui est catégoriquement refusé, alors qu'il est considéré comme un Juif à part entière dans d'autres domaines. Il est condamné à ne pas entrer dans « l'Assemblée du Seigneur » pendant des générations ![1]

A l'époque du Talmud et des législateurs qui ont suivi, les problèmes de *'agunot* et de *mamzerim* étaient rarissimes car même si un homme disparaissait en laissant sa femme « enchaînée », les cas de relations extra-maritales n'étaient pas fréquents. Aujourd'hui, quelle est l'attitude des rabbins face à cette situation ? Et que peuvent-ils faire si un(e) *mamzer(et)* se présente au tribunal rabbinique pour épouser un(e) juif (juive) légitime ?

1 *Deutéronome* 23, 3.

Combien de femmes divorcées civilement dans le monde contractent un second mariage civil ou vivent en concubinage, négligeant d'obtenir leur *geṭ*, pensant en toute bonne foi être déjà divorcée ? Fréquemment, leur acte est dicté par l'ignorance.

L'inadvertance au premier chef, ainsi que la banalisation d'une loi estimée caduque expliquent le peu d'intérêt voué à ces lois. La révélation d'un état de *mamzerut* provoque chez les rabbins un sentiment d'impuissance à l'égard de la loi sur le divorce qu'ils ne peuvent modifier.

Rappelons qu'un *mamzer* ne peut épouser qu'un autre *mamzer*.[2] En outre, il ne peut – même s'il le désire – dissimuler son état. En effet, lorsqu'une personne désire se marier religieusement, elle doit fournir les preuves de sa judéité[3] et de son célibat. Mais il arrive parfois que les enfants ne découvrent leur statut religieux que lorsqu'ils sont sur le point de se marier. Cette situation est vécue dans le douleur par toutes les parties concernées : les fiancés, leurs parents et les rabbins.

Ainsi, lorsqu'un individu s'avère être *mamzer*, les rabbins tentent par tous les moyens d'annuler cette « tare », en essayant d'invalider rétroactivement le mariage de sa mère. Pour ce faire, ils recherchent la moindre faille dans les *qiddushin* qu'elle a contractés (inaptitude des témoins au témoignage, vice de forme dans la *ketubbah*), de façon à prouver la nullité du mariage. L'invalidation rétroactive des *qiddushin* de la femme fait d'elle une femme « libre » (non mariée) au moment de la conception de l'enfant, lequel devient ainsi totalement légitime, lavé de cette « tare » et libre d'épouser la personne de son choix.

Selon le Professeur Claude Klein[4], les cas de *mamzerut* seraient quasiment nuls en Israël. Une seule affaire eut un vif retentissement dans la presse, depuis la création de l'Etat. Il s'agissait d'une femme dont le mari

2 « L'homme *mamzer* ne doit épouser qu'une *mamzeret* et réciproquement », *'Even Ha-'ezer* 4 : 24.

3 En produisant la *Ketubbah* de ses parents.

4 Ancien doyen et professeur à la Faculté de Droit de l'Université Hébraïque de Jérusalem.

avait disparu dans les camps de concentration et qui s'était remariée en Israël. Quelques années plus tard, son premier mari réapparaissait. De ce fait, les enfants nés du deuxième mariage étaient considérés comme des *mamzerim*. Le Grand rabbin Goren, alors Grand rabbin d'Israël, décréta son premier mariage frappé de nullité et ses enfants furent donc considérés comme entièrement légitimes.

Au début des années 1990, le tribunal rabbinique de Paris fut confronté à ce genre de cas. Une Juive française avait épousé un Juif en Israël dans les années cinquante puis avait divorcé civilement en France, sans pour autant avoir rompu son mariage par un *geṭ*. Quelques années plus tard, elle épousait civilement un autre Juif. De cette seconde union, naissait une fille. Quand cette dernière voulut à son tour se marier, elle découvrit son statut de *mamzeret*. Le mariage à la synagogue lui fut donc refusé jusqu'à ce que l'invalidité du premier mariage de sa mère pût être établie. Pour ce faire, les rabbins français, en collaboration avec leurs collègues israéliens, entamèrent des recherches en Israël pour trouver les deux témoins dont les signatures avaient été apposées au bas de la *ketubbah* de cette femme. Le mariage avait eu lieu dans un petit village d'Israël et il y avait peu de chance que ces deux témoins fussent habilités à témoigner. Prouver l'inaptitude religieuse des témoins était en tout cas la seule possibilité pour les rabbins de se porter au secours de cette jeune fille. Après plusieurs mois de recherches, l'un des témoins encore vivant fut identifié. Il confirma son incapacité *halakhique* à témoigner à cette époque. Ainsi, on statua que le mariage était invalide et la jeune fille présumée *mamzeret* fut lavée de ce malheureux défaut[5].

5 Témoignage oral du rabbin A. Atlan, responsable du statut personnel au tribunal rabbinique de Paris.

Dans un article intitulé *Purifying Mamzerim*, Moshe Zemer[6] a montré comment une famille originaire de l'île de Corfou, entachée de *mamzerut* depuis 1807, fut enfin lavée de cette tache près d'un siècle plus tard, par le Grand rabbin de Jérusalem, Primat de Sion, Jacob Saül Elyashar. Après une enquête approfondie menée sur les témoignages de l'époque, concernant cette présumée *mamzerut*, il put être établi, conformément à la *halakhah* que cette tare n'était pas fondée.

Pour éviter ces drames individuels et familiaux, les communautés libérales ou appartenant au mouvement *Conservative* ont quant à elles, réformé l'institution matrimoniale de façon drastique. Ces réformes avaient entre autres objectifs de résoudre à la source, le problème des *'agunot* et de la *mamzerut*.

6 Moshe Zemer, « Purifying Mamzerim », *The Jewish Law Annual* 10 (1992), The Netherlands, Leiden E. J. Brill, pp. 99-112. Moshe Zemer est directeur de l'*Institute of Progressive halakhah* à Tel-Aviv. Il a présenté cet article à la Conférence de la *Jewish Law Association* à Jérusalem en 1990.

Chapitre IX

Le mariage libéral

Dans l'ensemble et en apparence, la cérémonie du mariage en milieu libéral se distingue peu de celle pratiquée en milieu traditionaliste. En revanche, les conditions requises pour la célébration de l'union diffèrent de façon notoire.

Nous n'aborderons pas ici le problème crucial de la conversion au Judaïsme. L'accueil favorable réservé aux candidats à la conversion et surtout la rapidité et la souplesse de la procédure en milieu libéral constituent d'ailleurs l'une des pierres d'achoppement entre religieux et libéraux.

En ce qui concerne les autres points de divergence, il faut citer en premier lieu les unions interdites. Les libéraux ne tiennent pas compte, par exemple, de la loi mosaïque interdisant le mariage d'un *Cohen* avec une divorcée ou une convertie[1], aussi, ces unions sont-elles célébrées.

A l'initiative du rabbin Saul Lieberman, figure emblématique du mouvement *Conservative*, l'établissement de la *ketubbah* est précédé d'un autre contrat prénuptial appelé *shṭar tna'im*, dans lequel le couple s'engage à donner son consentement au *geṭ* si toutefois le divorce civil était prononcé.

Une autre différence fondamentale réside dans le contenu de la *ketubbah* elle-même. Alors qu'une *ketubbah* traditionnelle est rédigée en araméen et se compose d'un texte figé, conforme à une tradition remontant à plusieurs siècles avant l'ère vulgaire, celle des libéraux reprend

1 Pauline Bèbe, *Le judaïsme libéral*, Paris, Ed. Grancher, 1993, p. 214.

quant à elle, les termes du texte traditionnel mais elle est rédigée en hébreu et dans la langue du pays où le mariage est célébré.

Elle est composée de deux parties. Dans la première, sont énoncés les engagements de l'homme à l'égard de son épouse et dans la seconde, les mêmes engagements de la femme envers son époux. Ainsi *l'obligation de veiller à la subsistance de la femme, de la vêtir, lui assurer un toit et son droit conjugal* qui, dans la *ketubbah* traditionnelle est un devoir imposé à l'homme exclusivement, cette obligation est aussi prescrite à la femme dans une *ketubbah* libérale. C'est la raison pour laquelle la *ketubbah* est qualifiée de «*ketubbah* égalitaire» par les rabbins libéraux.

Les *qiddushin*, concrétisés traditionnellement par la remise unilatérale d'un anneau à la femme, fait l'objet d'un échange dans un mariage libéral, conformément aux engagements bilatéraux de la *ketubbah égalitaire*. Un engagement oral est par ailleurs prononcé par les deux parties, avec la formule: «Te voici consacré(e) à moi selon la loi de Moïse et d'Israël».

L'adoption des *qiddushin* bilatéraux et égalitaires a été instituée – entre autres raisons – par les rabbins libéraux, pour résoudre à la fois le problème de la dissolution du mariage, celui des femmes *'agunot* et celui des *mamzerim*. En adoptant cette formule d'engagements bilatéraux, le mari n'est plus l'initiateur exclusif du mariage. Il perd l'omnipotence maritale que la loi mosaïque lui reconnaît. L'homme et la femme jouent exactement le même rôle, ils sont investis des mêmes pouvoirs et se voient contraints aux mêmes devoirs l'un à l'égard de l'autre. Cette égalité dans le mariage confère aux conjoints l'égalité dans le divorce.

Avec le *shṭar tna'im* évoqué précédemment, le couple s'engage mutuellement et par devant l'Assemblée rabbinique du mouvement *Conservative* à consentir au *geṭ* – et ce, avant que le mariage ne soit célébré – au cas où le divorce civil venait à être prononcé[2].

2 Chez les libéraux en revanche, deux opinions coexistent. Certains considèrent que le divorce civil est valide pour dissoudre le mariage. D'autres procèdent à la rédaction d'un *geṭ* ou *seder peredah* (acte de séparation) rédigé en hébreu et dans la langue du pays. *Ibid.*

Si, une fois le divorce civil prononcé, le mari refuse de délivrer le *geṭ* à son épouse, il est convoqué à trois reprises de façon à vérifier qu'il s'agit d'un refus délibéré, puis au bout de six mois, lorsqu'on a acquis la conviction d'un refus définitif, le mariage est annulé rétroactivement car il s'avère que les clauses du mariage *(shṭar tna'im)* n'ont pas été respectées. Les *qiddushin* étant annulés, l'établissement d'un *geṭ* n'a plus lieu d'être. Par ce biais, les rabbins *Conservative* évitent donc d'être confrontés aux problèmes de *'agunot* et de *mamzerim*[3].

Le judaïsme traditionnel contemporain quant à lui, n'est pas parvenu à la résolution de ces différentes questions et s'oppose farouchement aux réformes introduites en milieu libéral. Il estime en effet que des rectifications aussi radicales sont un contresens à la *halakhah.*

3 Entretien avec Ryvon Krygier, rabbin de la communauté *Conservative* de Paris.

Chapitre X

Le pouvoir décisionnaire des rabbins

I. La compétence des rabbins en matière de *halakhah*

Les rabbins contemporains estiment unanimement ne pas être habilités à faire évoluer la *halakhah*. Pourtant, à chaque époque ils ont usé de leur compétence pour la faire avancer dans le sens de l'intérêt général. Cette compétence leur est octroyée par la Torah elle-même qui leur confère un pouvoir de décision et une autorité morale incontestables. D'innombrables *taqqanot* ont ainsi été édictées à travers les siècles afin d'adapter les communautés juives à l'évolution des sociétés, aux besoins du moment et pour le bien-être social.

Les *taqqanot* qui suivent illustrent le large pouvoir d'action des docteurs de la loi lorsque les mesures à prendre s'imposent.

1. Taqqanah sur les témoignages en faveur des ʿagunot

L'une des plus anciennes et des plus significatives a trait à la recevabilité des témoignages en faveur des *ʿagunot*.

Rappelons que d'après la Torah, le témoignage concordant de deux témoins dignes de foi est requis pour qu'un fait soit légalement établi[1].

1 « Un témoignage isolé contre une personne, ne sera pas valable, quel que soit le crime ou le délit, quelle que soit la faute qui lui est imputée : c'est par la déposition de deux témoins, ou de trois, qu'un fait sera établi. » *Deutéronome* 19, 15 ; *Giṭṭin*, 2b.

Ainsi, dans le cas où un homme disparaîtrait sans laisser de trace, il faudrait – d'après la Torah – que deux témoins dignes de foi attestent formellement de son décès, avant que son épouse ne soit considérée comme veuve et par voie de conséquence, juridiquement autorisée à contracter un second mariage.

La difficulté à appliquer scrupuleusement une telle loi, à une époque où les disparitions étaient relativement fréquentes (les guerres, les naufrages, les morsures d'animaux entraînant la mort [...]), conduisit les docteurs de la *halakhah* à prendre des mesures sans précédent pour que les femmes ne tombent sous le statut de *'agunah*. Pour cette raison, ils ordonnèrent la recevabilité d'un témoignage unique qui attesterait de la mort d'un homme afin d'autoriser la femme à contracter une nouvelle union. Il semblerait même, que déjà au début de la période des *'amora'im*, les docteurs admettaient l'unique témoignage de la femme dont l'époux aurait disparu, comme un témoignage valide et suffisant[2]. Témoignant pour elle-même, la femme était considérée comme digne de foi, ce qui dans tout autre domaine du droit hébraïque est quasiment impensable.

La femme qui témoigne pour elle-même est considérée comme digne de foi en vertu du principe appliqué aux preuves en matière de témoignages, principe selon lequel « La bouche qui a interdit est celle-là même qui a permis » *(ha-peh she-'asar hu' ha-peh she-hittir)*. Ce principe appliqué dans les affaires de droit civil *(dine mamonot)* est également appliqué dans les cas de *'issur ve-hetter* dont relèvent le statut personnel, le droit de la famille et le domaine rituel. Lorsqu'une femme déclare : « J'étais mariée et [maintenant] je suis divorcée », elle est digne de foi dans la mesure où elle avoue avoir été mariée *(ha-peh she-'asar)* et se déclare divorcée, donc « permise »*(ha-peh she-hittir)*. Même si elle n'est pas en mesure de fournir les preuves de son divorce, on la croit sur parole, car elle admet son statut antérieur de femme mariée[3].

2 *Yevamot*, 116b.
3 *Mishnah Ketubbot* 2 : 5 ; *Ketubbot*, 22a (pour les sources de ce principe).

Cette *taqqanah* sur la recevabilité d'un témoignage unique est rapportée dans la *Mishnah*[4] par R. Akiba. Elle est attribuée à Rabban Gamliel l'Ancien[5], célèbre pour ses *taqqanot* dans le droit de la famille[6]. Cette *taqqanah* constitue un cas de jurisprudence sans pareil dans le droit hébraïque, car elle relève du domaine réservé du *'issur ve-hetter*, c'est à dire du droit religieux[7], non du droit civil. Cette *taqqanah* autorise le remariage d'une femme par le témoignage d'un seul témoin, alors que la Torah l'interdit pour cette même raison[8]. Le Talmud justifie cette disposition par la forte présomption qu'une femme ne souhaiterait pas se remarier avant d'avoir acquis l'intime conviction que son mari est décédé, car s'il s'avère par la suite que celui-ci était vivant, elle seule en subirait les conséquences. Non seulement elle se verrait contrainte de quitter son premier et son second époux, mais les enfants de ce dernier seraient considérés comme des *mamzerim*[9]. Pour cette raison, les docteurs estiment que son témoignage personnel en vaut deux[10]. En outre, les faux témoignages dans ce domaine sont peu probables, car on sait qu'un événement ne peut demeurer indéfiniment occulté : si l'homme disparu est encore vivant, sa réapparition ne fait aucun doute et engendrera le discrédit sur le faux témoin[11].

4 *Mishnah 'Eduyyot* 6 : 1 et 8 : 5.

5 Appartenant à la première génération des *tanna'im* (20-40 de l'ère vulgaire), Rabban Gamliel l'Ancien est le petit-fils de Hillel l'Ancien. Il est surnommé « l'Ancien » pour le distinguer de R. Gamliel de Yavneh.

6 Voir par exemple *Mishnah Giṭṭin* 4 : 2-3.

7 Le droit hébraïque distingue les prescriptions qui relèvent du *'issur ve-hetter* (interdiction et permission) et celles qui relèvent du *mamon* (argent). Les questions relatives au statut personnel, au droit de la famille et au domaine rituel relèvent du *'issur ve-hetter*. Le droit civil relève du *mamon*.

8 *Deutéronome* 19, 15.

9 *Yevamot*, 87b et suiv.

10 *Tossafot Yeshanim*, *Yevamot*, 88a.

11 *Yevamot*, 93b, 115a et 116b. *Mishneh torah*, *Hilkhot gerushin* 13 : 29.

Les dispositions visant à aider les *'agunot* se sont progressivement multipliées à chaque époque, au point de devenir la préoccupation essentielle des rabbins dans le domaine du droit matrimonial. Les *Tossafot* résument ainsi l'attitude à adopter en la matière : « Bien que les docteurs de la loi n'aient pas le droit de retrancher une seule parole de la Torah par un acte positif *(qum 'aseh)*, s'il existe une raison pour le justifier, ils [les docteurs] sont habilités à la retrancher »[12].

2. *Taqqanah sur l'annulation du geṭ*

Cette *taqqanah* a trait directement au *geṭ* et envisage le pouvoir important dont disposent les rabbins en matière de *halakhah.*

La *Mishnah* stipule que lorsqu'un homme charge un mandataire de remettre un *geṭ* à son épouse, il est en droit de l'annuler tant qu'il n'est pas encore parvenu entre les mains de celle-ci[13]. La *mishnah* suivante ajoute : « Autrefois, il [le mari] pouvait réunir un tribunal dans un autre endroit et le déclarer [le *geṭ*] nul. Rabban Gamliel l'Ancien ordonna qu'on ne procédât plus ainsi, dans l'intérêt général [...] »[14]. R. Gamliel l'Ancien craignait en effet que la femme ou le mandataire n'aient pu prendre connaissance de l'annulation du *geṭ* et qu'en toute bonne foi, la femme ait ensuite contracté un second mariage. En conséquence, les enfants de ce second mariage tomberaient sous le statut de *mamzerim*, compte tenu de l'annulation du *geṭ* à l'insu de l'épouse et du mandataire.

12 *Nazir,* 43b.

13 *Mishnah Giṭṭin* 4 : 1.

14 *Ibid.* 4 : 2. Il convient de souligner que cette même *mishnah* stipule également l'obligation de mentionner tous les noms des époux et le nom précis de leurs villes respectives afin d'éviter toute erreur sur les personnes, et ce dans l'intérêt général. Au sujet de l'expression « dans l'intérêt général », la *Gemara'* précise : « R. Yoḥanan dit : Afin qu'il n'y ait pas de *mamzerim* en Israël », et Resh Laqesh dit : « Afin qu'il n'y ait pas de *'agunot* ». *Giṭṭin,* 33a.

Cette *taqqanah* suscita une vive polémique. R. Judah ha-Nassi'[15] soutenait l'idée que l'annulation du *geṭ* par l'époux prenait effet car la Torah autorise l'homme à annuler le *geṭ*, malgré l'absence de son épouse et ce, au mépris de la *taqqanah* stipulant le contraire. En revanche, R. Simon ben Gamliel[16] affirmait qu'en vertu de cette *taqqanah*, toute annulation du *geṭ* était sans valeur. L'argument majeur mis en avant par R. Simon ben Gamliel était qu'en outrepassant une ordonnance rabbinique et en la déclarant caduque, les Sages (incarnés par le tribunal rabbinique) perdaient toute crédibilité. Toute annulation du *geṭ* étant considérée comme nulle et non avenue, celui-ci demeurait en bonne et due forme et la femme pouvait contracter un second mariage[17].

A leur tour, les *'amora'im* de Babylonie soulevèrent la question de savoir si l'argument concernant la crédibilité des Sages suffisait pour contrevenir à une loi d'origine biblique, c'est à dire la possibilité pour l'homme d'annuler le *geṭ*, malgré l'absence de son épouse. Ils tranchèrent la question en penchant pour l'application de la *taqqanah* de R. Gamliel l'Ancien. Leur jugement reposait sur un principe *halakhique* général appartenant au domaine des lois sur les conditions, appliqué également au domaine du mariage.

Qu'en est-il ? Seul un mariage contracté conformément à « la Loi de Moïse et d'Israël » et avec l'assentiment des Sages de la *halakhah* est en bonne et due forme. Dans le cas où les Sages estimeraient que les conditions du mariage n'ont pas été respectées, ils auraient le pouvoir d'annuler rétroactivement les *qiddushin (hafqa'at qiddushin)* et de considérer le mariage comme inexistant : *kol de-meqaddesh 'ada'ata' de-rabbanan meqaddesh ve-'afqa'inehu rabbanan le-qiddushin mineh.*[18] Ce principe,

15 R. Judah ha-Nassi', rédacteur de la *Mishnah*, appartient à la sixième et dernière génération des *tanna'im* (170-200 de l'ère vulgaire).

16 *Nassi'* de la dernière génération des *tanna'im.*

17 *Mishnah Giṭṭin* 4 : 1-2 ; *Giṭṭin,* 33a ; *Yevamot,* 90b.

18 *Giṭṭin*, 88a. Des siècles plus tard, quand le divorce civil sera institué en France, les rabbins français tenteront de mettre en œuvre ce même principe pour tenter de résoudre les difficultés liées à la dissolution du mariage par les juridictions civiles

remis à l'ordre du jour à l'époque des *'amora'im* de Babylonie, fut appliqué à la *taqqanah* de R. Gamliel l'Ancien pour la légitimer[19].

II. L'annulation rétroactive du mariage par les rabbins français

Lorsque le divorce civil fut institué en France, le principe de l'annulation rétroactive des *qiddushin* fut avancé comme un argument majeur par un certain nombre de rabbins français et étrangers pour tenter de résoudre les conflits de lois engendrés par l'inadéquation entre le divorce civil et le divorce religieux. Ce principe, rejeté avec virulence par les rabbins orthodoxes de l'époque ne put jamais être appliqué en France.

Quelle est l'origine de cette faculté appelée *hafqa'at qiddushin* et pourquoi les rabbins orthodoxes refusèrent-ils de l'appliquer aux mariages français pour résoudre le problème des *'agunot* ?

Les mariages par enlèvement, par tromperie, ou conclus dans le secret constituent une infraction grave à la *halakhah* dans la mesure où la Torah et les Sages interdisent expressément la célébration de mariages contre la volonté de la femme d'une part, et à l'insu des autorités rabbiniques d'autre part, en vertu du principe talmudique « kol de-meqaddesh [...] ». Pourtant, bien que les rabbins estiment caduc un tel mariage, ils exigent qu'un *geṭ* soit établi pour le dissoudre afin de s'abstenir d'un doute. Or, le fait d'exiger un *geṭ* pour dissoudre de tels mariages ne

---

Cependant, ce principe talmudique ne pouvait s'appliquer au divorce civil dans la mesure où on ne peut dissoudre des *qiddushin* que si le mariage n'a pas été célébré selon les règles religieuses.

19 Les *ge'onim* utiliseront ce principe fondamental pour statuer sur la validité des mariages et des divorces, mais il ne sera pas toujours admis par les décisionnaires rabbiniques, notamment par Rabbenu Tam et par le Rosh, pour dissoudre des *qiddushin*. Voir Menahem Elon, *op. cit.*, pp. 518-519 ; pp. 686-692.

peut qu'accroître le nombre des *'agunot* dans la mesure où un mariage conclu dans ces conditions ne peut vraisemblablement pas être dissous par son auteur dans le respect des règles. C'est pourquoi, les rabbins ont imposé pour le mariage des *taqqanot*, dont la stricte réglementation stipule entre autres un quorum de dix hommes, l'aptitude des témoins à déposer, ainsi que la présence d'un rabbin, sous peine d'amendes et de sanctions. Ces mesures n'étant semble-t-il pas assez dissuasives, R. Yehudah Ga'on, au Xe siècle en Babylonie, imposa que les mariages se déroulassent publiquement, avec une *ketubbah*, des témoins et la récitation des bénédictions du mariage. Il décréta en outre l'annulation rétroactive des mariages contractés au mépris des règles imposées par les sages de la génération[20]. Déjà à l'époque, certains *ge'onim* estimaient que depuis la clôture du Talmud, les rabbins n'étaient plus habilités à faire usage de l'annulation rétroactive du mariage[21].

Depuis, à chaque époque, les rabbins se sont penchés sur la question et à ce jour, les opinions restent très divisées. Les uns estiment que ce principe n'a plus cours depuis la clôture du Talmud[22]. D'autres pensent que la réactualisation de ce principe contribuerait à résoudre des cas de *'iggun* sans issue. C'était notamment le cas des rabbins français à la fin du XIXe siècle, confrontés aux problèmes du divorce civil. Pour se dispenser du *geṭ*, ils proposaient d'appliquer systématiquement ce principe au cas où le mariage venait à être dissous par un divorce civil. Ils envisageaient d'adjoindre une clause au moment des *qiddushin* stipulant que si les autorités civiles devaient prononcer le divorce et que l'homme refusait de se soumettre au *geṭ*, le mariage serait considéré comme nul et non avenu rétroactivement[23]. Ces propositions furent

20 *Teshuvot ha-Ge'onim*, § 113, Ed. Simḥah Assaf, Jérusalem, 1929, p. 101.

21 Voir A. H. Freiman, *Seder qiddushin ve-nissu'in 'aḥare ḥatimat ha-Talmud*, Jérusalem, Mossad Harav Kook, pp. 21 et suiv.

22 C'est le cas du Rif, de R. Shelomoh ben Aderet, mais également de R. Yosef Qaro.

23 Le Talmud interdit d'envisager un mariage conditionnel: « En tena'y be-nissu'in » (*Yevamot* 92b et 107a).

rejetées avec véhémence par les rabbins orthodoxes car les docteurs du Talmud n'avaient envisagé l'annulation rétroactive des *qiddushin* que s'ils avaient été contractés au mépris des règles religieuses.

Depuis ces tentatives infructueuses destinées à résoudre le problème des *'agunot*, aucune solution n'a été trouvée au sein du Judaïsme traditionnel. Interrogés sur leur apparente léthargie en matière d'initiative *halakhique*, les décisionnaires rabbiniques évoquent à l'unanimité l'immuabilité des lois d'origine biblique et l'interdiction formelle d'y apporter une quelconque modification.

Conclusion

L'histoire des lois matrimoniales dans le Judaïsme, depuis l'époque biblique à ce jour, témoigne d'un système juridique en perpétuelle évolution qui en priorité, veille à l'amélioration du statut de la femme à chaque période de sa vie: dans le mariage, le divorce, mais également le veuvage.

Le mariage, qui dans le droit hébraïque est caractérisé par l'établissement d'un contrat *(ketubbah)*, indispensable à la validité de l'union matrimoniale, fait l'objet de toutes les attentions tant cette institution – éminemment sociale – implique et engage la communauté toute entière de par ses conséquences légales.

La *ketubbah* qui remonte à la plus haute Antiquité est destinée à préserver de façon efficace les conditions de vie de la femme en limitant notamment les abus dont elle pourrait faire l'objet. Ce contrat très progressiste, compte tenu de l'époque à laquelle il fut institué, garantit à la femme une vie décente et l'écarte du besoin en cas de rupture du lien conjugal par décès du conjoint ou par divorce.

La faculté de rompre l'union matrimoniale par le biais du divorce tel qu'il est stipulé dans la Bible a en effet conduit les docteurs de la Loi à réglementer de façon très stricte les conditions du mariage pour résoudre en amont, le problème du divorce.

Ainsi, l'obligation de restituer à la femme la *ketubbah* et les biens qu'elle a apportés dans le mariage, en cas de divorce ou de veuvage, vise – par l'enjeu économique considérable que comportent ces biens – à dissuader l'homme d'une rupture trop rapide, l'obligeant ainsi à réfléchir aux conséquences de sa décision et en le plaçant face à ses responsabilités. Si, en dépit de ces contraintes originellement dissuasives, le divorce devient effectif, la femme est alors protégée au moins sur le plan économique, dans la mesure où les biens qu'elle a récupérés lui garantissent une certaine autonomie.

En outre, très tôt dans l'histoire du droit hébraïque, les rabbins avaient institué nombre de *taqqanot* destinées à améliorer le statut de la femme. Ainsi, les ordonnances du Moyen Age relatives à la polygamie, au consentement de la femme dans le divorce ou encore celle qui la protège d'un époux violent, sont autant d'exemples qui illustrent la volonté des rabbins d'agir dans le sens de la protection juridique de la femme dans le mariage.

Le traité des *Lois relatives au divorce* de Maïmonide, référence majeure dans cet ouvrage, met sciemment en relief l'aspect technique du divorce qui rend la procédure longue et particulièrement ardue. La jurisprudence rabbinique a prévu un nombre considérable de lois, établissant ainsi une législation rigoureuse, très éloignée d'ailleurs de celle que prévoit le texte biblique. Cette procédure, dont les méandres et les difficultés sont justifiés par la nécessité d'imposer un cadre juridique contraignant, préserve la femme d'une rupture non justifiée.

Cet aspect purement technique ne doit pourtant pas occulter une partie non négligeable des lois du divorce que constituent les dispositions et les procédures d'exception mises en place – notamment en matière de témoignage – afin d'éviter à la femme le statut de *'agunah.* Ces mesures témoignent de la nécessité absolue de préserver la femme d'un abandon – volontaire ou involontaire – et dans tous les cas injuste et parfois cruel dans ses conséquences. Ainsi, la législation relative à l'authentification des témoignages – discipline si stricte dans d'autres domaines du droit civil et pénal – fait l'objet de la plus grande souplesse dans le cas des *'agunot,* tant l'enjeu religieux est considérable. Par ailleurs, empêcher par tous les moyens la conception d'enfants adultérins *(mamzerim)* par des femmes *'agunot* relève de la préservation du système de la filiation tant défendue par la loi juive.

Une dernière fois codifiées et cristallisées par Y. Qaro au XVIe siècle, ces lois étaient appliquées dans les communautés juives, jusqu'à l'Emancipation. L'institution d'un Code civil imposé à l'ensemble des Français parmi lesquels figuraient désormais les Juifs au même titre que leurs concitoyens, engendra de nombreux conflits entre lois civiles et religieuses, notamment dans le domaine du divorce.

Depuis la fin du XIXe siècle, les rabbins français et ultérieurement leurs collègues étrangers se sont alors vus contraints de rechercher des solutions *halakhiques* pour résoudre le problème du divorce et l'incompatibilité des lois. Les nombreuses suggestions émises par des rabbins de différents pays et d'obédiences diverses ne purent jamais aboutir à un consensus général. Chaque proposition *halakhique* n'étant en effet valable et adoptée que si elle est conforme à la Torah, qui en matière de droit hébraïque, joue le rôle de Constitution ; le Conseil Constitutionnel étant incarné par les grands décisionnaires rabbiniques.

Les communautés les plus libérales ont certes décidé de ne plus appliquer le divorce religieux en se contentant du divorce civil, mais une telle mesure – quelque peu déviationniste – est loin d'être envisagée en milieu traditionaliste, tant il est vrai qu'elle fait fi d'un commandement clairement explicité dans le Deutéronome.

Confronté au déni de *geṭ*, le judaïsme traditionnel doit sans discontinuer se mesurer aux problèmes liés à la *'aginut* et à la *mamzerut*. Le déni de *geṭ* qui implique directement la légitimité des enfants et l'avenir de la communauté juive dans son ensemble, constitue pour le judaïsme contemporain un véritable défi que les décisionnaires rabbiniques doivent relever au quotidien. Ce problème a non seulement fini par être considéré comme une grave injustice pratiquée à l'encontre de l'épouse, mais également comme un test sur la crédibilité de la *halakhah* et de ses représentants au XXe siècle. L'apparente velléité des rabbins à régler une question de cette envergure dans le cadre de la *halakhah*, est de toute évidence perçue comme une déficience liée à la *halakhah* elle-même. Pourtant, à travers l'histoire du droit hébraïque, force est de constater que les docteurs ont toujours fait preuve de responsabilité et d'initiative dans le domaine de la *halakhah* dont ils sont réputés être les garants.

Si les rabbins portent autant d'intérêt au sort des *'agunot* et des *mamzerim* engendrés par ces femmes, c'est que leur responsabilité dans ce domaine y est largement engagée. En effet, l'interdiction pour la femme de se lier à un autre homme tant qu'elle a le statut de *'eshet 'ish* (femme mariée) relève de la Torah et ne peut être transgressée sous aucun prétexte. En revanche, chercher par tous les moyens à libérer une *'agunah* du joug d'un époux absent relève de la seule compétence des rabbins.

Déjà à une époque où les cas d'abandon de foyer étaient moins fréquents, les rabbins tentaient par diverses méthodes d'interprétations des textes et par de multiples initiatives, de se porter au secours des *'agunot*.

Le dernier article des *Lois relatives au divorce* (13 : 29) de Maïmonide illustre notre propos. Il apparaît que pour témoigner de la mort d'un homme duquel l'épouse ignore le sort, il suffit d'un seul témoin, fut-il un témoin indirect, un non juif, un esclave, une femme ou même une déposition écrite. Autant de possibilités admises qui – comme l'affirment les rabbins – ne doivent pas faire l'objet d'une enquête scrupuleuse à l'excès et prouvent par ailleurs la tendance des docteurs à une interprétation plus élastique des textes pour libérer une femme d'un statut difficile, et particulièrement pour enrayer la prolifération des *mamzerim*.[1]

Cette initiative rabbinique, si elle est largement justifiée, n'en demeure pas moins ambitieuse et prouve que pour remédier à une situation insupportable, les rabbins sont en droit de légiférer en puisant dans la *halakhah* la solution qui s'impose dans une situation donnée. Non seulement c'est un droit, mais il s'impose à eux comme un devoir, car ils sont seuls habilités à le faire, « Ha-torah nitennah 'al da'atan shel ḥakhme ha-halakhah »[2], « la Torah a été confiée à la seule compétence des maîtres décisionnaires ».

Investis par la Torah elle-même de cette capacité à fixer des lois conditionnées par le temps et l'espace, ils sont aujourd'hui plus que jamais chargés du pouvoir et du devoir de trouver la solution qui s'impose :

1 *Yevamot* 88a.
2 Menahem Elon sur le commentaire de Naḥmanide sur *Deutéronome* 17, 11, Menahem Elon, *op. cit.*, p. 216.

Si tu es impuissant à te prononcer sur un cas judiciaire, sur une question de meurtre ou de droit civil, ou de blessure corporelle, sur un litige quelconque porté devant les tribunaux, tu te rendras à l'endroit qu'aura choisi l'Eternel, ton Dieu ; tu iras trouver les pontifes, descendants de Lévi, ou le juge qui siégera à cette époque ; tu les consulteras, et ils t'éclaireront sur le jugement à prononcer. Et tu agiras selon leur déclaration, émanée de ce lieu choisi par l'Eternel, et tu auras soin de te conformer à toutes leurs instructions. Selon la doctrine qu'ils t'enseigneront, selon la règle qu'ils t'indiqueront, tu procéderas ; ne t'écarte de ce qu'ils t'auront dit, ni à droite ni à gauche.[3]

En outre, le pouvoir de promulguer des *taqqanot* ou des *gezerot* (décrets rabbiniques) dans le but de préserver l'ordre social, « mi-pene tiqqun ha-'olam »[4], relève de la responsabilité des rabbins. Aussi, les différentes *taqqanot* ou résolutions qu'ils ont adoptées au cours des siècles, n'avaient-elles d'autre objectif que celui de préserver la Torah elle-même, ou de répondre à une nouvelle situation méconnue des rabbins des époques précédentes[5]. Citons à nouveau pour exemple, la courageuse *taqqanah* de R. Gershom ou encore celle, plus ancienne, de *Hillel ha-zaken*, (Hillel l'Ancien), concernant la célèbre loi du *prozbol.*[6]

En ajustant la « marche à suivre »[7] en fonction de leur époque, les docteurs ont à chaque fois, usé de leur compétence pour faire évoluer la *halakhah* dans le sens de l'intérêt général. Cette compétence leur est octroyée par la Torah elle-même et leur confère un pouvoir de décision et une autorité morale incontestables. D'innombrables *taqqanot* ont ainsi été édictées à travers les siècles afin d'inscrire les communautés juives dans le courant d'évolution des sociétés.

3 *Deutéronome* 17, 8-11.
4 *Pesaḥim* 88b, *Giṭṭin* 3b et 32a.
5 Menahem Elon, *op. cit.*, p. 405.
6 *Giṭṭin* 36a. *Cf. Supra* p. 36 note 9.
7 Calqué sur la définition exacte du terme *halakhah*, *cf. supra* p. 50 note 5.

Dans les *Lois relatives au divorce*, Maïmonide, l'un des trois piliers de la *halakhah*, propose une solution au problème du déni de *geṭ*. Il suggère l'utilisation de moyens coercitifs pour venir à bout d'un mari récalcitrant et il explique pourquoi un *geṭ* obtenu dans de telles conditions n'est pas un *geṭ* forcé donc caduc devant la *halakhah*. Quelle solution Maïmonide préconise-t-il?

> Toute personne que la loi peut obliger à divorcer et qui refuse, peut être contrainte par un tribunal rabbinique qui a le pouvoir, en tout lieu et en tout temps de lui infliger des coups jusqu'à ce qu'il dise: «Je veux»; et le *geṭ* qu'il écrira [ensuite] sera en bonne et due forme[8]. Si des non juifs[9] lui font violence et lui disent: «Exécute les ordres du tribunal israélite» et que ce dernier se serve des non juifs pour faire pression sur lui jusqu'à ce qu'il divorce, le *geṭ* est en bonne et due forme. Mais si de leur propre initiative, des non juifs le contraignent à l'écrire parce que la loi l'exige, ce *geṭ* est invalidé. Pourquoi ce *geṭ* n'est-il pas nul et non avenu, étant donné qu'il est considéré comme forcé, fût-ce par un non juif ou par un Israélite? En réalité, un homme est dit contraint, lorsqu'il est forcé d'accomplir un acte dont il n'est pas tenu par la Torah; tel un individu qu'on frapperait pour le forcer à une vente ou à une donation; mais s'il s'agit d'un individu habité par le mauvais penchant qui l'inciterait à ne pas remplir une obligation religieuse, ou qui l'inciterait à transgresser un commandement religieux et qu'on contraindrait par voie légale à accomplir ce qui lui incombe, ou à s'abstenir d'une chose défendue, celui-ci n'est pas considéré comme agissant sous le coup d'une violence. C'est lui-même qui s'y contraindrait par sa mauvaise volonté. C'est pourquoi, l'individu qui ne veut pas divorcer, veut cependant maintenir son appartenance à la communauté d'Israël, accomplir toutes les obligations religieuses et s'abstenir de toutes les transgressions – malgré sa propension au mauvais penchant – et qui, sous le coup de la violence, voit son instinct s'affaiblir, lui faisant dire: «Je veux», celui-ci peut être considéré comme divorçant de son plein gré[10]. Dans le cas où la loi ne le contraindrait pas à divorcer et où le tribunal israélite commettrait une erreur – ou ne serait pas composé de spécialistes – et contraindrait l'homme à divorcer, le *geṭ* serait invalidé. Pourtant, étant donné qu'il a été contraint par un Israélite, il devra achever les démarches du divorce. Si des non

8 *Giṭṭin*, 88b.

9 Considérés comme un instrument de châtiment entre les mains du tribunal rabbinique.

10 Dans *Baba' Batra'* 48a, il est écrit qu'obéir aux paroles des docteurs est un commandement. Par conséquent, si quelqu'un agit conformément à la Loi – fût-ce sous la contrainte – son geste est considéré comme étant effectué de plein gré, car seule l'action compte, pas l'intention.

juifs le contraignaient à divorcer tandis que la loi ne l'exigeait pas, le *geṭ* serait sans valeur. Même s'il déclare parmi des non juifs: «Je veux» et demande aux Israélites: «Ecrivez et signez», étant donné que la loi n'exige pas qu'il divorce et que c'est sous la contrainte des non juifs qu'il le fait, le *geṭ* est sans valeur.

Certes, cette solution n'a pas obtenu la faveur de tous les décisionnaires rabbiniques. Cependant, ils n'étaient peut-être par confrontés à ce problème avec la même acuité qu'aujourd'hui. En Israël, de nombreux rabbins tels que S. Y. Cohen s'appuient sur les propos de Maïmonide pour justifier l'emploi de moyens coercitifs à l'égard des époux récalcitrants. Cette opinion ne remet pas en cause la *halakhah* car elle est fondée sur l'avis d'un décisionnaire qui dans bien des domaines fait autorité.

Dans le cas de figure qui nous préoccupe, le déni de *geṭ* est exercé par un homme qui a déjà rompu son alliance avec son épouse par un divorce civil sans subir la moindre contrainte de la part des tribunaux civils. Or, un sentiment de revanche ou d'amertume anime ce même homme et engendre une opposition consciente et obstinée à libérer son ex-épouse uniquement dans le but d'entraver sa vie, cependant que lui, dans la plupart des cas, peut construire un nouveau foyer en toute liberté. Le bon sens n'exigerait-il pas que les autorités rabbiniques utilisassent des moyens coercitifs, contraignant cet homme à s'émanciper de cette haine vindicative et affranchir son ex-épouse?

Admettons que les juridictions civiles doivent être écartées de la mise en place de moyens coercitifs et admettons également que l'on n'exerce aucune violence corporelle sur la personne de l'époux récalcitrant, comme le suggère Maïmonide. N'y aurait-il point de moyen de persuasion pour faire entendre raison à un individu qui abuserait de son pouvoir conféré par la Torah et contreviendrait en outre à un autre commandement bannissant la rancune et la vengeance?

L'échec d'un mariage est certes très regrettable pour les époux, les enfants et la société dans son ensemble. Mais pourquoi une femme devrait-elle sa vie durant être l'otage d'un homme agité par la vengeance et la rancœur?

Un homme a-t-il le droit d'abuser du pouvoir que lui octroie la loi biblique sur l'unitéralité du divorce au point non seulement de mettre en péril la vie et la moralité de son ex-épouse, mais de porter l'entière responsabilité de la naissance à venir d'enfants *mamzerim* ? Car combien de femmes victimes du déni de *geṭ* sont-elles amenées à vivre en concubinage, faute de pouvoir agir en toute légalité religieuse ? Et combien d'entre elles donnent-elles le jour à des enfants en dépit du droit de veto imposé cyniquement par leur ex-époux ?

Il n'est pas question de remettre en cause la *halakhah*. Celle-ci demeure la marche à suivre, je l'ai à maintes fois démontré. En revanche, la possibilité de trouver des moyens de la contourner existe, en particulier lorsque l'enjeu religieux est d'une telle envergure. En Israël, les tribunaux rabbiniques disposent de moyens pour exercer une coercition sur un époux récalcitrant par des peines de prison par exemple. Les rabbins favorables à une telle pratique s'appuient sur les propos de Maïmonide. Malheureusement, l'utilisation de la contrainte ne fait pas l'unanimité parmi les rabbins. En dehors des frontières d'Israël, les tribunaux rabbiniques ne sont évidemment pas en mesure d'user de tels procédés.

A l'instar de pays comme les Etats-Unis ou le Canada, les responsables communautaires pourraient imposer un certain nombre de mesures, semblables à un *ḥerem*, qui inscriraient les époux récalcitrants au ban de la communauté. En leur refusant, ainsi qu'aux membres de leur famille, l'accès aux services de la communauté, le problème du déni de *geṭ* ne se poserait que dans une moindre mesure.

Si tous les rabbins sans exception parvenaient à un accord inébranlable sur l'application d'une sanction fixe, à savoir l'interdiction faite à l'époux récalcitrant d'avoir accès à tous les événements cultuels, familiaux ou communautaires relevant de la compétence des rabbins, cet accord aurait pour effet de l'intimider et de le dissuader. Il devrait se voir interdire le droit de monter à la Torah, de procéder à la circoncision, à la *Bar-miṣvah* et au mariage de ses enfants ainsi qu'à tout autre service rendu par la communauté, et il ne pourrait y avoir accès que s'il remettait le *geṭ* à son ex-épouse. Sachant cela à l'avance, et comprenant l'impossibilité de vivre en marge de la communauté, l'époux obtempérerait sans manifester une quelconque opposition.

L'un des rabbins responsables du service des divorces au Consistoire de Paris a même émis l'idée qu'une liste noire des hommes qui causent ainsi du tort à leur ex-épouse fût diffusée dans toutes les synagogues pour désigner ceux qui assujettissent injustement leur ex-épouse, en entravant leur liberté.

A la manière des Juifs américains et canadiens, pourquoi ne serait-il pas possible d'exercer une pression sociale cette fois, sur les hommes récalcitrants au *geṭ* ? Défiler à hauts cris et brandir des banderoles et des pancartes sur les lieux de travail de ces hommes, les sommant à donner le *geṭ* à leur ex-épouse s'avère très efficace dans ces pays. La liberté d'expression, caractéristique essentielle de la démocratie, ne devrait-elle pas être employée pour libérer ainsi une femme du joug tyrannique de son ex-époux ?

Malheureusement, à l'inverse des Anglo-Saxons qui ne reculent devant aucune initiative de ce genre destinée à aider des femmes en détresse, les juifs français quant à eux, font preuve de plus de réticence face à de telles initiatives et évitent de s'immiscer dans la vie d'autrui, fût-ce pour une bonne cause, au nom de la liberté individuelle.

Ne cessant d'occuper une place centrale dans la polémique entre orthodoxes et libéraux, le problème du *geṭ* et des *'agunot* a récemment été remis à l'ordre du jour par les rabbins réformés et libéraux qui, au cours du printemps 1999, auraient diffusé une information destinée aux *'agunot*, les informant qu'ils se tenaient à leur disposition pour leur permettre de se remarier.

Cette information a immédiatement suscité une réaction unanime parmi les grands rabbins d'Israël et de France. Sous le titre « Avertissement concernant une prétendue permission de remariage des *'agunot* »,[11]

11 Cet avertissement est signé par le grand rabbin de Paris, David Messas, le président du tribunal rabbinique de Paris, Nissim Rebibo et le directeur du Séminaire rabbinique de France, le grand rabbin Michel Gugenheim. En Israël, une autre lettre est signée par les deux grands rabbins d'Israël, Bakchi Doron et Israël Lau.

le public français et étranger a été alerté par voie de presse du danger que couraient les femmes qui obtiendraient l'autorisation de se remarier par l'intermédiaire des libéraux[12].

Loin de calmer les esprits, cette polémique qui oppose depuis toujours orthodoxes et libéraux, semble aujourd'hui relancer le débat sur le problème du *geṭ* et celui des *'agunot*.

Faute de trouver aujourd'hui une solution *halakhique* admise et reconnue unanimement, des rabbins de toutes obédiences, des mouvements féministes et des hommes de droit déploient des efforts considérables pour tenter de mettre en place des mesures contraignantes, aidés dans certains cas de la justice pour mettre de force un conjoint récalcitrant face à ses responsabilités. Il est en effet inconcevable que l'on accepte sans difficulté la cérémonie d'un mariage religieux et que l'on refuse – pour quelque motif que ce soit – que ce même mariage, une fois dissous civilement, ne le soit aussi religieusement. Ce comportement ô combien révoltant, est pourtant le fait d'hommes ou de femmes – qui, par esprit de vengeance, tiennent en otage leur conjoint en lui refusant le divorce religieux afin de lui extorquer ce que le jugement du divorce civil leur a refusé. Cette situation n'est cependant pas la pire, dans la mesure où la recherche d'un accord est constante. En revanche, lorsque le conjoint prend la fuite ou refuse de justifier le déni de *geṭ*, ne manifestant que silence et mépris, la gravité de la situation est extrême car les chances de le voir obtempérer sont minimes, surtout si l'intervention de la justice est restée vaine.

La méthode de pression sociale sur le modèle nord-américain qui sauve bien des femmes victimes de l'omnipotence maritale exercée même après le divorce civil, ne contrarie pas la *halakhah* et devrait servir de modèle.

12 *Cf. Kountrass* 72 (avril, juin 1999), p. 43.

L'étude que j'ai réalisée au service des divorces du Consistoire de Paris, m'a permis de mesurer avec précision la pratique du divorce religieux au sein de la communauté juive française et d'en appréhender les difficultés. Le divorce religieux étant, pour nombre de Juifs une pratique orthodoxe, sexiste et révolue, il me fallait en mesurer la fréquence. Les conclusions auxquelles mes statistiques et mes entretiens m'ont menée sont édifiantes tant il est vrai que l'attitude face au mariage et au divorce dans cette communauté est spécifique. Elles mériteraient sans aucun doute d'être approfondies.

Mes entretiens avec les rabbins responsables du divorce au tribunal rabbinique de Paris et mon immersion dans leur service, m'ont permis par ailleurs de comprendre comment les lois immuables du divorce sont appliquées avec scrupule et conviction à l'aube du XXIe siècle et comment les rabbins responsables de l'application de ces lois répondent à la critique lorsqu'ils sont mis au défi de faire évoluer la *halakhah* dans le sens de la modernité. Cette question, encore fort débattue aujourd'hui, mériterait à elle seule qu'on lui consacrât une étude plus exhaustive.

Annexes

Document 1

Résumés de divers jugements et arrêts des juridictions judiciaires relatifs au refus de délivrance du *geṭ* par l'ex-mari, malgré le prononcé du divorce civil

Tribunal civil de la Seine 22 février 1957

Dans cette affaire, le mari, qui avait pris l'initiative du divorce, refusait de délivrer le *geṭ*, arguant du fait qu'en la matière il était le seul maître de sa décision et qu'il avait quitté la religion mosaïque, son ex-épouse depuis remariée civilement s'appuyant sur l'article 1382[1], demandait réparation du préjudice moral ainsi que le paiement d'une astreinte pour contraindre le défendeur. Dans ses conclusions, le jugement considère que le refus de délivrance est de nature dolosive (intention de nuire) et donc constitutif d'une faute donnant lieu à réparation, mais refuse de se prononcer sur le fondement même du refus, acte religieux par nature, en fonction du principe de laïcité, et rejette la demande d'astreinte.

Tribunal civil de Grenoble 7 mai 1958

Si les faits sont globalement similaires, le défendeur soulève le moyen de l'incompétence du juge civil, incompétence «ratione materiae», l'acte de délivrance ne dépendant que de la conscience du mari. Le demandeur

1 «Tout fait quelconque de l'homme, qui cause à autrui un dommage, oblige celui par la faute duquel il est arrivé, à le réparer» (Art. 1382 du Code civil).

(ex-épouse) se fonde sur l'aricle 1382 pour demander réparation en raison de la volonté de nuire du mari. Si le juge accepte la demande de réparation en raison du caractère fautif du refus, contrairement au jugement du 22 février 1957, il condamme le mari au paiement d'une astreinte, décision critiquée par le commentateur car « il touche au domaine religieux qui doit lui rester rigoureusement étranger ».

Cour de Cassation 5 juin 1985 (il s'agit donc ici d'un arrêt)

Un arrêt de la Cour d'Appel d'Angers avait rejeté la demande de Mme X., au motif que celle-ci n'avait pu fournir la preuve du caractère dolosif du refus de son ancien mari de délivrer le *geṭ* (intention de nuire). Elle avait donc intenté un pourvoi en Cassation, et la Cour se fondant sur une interprétation assez large de l'article 1382 casse l'arrêt précité et renvoie devant la Cour d'Appel de Rennes, car elle considère que même en l'absence d'intention de nuire, il aurait fallu prendre en compte le caractère abusif du refus, lui-même pouvant constituer une faute.

Cour de Cassation 15 juin 1988

Faisant suite à l'affaire précédente, la Cour d'Appel de Rennes avait dans son arrêt du 18 avril 1986, accordé des dommages et intérêts à l'ex-épouse, suivant en cela la décision du 5 juin 1985. Pour cette ultime étape de la procédure, le demandeur (le mari) conteste la solution adoptée par la Cour d'Appel au motif que celle-ci violerait le principe de la Séparation des Eglises et de l'Etat (Loi de 1905) et l'article 1382 du Code civil, car en l'absence d'intention de nuire, la faute n'est pas constituée. La Cour de Cassation rejette ces arguments et le pourvoi, car elle considère que le refus est abusif, qu'il constitue donc une faute donnant lieu à réparation.

Cour de Cassation 21 novembre 1990

Dans cette nouvelle affaire, l'ex-épouse demande à la fois réparation du préjudice subi et le paiement d'une astreinte, ce qu'avait accepté la Cour d'Appel de Paris dans son arrêt du 21 avril 1989. S'étant alors pourvu en Cassation, son ancien mari obtient partiellement raison, car la Cour casse l'arrêt précité, seulement dans sa partie concernant l'astreinte et renvoie devant la Cour d'Appel de Versailles.

Cour de Cassation 12 décembre 1994

Faisant suite à l'affaire précédente, le mari conteste cette fois sa condamnation à paiement à réparation au motif qu'il n'y aurait pas intention de nuire. Fidèle à sa jurisprudence antérieure, la Cour de Cassation rejette le pouvoi, considérant que le refus de délivrance cause en lui-même un préjudice et impose réparation.

Document 2

Geṭ séfarade

בשלישי בשבת בשני ימים לירח אדר שנת חמשת אלפים ושבע מאות וארבעים ושלש
לבריאת עולם למנין שאנו מנין כאן בפאריש מתא דיתבא על נהר שינא ועל נהר
ביברא ועל מי מעינות אנא דמתקרי בן העומד היום במתא פאריש
הנזכרת וכל שום אחרן. וחניכא דאית לי ולאבהתי ולאתרי צביתי ברעות נפשי
בדלא אניסנא ושבקית ופטרית ותרוכית יתיכי ליכי אנת אנתתי
בת בכל מקום שאת עומדת וכל שום אחרן
וחניכא דאית ליכי ולאבהתיכי דהוית אנתתי מן קדמת דנא וכדון
פטרית ושבקית ותרוכית יתיכי ליכי דיתיהויין רשאה ושלטאה
בנפשיכי למהך להתנסבא לכל גבר דיתיצביין ואנש לא ימחא
בידיכי מן שמי מן יומא דנן ולעלם והרי את מותרת לכל אדם
ודן די יהוי ליכי מנאי ספר תרוכין ואגרת שבוקין וגט פיטורין
כדת משה וישראל

בן עד

בן עד

Geṭ écrit en 1983 selon le rite séfarade, au Tribunal Rabbinique de Paris. La mention « Be-khol maqom she-'at 'omedet » (où que tu sois) à la 6e ligne indique que la femme n'était pas présente pour la remise du *geṭ*.

Geṭ ashkénaze

בשלישי בשבת בתשעה ימים לירח מרחשון שנת חמשת אלפים ושבע מאות
וששים לבריאת עולם למנין שאנו מנין כאן בפאריש מתא דיתבא על נהר
שינא ועל נהר ביברא ועל מי מעינות אנא   בן דמתקרי
העומד היום בפאריש מתא דיתבא על נהר שינא ועל נהר ביברא ועל מי
מעינות צביתי ברעות נפשי בדלא אניסנא ושבקית ופטרית ותרוכית יתיכי
ליכי אנת אנתתי דמתקריא   בת דמתקרי   העומדת היום בפאריש
מתא דיתבא על נהר שינא ועל נהר ביברא ועל מי מעינות דהוית אנתתי
מן קדמת דנא וכדו פטרית ושבקית ותרוכית יתיכי ליכי דיתיהוויין רשאה
ושלטאה בנפשיכי למהך להתנסבא לכל גבר דיתיצביין ואנש לא ימחא
בידיכי מן יומא דנן ולעלם והרי את מותרת לכל אדם
ודן די יהוי ליכי מנאי ספר תרוכין ואגרת שבוקין וגט פטורין
כדת משה וישראל

בן   עד

בן   עד

Geṭ écrit en octobre 1999 selon le rite ashkénaze, au Tribunal Rabbinique de Paris. La mention « Ha ‘omedet ha-yom » (ici présente), à la 6e ligne, indique que la remise du *geṭ* a eu lieu en présence de la femme.

Document 3

Traduction du *geṭ*

Tel jour de la semaine […] du mois […] de l'année […] de la création du monde, selon le comput que nous comptons à […] (ville sise), moi […] fils de […], ici présent, j'ai personnellement voulu, sans contrainte aucune, te renvoyer, te répudier, toi ma femme […] fille de […], (ici présente), qui étais ma femme jusqu'à ce jour, et maintenant je te laisse, je te quitte, je te répudie, afin que tu sois libre dès aujourd'hui et pour toujours, de pouvoir te remarier avec qui tu voudras et nul ne pourra le contester ; te voilà permise à tout homme, par moi qui te donne un écrit de répudiation, une lettre de renvoi, un acte de rupture, selon la loi de Moïse et d'Israël.
W. fils de X., témoin
Y. fils de Z., témoin

Document 4

Règles générales appliquées à la rédaction d'un *geṭ*

La langue du *geṭ* est l'araméen. Trois phrases figurent en hébreu à la 1ère, la 10e et la 12e ligne : la date («be[...] be-shabbat be[...] le-yareaḥ [...] shnat [...] li-beri'at ha-'olam») ; «Hare 'at muteret le-khol 'adam» (Te voici permise à tout homme») et «Ke-dat moshe ve-yisra'el» (Selon la loi de Moïse et d'Israël). Cette dernière phrase figure également dans la *ketubbah*.

Le *geṭ* est toujours inscrit sur papier Canson sur un feuillet aux dimensions suivantes : (240 mn X 320 mn) ; justification (230 mn X 230 mn). Ecriture carrée à la plume d'oie ou au roseau, de type séfarade ou ashkénaze selon l'origine de l'homme ; cette dernière écriture se distinguant de la première par l'allongement des lettres *Nun, Ṣadiq* et *Gimel* vers la ligne inférieure. Une encre spéciale est utilisée, de couleur noire ; elle est composée de sulfate de fer, de gomme arabique, de tanin et de noix de Galle. Cette encre sert également à l'écriture des *Sifre-torah*, des *Megilot*, des *Mezuzot* et des *Tefillin* (phylactères).

Texte en une colonne de douze[2] lignes. Réglure tracée à la règle avec une pointe sèche composée de douze lignes horizontales. Adjonction à la suite de la signature hébraïque des témoins.

Le texte commence toujours par la formulation de la date juive. Exemple : Le mardi 9 *Mar-ḥeshvan* de l'année 5760 de la création du monde (mardi 19 octobre 1999).

2 La valeur numérique du mot *geṭ* est douze.

Les deux mots des expressions *bidela' 'anisana'* («sans contrainte») situés à la 5e ligne et *la' ymḥa'* («nul ne le contestera») situés à la 9e ligne, sont indissociables et doivent être écrits sur la même ligne, comme s'ils ne faisaient qu'un seul mot. Les noms des conjoints doivent figurer avant la fin de la 6e ligne. Lorsque la femme est présente pour la délivrance du *geṭ*, son nom est suivi de l'expression: «Ha-'omedet ha-yom» («Présente aujourd'hui»). Si elle est absente et que le *geṭ* est remis à une tierce personne mandatée pour le recevoir à sa place, le nom de la femme est suivi de l'expression: «Be-khol maqom she-'at 'omedet» («Où que tu sois»). Les trois derniers mots du *geṭ*: «Kedat mosheh ve-yisra'el» («Selon la loi de Moïse et d'Israël») occupent l'intégralité de la dernière ligne (la 12e). Afin d'y parvenir, certaines lettres sont allongées horizontalement. Cette précaution est prise afin qu'aucune clause supplémentaire ne soit inscrite dans l'espace libre.

Outre ces règles communes à tous les *giṭṭin*, quelques caractéristiques – dont nous ne retiendrons que deux (en dehors de la graphie de certaines lettres) – différencient un *geṭ* séfarade d'un *geṭ* ashkénaze. Les prénoms étrangers usuels de l'homme, de la femme et de leurs pères respectifs, sont précédés de l'expression «De-mitqare'» («surnommé») dans un *geṭ* séfarade et «Ha-mehuneh» («surnommé») dans un *geṭ* ashkénaze.

Dans un *geṭ* ashkénaze, le nom de la ville (en l'occurence Paris), est suivi – les deux fois où il est cité – de la mention: «'Al nehar sina' ve-'al nehar bivra' ve-'al me-ma'ayanot»(«Sur le fleuve Seine et sur la rivière Bièvre et toutes les petites rivières»), tandis que dans un *geṭ* séfarade cette mention n'apparaît que la première fois où le nom de la ville (Paris) est mentionné.

Document 5

Cérémonial du *geṭ*

Pour le cérémonial du *geṭ*, le mari doit impérativement être présent. Sont également présents un rabbin-juge *(dayyan)* et deux assesseurs, le scribe et deux témoins.

Le mari doit d'abord procéder à l'annulation de toute déclaration pouvant nuire à la validité du *geṭ*. Cette déclaration appelée *Biṭṭul moda'ot* est faite devant deux témoins[3] :

Le mari aux témoins :

Toi […] fils de […] et toi […] fils de […], écoutez ce que j'ordonne au scribe. Toi […] fils de […] et toi […] fils de […], soyez témoins, devant vous j'annule toutes déclarations antérieures qui pourraient nuire à la validité du geṭ.

J'annule également devant vous toutes réserves, et toutes réserves déduites de réserves, jusqu'à l'ombre d'une réserve quelconque, toutes les paroles qui, le cas échéant, pourraient infirmer le geṭ, dans sa rédaction, dans ses signatures ou dans sa remise.

Je déclare et j'affirme solennellement devant vous, que je n'ai jamais prononcé une parole, ni accompli un acte, ni fait aucune déclaration antérieure qui puisse infirmer le geṭ.

3 L'homme lit en français les passages qui lui sont réservés pour s'assurer qu'il les comprend. Dans la même intention, chaque fois que l'on s'adresse à l'homme ou à son épouse, on parle en français. En revanche, les dialogues entre membres du tribunal rabbinique sont en hébreu. Nous les avons traduits ici.

Je récuse tout témoignage contraire à cette affirmation. C'est de mon plein gré que je donne l'ordre d'écrire et de signer le geṭ, je le remettrai à ma femme [...] *fille de* [...]

Le scribe donne au mari le matériel nécessaire à l'écriture du *geṭ* pour qu'il en soit le «propriétaire» et qu'à son tour, il le lui remette pour la rédaction de son *geṭ*.

Le mari au scribe:

Toi, scribe [...] *fils de* [...], *voici le papier, l'encre, l'encrier, la plume et tout le matériel nécessaire. Ecris un geṭ en mon nom* [...] *fils de* [...] *pour divorcer de ma femme* [...] *fille de* [...] *Ecris un geṭ* «Li-shmi, li-shmah u-le-shem gerushin» (en mon nom, en son nom et dans le but de divorcer). *Ecris un geṭ ou plusieurs giṭṭin, même cent giṭṭin, jusqu'à ce que le Bet-Din déclare un geṭ casher et jusqu'à ce que ma femme* [...] *fille de* [...] *le reçoive et soit divorcée de moi* «Ke-dat Mosheh ve-Yisra'el». [*Selon la loi de Moïse et d'Israël*].

Je t'autorise à effacer, à gratter et même à écrire sur les endroits grattés.

S'adressant aux témoins, le mari déclare:

Toi [...] *et toi* [...], *soyez mes témoins et signez le geṭ que va écrire le scribe* [...] *fils de* [...] *et signez le geṭ «Li-shmi, li-shmah u-le-shem gerushin» (en mon nom, en son nom et dans le but de divorcer). Signez un geṭ ou plusieurs giṭṭin, même cent giṭṭin, jusqu'à ce que le Bet-Din déclare un geṭ casher et que ma femme le reçoive et soit divorcée de moi «Ke-dat Mosheh ve-Yisra'el».*

Le scribe écrit la première ligne du *geṭ* devant les deux témoins puis, s'adressant à eux, il dit:

Toi [...] *et toi* [...], *voyez comment j'écris le geṭ que nous a ordonné* [*d'écrire*] *le mari* [...] *fils de* [...] *afin de répudier sa femme* [...] *fille de* [...] *Et je l'écris à son intention* [*à lui*] *et à son intention* [*à elle*] *en tant qu'acte de divorce et toutes les corrections que j'apporte sont pour les besoins du geṭ. Voyez comment j'écris.*

Ensuite le scribe rédige seul le reste du *geṭ* jusqu'à la 11e ligne. Il n'écrit la dernière ligne qu'après vérification et lecture du *dayyan* devant les deux témoins présents au même moment, et immédiatement après la lecture, ces deux derniers se disent l'un l'autre avant d'apposer leur signature (et après s'être assurés que l'encre du *geṭ* est bien sèche) :
Toi, […] fils de […], vois comment je signe le geṭ que nous a ordonné le mari […] fils de […] afin de divorcer de sa femme […] fille de […] ; je le signe à son intention [à lui] et à son intention [à elle] et dans une intention de divorce ; vois de quelle manière je signe.

Les signatures sont écrites en hébreu en toutes lettres (composées uniquement des prénoms) :
A. (prénom) fils de B. (prénom)
C. (prénom) fils de D. (prénom)

Après la rédaction et la signature du *geṭ*, le *dayyan* s'adresse au scribe et le dialogue suivant est prononcé :
– Le *dayyan* : *Toi, scribe […] fils de […] est-ce bien le geṭ que tu as écrit ?*
– Le scribe : *Oui.*
– Le *dayyan* : *Y reconnais-tu un signe distinctif prouvant que c'est bien le geṭ que tu as écrit ?*
– Le scribe : *Oui.*
– Le *dayyan* : *Le mari*[4] *[…] fils de […], t'a-t-il remis le papier, l'encre, l'encrier, les plumes et tout le matériel nécessaire à l'écriture devant les témoins […] fils de […] et […] fils de […] ?*
– Le scribe : *Oui.*

4 En hébreu : *ha-megaresh*. Littéralement : « celui qui divorce ».

– Le *dayyan* : *As-tu écrit sur l'ordre de l'époux ?*
– Le scribe : *Oui.*
– Le *dayyan* : *L'époux[...] fils de [...], t'a-t-il ordonné d'écrire le geṭ à son intention, à l'intention de sa femme et dans le but de divorcer ? Pour divorcer de sa femme [...] fille de [...] ?*
– Le scribe : *Oui.*
– Le *dayyan* : *Le mari a-t-il prononcé ces paroles devant les témoins du divorce [et devant le mandataire]*[5] *?*
– Le scribe : *Oui.*
– Le *dayyan* : *As-tu suivi les prescriptions de l'époux en écrivant le geṭ à son intention, à l'intention de sa femme et dans l'intention d'un divorce ?*
– Le scribe : *Oui.*
– Le *dayyan* : *L'as-tu annoncé aux témoins [et au mandataire] ?*
– Le scribe : *Oui.*
– Le *dayyan* : *Quelles sont les paroles que tu as prononcées avant d'écrire [le geṭ] et à l'intention de qui as-tu écrit ?*
– Le scribe : *Je me suis adressé aux témoins du geṭ [et au mandataire] en ces termes : « Ecoutez-moi, vous témoins [...] fils de [...] et [...] fils de [...] J'écris ce geṭ à l'intention de [...] fils de [...] qui m'a ordonné d'écrire un geṭ pour divorcer de sa femme [...] fille de[...] Je l'écris à son intention [à lui] et à son intention [à elle] et dans une intention de divorce. Je me suis exprimé ainsi et c'est dans cette intention que j'ai écrit [le geṭ].*
– Le *dayyan* : *Les témoins du geṭ [et le mandataire] étaient-ils présents au moins lorsque tu as rédigé la première ligne ?*
– Le scribe : *Oui.*

Le *dayyan* s'adresse ensuite aux deux témoins (en même temps) en ces termes :
– Le *dayyan* : *Avez-vous entendu le mari [...] fils de [...] annuler toute déclaration avant de donner au scribe l'ordre d'écrire ?*

5 Au cas où le *geṭ* est remis à la femme par l'intermédiaire d'un mandataire.

– Les témoins : *Oui.*
– Le *dayyan* : *Avez-vous vu le mari remettre au scribe le papier, la plume et tout le matériel nécessaire à l'écriture afin qu'il lui écrive le geṭ ?*
– Les témoins : *Oui.*
– Le *dayyan* : *Avez-vous entendu le mari ordonner au scribe d'écrire un geṭ à son intention, à celle de sa femme et dans l'intention de divorcer ?*
– Les témoins : *Oui.*
– Le *dayyan* : *Avez-vous entendu le scribe déclarer au mari avant qu'il ne prépare le matériel nécessaire à l'écriture : « Toutes les préparations nécessaires au geṭ sont faites à l'intention du mari* [...] *fils de* [...], *qui m'a ordonné d'écrire ce geṭ pour divorcer de sa femme* [...] *fille de* [...] *et moi, je prépare tout à son intention, à celle de sa femme et dans une intention de divorce ? »*
– Les témoins : *Oui.*
– Le *dayyan* : *Avez-vous entendu le scribe déclarer avant qu'il ne commence la rédaction : « Me voici* [*prêt*] *à écrire ce geṭ à l'intention de* [...] *fils de* [...] *qui m'a ordonné d'écrire un geṭ pour divorcer de sa femme* [...] *fille de* [...] *et j'écris* [*donc*] *à son intention, à celle de sa femme et dans une intention de divorce »* ?
– Les témoins : *Oui.*
– Le *dayyan* : *Reconnaissez-vous par un signe distinctif que c'est bien le geṭ que le scribe* [...] *fils de* [...] *a écrit avec le papier, l'encre, l'encrier les plumes et tout le matériel nécessaire à l'écriture que lui a remis le mari ?*
– Les témoins : *Oui.*
– Le *dayyan* : *Etiez-vous auprès du scribe lorsqu'il a rédigé la première ligne ?*
– Les témoins : *Oui.*

Puis le *dayyan* interroge chaque témoin séparément :

Le *dayyan* : *Toi,* [...] *fils de* [...], *reconnais-tu ta signature ?*
Le témoin : *Oui.*
Le *dayyan* : *As-tu signé sur l'ordre de l'époux ?*

Le témoin : *Oui.*
Le *dayyan* : *Le mari t'a-t-il ordonné de signer à son intention, à celle de sa femme et dans une intention de divorce ?*
Le témoin : *Oui.*
Le *dayyan* : *As-tu signé à son intention, à celle de sa femme et dans une intention de divorce ?*
Le témoin : *Oui.*
Le *dayyan* : *As-tu signé en présence de ton camarade* [*co-signataire*] *(et en présence du mandataire) ?*
Le témoin : *Oui.*
Le *dayyan* : *As-tu dit clairement avant de signer que tu voulais le faire à son intention, à celle de sa femme et dans une intention de divorce ?*
Le témoin : *Oui.*
Le *dayyan* : *Quelles paroles as-tu prononcées avant de signer ?*
Le témoin : *Je me suis exprimé en ces termes : « Toi,* [...] *fils de* [...] *vois que je signe ce geṭ à son intention* [*à lui*], *à celle de sa femme et dans une intention de divorce ». Ensuite j'ai déclaré : « Moi* [...] *fils de* [...] *me voici prêt à signer ce geṭ à l'intention de* [...] *fils de* [...] *qui m'a ordonné de signer un geṭ pour divorcer de sa femme* [...] *fille de* [...] *; je le signe donc à son intention, à celle de sa femme et dans une intention de divorce ». Je me suis exprimé ainsi et j'ai signé dans cette intention.*
Le *dayyan* : *Reconnais-tu la signature de ton camarade* [*co-signataire*] *?*
Le témoin : *Oui.*
Le *dayyan* : *As-tu entendu le mari ordonner à ton camarade* [*co-signataire*] *de signer ce geṭ à son intention, à celle de sa femme et dans une intention de divorce ?*
Le témoin : *Oui.*
Le *dayyan* : *As-tu vu ton camarade* [*co-signataire*] *signer ?*
Le témoin : *Oui.*
Le *dayyan* : *As-tu entendu ton camarade* [*co-signataire*] *également déclarer avant de signer qu'il voulait le faire à son intention, à celle de sa femme et dans une intention de divorce ?*
Le témoin : *Oui.*

Avant que l'homme ne remette le *geṭ* à la femme, le *dayyan* demande au mari de procéder une seconde fois à l'annulation de toute déclaration pouvant nuire à la validité du *geṭ* (au cas où entre-temps il se serait rétracté).

S'adressant à la femme, le *dayyan* lui demande si elle est d'accord pour recevoir le *geṭ* et si elle le reçoit sans contrainte et sans condition, puis il lui demande de retirer ses bagues afin qu'aucun objet ne fasse obstacle à la remise du *geṭ*.

Le *dayyan* donne lecture du *geṭ* au mari juste avant la dernière étape.

Délivrance du geṭ

Le mari et la femme sont debout et se font face en présence du *dayyan* et de deux témoins. Les mains de la femme sont ouvertes et se touchent. Le mari déclare :

Voici ton geṭ, reçois ton geṭ et par ce geṭ tu es divorcée de moi dès maintenant et tu es permise à tout homme.

Puis il dépose le *geṭ* entre les mains de sa femme qui, à son tour élève les mains en signe « d'acquisition ». Elle fait quelques pas vers la porte (pour signifier son « renvoi ») puis revient et remet le *geṭ* au *dayyan*. Celui-ci le plie en quatre et donne un coup de ciseaux dans l'angle plié afin que le *geṭ* ne soit pas utilisé par une autre personne.

Le tribunal rabbinique remet un certificat à l'homme et à la femme pour prouver le divorce et conserve le *geṭ* original.

Délivrance du geṭ par un mandataire

Il arrive fréquemment que la femme accepte de recevoir le *geṭ* au tribunal mais pas en présence de son mari. Dans ce cas, le mari doit charger un mandataire (désigné par le tribunal), de délivrer le *geṭ* à sa place.

S'adressant aux témoins, le mari dit :

Vous êtes témoins que je nomme un mandataire pour porter le geṭ à ma femme [...] fille de [...]

S'adressant au mandataire, il déclare :

Moi [...] fils de [...] , je vous nomme vous [...] fils de [...] comme mon mandataire pour apporter un geṭ à ma femme [...] fille de [...] et le lui remettre en main propre en quelque endroit où vous la rencontrerez. Je vous donne procuration pour me représenter de telle sorte que votre main soit comme la mienne, votre action comme la mienne, votre remise comme ma remise, votre parole comme ma parole et votre mandataire comme mon mandataire.

Je vous donne toute liberté de désigner à votre place un autre mandataire, même en son absence, même par courrier. De même, ce mandataire aura la faculté d'en désigner, s'il lui plaît, un autre et cet autre un autre et ainsi de suite jusqu'à cent mandataires successifs même si aucune nécessité n'impose ces désignations, jusqu'à ce que le geṭ parvienne entre les mains de ma femme où qu'elle soit et partout où le mandataire la trouvera.

Dès que le geṭ sera ainsi remis entre les mains de ma femme, par vous ou par votre mandataire ou par le mandataire de ce dernier et ainsi de suite jusqu'à cent mandataires, même si aucune nécessité n'imposait ces désignations, dès ce moment-là, elle sera répudiée de moi et libre d'épouser un autre homme « u-muteret le-khol 'adam » [« permise à tout homme »].

Je m'engage sous la foi du serment à n'invalider ni le geṭ ni le mandat, ni le mandataire.

Lorsque la femme se présente pour recevoir le *geṭ* des mains du mandataire désigné par le mari pour remettre le *geṭ* à sa place, le *dayyan* interroge celui-ci :

Le *dayyan* : *Connais-tu la femme qui est l'épouse de [...] fils de [...] ?*

Le mandataire : *Oui, par le tribunal.*

Le *dayyan* : *Le mari t'a-t-il fixé un moment pour la remise du geṭ ?*

Le mandataire : *Non.*

Le *dayyan* : *T'a-t-il imposé une condition quelconque ?*

Le mandataire : *Non.*
Le *dayyan* : *Le mari est-il venu ou t'a-t-il envoyé un mandataire pour annuler le geṭ ou la mission ?*
Le mandataire : *Non.*
Le *dayyan* : *As-tu entendu dire qu'il a annulé le geṭ ou la mission en ton absence ?*
Le mandataire : *Non.*
Le *dayyan* : *As-tu désigné un autre mandaire qui serait revenu et t'aurait désigné à sa place ?*
Le mandataire : *Non.*
Le *dayyan* : *Toi-même, as-tu annulé la mission en présence ou en l'absence du mari ?*
Le mandataire : *Non.*
Le *dayyan* : *Remplis-tu cette mission sous condition ou sous la contrainte, à cause d'un voeu ou sous serment ou encore as-tu fait une déclaration sur cette mission ?*
Le mandataire : *Je ne remplis cette mission ni sous condition, ni sous la contrainte, ni à cause d'un vœu ou sous serment et je n'ai pas fait de déclaration sur ma mission. Je n'agis que de plein gré et si j'ai fait quelque chose et l'ai oubliée, je l'annule ici devant vous.*
Le *dayyan* : *Es-tu venu ici pour donner le divorce à cette femme ici présente, et sur mission du mari* […] *fils de* […]
Le mandataire : *Je suis venu ici dans cette intention.*

Le *dayyan* demande à la femme de retirer ses bagues puis en présence des témoins, il procède à la lecture du *geṭ* avant sa remise.

Ensuite, le mandataire remet le *geṭ* à la femme et déclare :

Voici ton geṭ et reçois le geṭ que t'a envoyé ton mari […] *fils de* […] *Par ce geṭ tu es divorcée de ton mari dès maintenant et tu es permise à tout homme. Je suis le mandataire du tribunal.*

La remise du *geṭ* par le mandataire est identique à celle que le mari effectue.

Bibliographie

I. Sources classiques

1. La Bible

Edition bilingue. Traduction sous le direction du grand rabbin Z. Kahn, Paris, éd. Colbo, 1967.

La Bible par E. Dhorme, Paris, éd. La Pléiade, 2 vol.

Torat Ḥayyim, Ḥamishah Ḥumshe Torah, Jérusalem, Mossad Harav Kook, 6 vol, 1986.

2. La Mishnah.

Mishnah. Commenté par Pinḥas Qehati, Jérusalem, éd. Hekhal Shelomoh (9e éd.), 12 vol., 1977.

3. Talmud de Babylone

Talmud *de Babylone.* New York, éd. Shulsinger Bros., 20 vol., 1947-1948.

Talmud *de Babylone.* Traduit et commenté en hébreu par Adin Steinsaltz, Jérusalem, The Israel Institute for Talmudic Publications, 20 vol., 1982-1988.

Talmud *de Babylone.* (Traités *Ketubbot* et *Ta'anit*). Traduit en français et commenté par J.-J. Gugenheim et J. Grunewald, Paris, Fonds Social Juif Unifié et éd. Ramsay, 1994-

4. Talmud de Jérusalem

Talmud *de Jérusalem.* Traduit par Moïse Schwab, Paris, éd. G.P. Maisonneuve et Larose, 6 vol., 1969.

5. *Ouvrages de Maïmonide*

MAÏMONIDE M., *Epîtres*, traduit de l'hébreu par J. de Hulster, Paris, Verdier, Collection « Les Dix Paroles », 1983, 195 p.

MAÏMONIDE M., *Le Guide des Egarés*, traduit de l'arabe par S. Munk, suivi du *Traité des Huit Chapitres*, traduit de l'arabe par J. Wolf, Paris, Verdier, Collection « Les Dix Paroles », 1979, 691 p.

Mishneh Torah, Jérusalem, éd. Eshkol, 8 vol., 1986.

Mishneh Torah, Jérusalem, éd. Mossad Harav Kook, 20 vol., 1987.

Le Livre de la Connaissance (Sefer ha-Mada'), traduction française du premier livre du *Mishneh Torah*. Traduit et annoté par V. Nikiprowetzki et A. Zaoui, étude préliminaire de S. Pinès. Paris, Presses Universitaires de France, 1961.

Le Livre des Commandements (Sefer ha-Miṣvot). Traduit, commenté et annoté par A.-M. Geller, Lausanne, éd. L'Age d'Homme, 1987.

6. *Shulḥan 'arukh*

Shulḥan 'arukh de R. Yosef Qaro, Jérusalem, El ha-meqorot, 11 vol. 1953.

Shulḥan 'arukh le-Rabbenu Yosef Qaro 'im Ha-Rama', Jérusalem, éd. Ketuvim, 1 vol., 1995.

Shulḥan 'arukh abrégé. Traduit par le grand rabbin Ernest Weill, Paris, Keren Hasefer, 1980.

7. 'ASHER BEN YEḤYIEL *(Ha-Rosh)*

– *She'elot u-teshuvot Ha-Rosh* (*responsa* du *Rosh*), Jérusalem, 1971 (rééd.).

II. Ouvrages et articles sur Maïmonide

Bendict B. Z., « Le darko shel Ha-Rambam be-ta'amo shel din » (Sur la méthode de Maïmonide dans l'appréciation de la loi), *Torah she Be'al Peh* 6 (1964), pp. 87 et suiv.

Dienstag J., « Le-yaḥas Maran el mishnat Ha-Rambam », (Le lien entre R. Yosef Qaro et Maïmonide), *Sinaï* 59 (1966), pp. 54-75.

Goiten S. D., *Moses Maïmonide, Man of Action, a Revision of the Master's Biography, in Light of the Geniza Documents*, Hommage à G. Vajda, Louvain, 1980 pp. 155-167.

Heschel A., *Maïmonide.* Introduction de C. Sirat. Préface de B. Chapira. Traduit de l'allemand par G. Bernard, Paris, éd. Keren Hasefer, 1982.

Sirat C., *La philosophie juive médiévale en terre d'Islam*, Paris, Presses du C.N.R.S., 1988, 278 p.

Sirat C., *La philosophie juive au Moyen-Age selon les textes manuscrits et imprimés*, C.N.R.S., Paris, 1983, 529 p.

Stern S. M., « Ḥalifat ha-mikhtavim ben Ha-Rambam ve-ḥakhme Provinṣyah » (Echange épistolaire entre Maïmonide et les Sages de Provence), *Sion* 16 (1951), pp. 18-29.

Twersky I., *Introduction to the Code of Maïmonides (Mishneh Torah).* New-Haven et Londres, Yale University Press, 1980.

Yellin D., et Abrahams I., *Maïmonides, His Life and Works*, réed. (après une révision et des compléments par J. I. Dienstag), Londres 1903, Philadelphie 1936, New York, 1972.

III. Ouvrages généraux

Assaf, S., « Biṭṭulah shel ketubbat benin dikhrin », *Ha-Ṣofeh le-Ḥokhmat Israel* 10 (1926), pp. 18-30.

AVITṢUR S., « Ṣefat, merkaz le-ta'asiyyat 'arige ṣemer ba-me'ah ha-ḥamesh 'esreh », *Sefer Ṣefat* 1 (1962), Jérusalem, pp. 41 et suiv.

BÈBE, P. *Le Judaïsme libéral*, Paris, éd. Grancher, 1993, 261 p.

BASHI E., « Ṭovat ha-peraṭ mul ṭovat ha-ṣibbur (Ḥashash le-'aginut mul ṣav hasgarah) », (L'intérêt de l'individu face à l'intérêt collectif), *Teḥumin* 9 (1988), pp. 63-68.

BENAYAHU M., « Ḥiddushah shel ha-semikhah », *Sefer ha-Yovel le-Yisḥaq Baer*, Jérusalem, 1961, pp. 248-269.

BENDICT B. Z., « He'arot le-toldot Ha-Rif », (Notes sur l'histoire du Rif), *Kiriyat Sefer* 27 (1951), pp. 119-120.

BEN-MENASHE Y., *Nissu'in 'ezraḥiyyim, be-ṣalmenu ki-dmutenu*, (Mariage civil, à notre image), Tel-Aviv, 1987, 95 p.

BERKOWITS E., *Tna'y be-nissu'in u-ve-geṭ, Berure halakhah,* (Clause dans le mariage et le *geṭ*), Jérusalem, Mossad Harav Kook, 1967, 172 p.

BLEICH J. D., « Modern-Day Agunot : A Proposed Remedy », *The Jewish Law Annual* 4 (1981), pp. 167-187.

BUBIS G. B., *Saving the Jewish Family,* Boston, The Jerusalem Center for Public Affairs/Center for Jewish Community Studies, 1985.

BULKA R. P., « Divorce : the problem and the challenge », *Tradition* 16 (été 1976), pp. 33-127.

CATZ N., « Le globe-trotter du guett », *Kountrass* 51 (mars-avril 1995), Jérusalem, pp. 21-23.

CHARVIT Y., *Elite rabbinique et modernité,* 1750-1914, Jérusalem, éd. Gaï Yinassé, 1995.

CHARVIT Y., *Elite rabbinique d'Algérie et Eretz Israël au XIXe siècle, Tradition et Modernité,* Thèse de Doctorat, Paris, Institut National des Langues et Civilisations Orientales, 1998, 600 p.

CHIGIER M., « Ruminations over the Agunah Problem » *The Jewish Law Annual* 4 (1981), pp. 207-225.

COHEN BOAZ, *Quntres ha-Teshuvot*, (Dictionnaire bibliographique de la littérature des *responsa*, en hébreu, accompagné d'une introduction sur l'histoire de la *halakhah* et l'évolution du droit rabbinique), Budapest, 1930, 226 p.

COHEN S. Y. « Be-'inyan nissu'in 'ezrahiyyim », (A propos du mariage civil), *Teḥumin* 3 (1982), pp. 154-170.

COHEN S. Y. « Kefiyyat ha-geṭ ba-zeman ha-zeh », (La contrainte au *geṭ* de nos jours), *Teḥumin* 11 (1990), pp. 195-203.

COHEN S. Y. « Zug she-ḥay be-lo' ḥuppah ve-qiddushin, matay yesh le-ḥayyevo be-geṭ ? », (Couple vivant sans mariage religieux, dans quel cas doit-on exiger le *geṭ*), *Teḥumin* 13 (1993), pp. 286 et suiv.

DAHAN R. D., *Le mariage à clause résolutoire dans le droit rabbinique*, Mémoire, Ecole Pratique des Hautes Etudes, Section Sciences Religieuses, Paris, 1993, 131 p.

ELKALAÏ B. S., *Taqqanat 'agunot*, manuscrit, Alger, 1911.

ELLINSON E., « Seruv latet geṭ », (Refus de délivrer le *geṭ*), *Sinaï* 69 (1971), pp. 135-168.

ELON M., *Ha-mishpaṭ ha-'ivri, Toldotav, Meqorotav 'Eqronotav* [Jewish Law, History, Sources, Principles], Jerusalem, The Magnes Press, The Hebrew University, 3 vol., 3e éd., 1997, 2024 p.

ELON M., *Ha-mafteaḥ ha-mishpaṭi le-ḥakhme-Sefarad u-ṣefon-Afriqah*, (Index des questions juridiques évoquées dans la littérature des *responsa* des rabbins séfarades et d'Afrique du Nord), 2 vol., Jérusalem, 1986.

ENKAOUA A. *Kerem Ḥemer* (Responsa), Livourne, 1862-1862.

EPSTEIN Y. L., *Haṣa'ah le-ma'an taqqanat 'agunot*, (Proposition en faveur d'une *taqqanah* pour les *'agunot*), New York, 1930, 39 p.

EPSTEIN Y. L., *Lishe'elat ha-'agunah*, (La question de la *'agunah*), New york, Ginsberg Linotyping Company, 1940, 272 p.

EPSTEIN L. M., *Marriage Laws in the Bible and the* Talmud, Cambridge Massachusetts, Harvard University Press, 1942, 362 p.

FALK Z., *Nissu'in ve-gerushin, Reforms in the family law of German-French Jewry*, Faculty of Law of the Hebrew University Legal Studies n° 9, Jerusalem, The Hebrew University Student's Press, 1961, 142 p.

FALK Z., *Jewish Matrimonial Law in the Middle Ages*, Oxford University Press, 1966, 154 p.

FALK Z., *Tevi'at gerushin mi-ṣad ha-'ishah be-dine Yisra'el*, (The Divorce Action by the Wife in Jewish Law), Institute for Legislative Research and Comparative Law, Jerusalem, The Hebrew University, 1973, 123 p.

FALK Z., « Qol da'atah le-taqqanat benot Yisrael » *Siaḥ Mesharim* 24 (1993), pp. 67-70.

FINKELSTEIN L., *Jewish Self-Government in the Middle Ages*, New York, Jewish Theological Seminary of America, 1924. [2e éd. New York 1964].

FLAVIUS Joseph, *Autobiographie*, par A. Pelletier, Paris, les Belles-Lettres, 1959.

FLAVIUS Joseph, *Antiquités Judaïques*, traduit par Julien Weill, Paris, 1926.

FRANCK M., *Qehilot Ashkenaz u-vate dinehem me-ha-me'ah ha shtem 'esreh 'ad ha-me'ah ha-ḥamesh 'esreh*, Tel-Aviv, 1938.

FREEHOF S. B., *The responsa Literature*, Philadelphia, 1955.

FREIMAN A. H., *Seder qiddushin ve-nissu'in 'aḥare ḥatimat ha*-Talmud, (La cérémonie du mariage après la clôture du Talmud), Jérusalem, Mossad Harav Kook, 1945.

FRIEDMAN M. A., « Termination of the Marriage Upon the Wife's Request: A Palestinian Ketubbah Stipulation », *Proceedings of the American Academy for Jewish Research* 37, (1969), pp. 29-55.

FRIEDMAN M. A., *Jewish Marriage in Palestine: A Cairo Genizah Study*, Université de Tel-Aviv, 1981.

FRIMER D., *'Illut gerushin 'eqev hitnahagut bilti musarit (Ḥuṣ mi-zenut) ba-mishpaṭ ha-'ivri*, [*Divorce Due to Immoral Behavior (other than adultery) According to Jewish Law*] (thèse de doctorat), Université Hébraïque de Jérusalem, 1980, 264 p.

FRIMER D., « She'elah be-'inyan ha-'agunah ha-zequqah la-ḥaliṣah » (Le problème de la *'agunah* soumise à la cérémonie du « déchaussement »), *Barkay* 6 (1990), pp. 106-107.

GARTNER T., « Problems of a Forced Geṭ », (Problèmes engendrés par un « *geṭ* forcé »), *Journal of Halakha and Contemporary Society* 9 (1985), pp. 118-142.

GOITEN S. D., *A Mediterranean Society, The Jewish Communities of the Arab World as Portrayed in the Documents of the Cairo Geniza*, 4 vol., Berkeley, Los Angeles, London, University of California Press. Vol. I : *Economic Foundations.* Vol. II : *The Community.* Vol. III : *The Family.* Vol. IV : *Daily Life*, 1967-1983.

GOITEN S. D., *Sidre ḥinnukh bi-me ha-Ge'onim 'ad bet Ha-Rambam, Meqorot ḥadashim min ha-Genisah*, (Jérusalem, Université Hébraïque, Institut Ben Tsvi et Kiryat Sefer, 1962, 226 p.

GULAK A., *'Oṣar ha-sheṭarot*, (Recueil de contrats), Jérusalem, 1926.

GULAK A., *Yesode ha-mishpaṭ ha-'ivri*, (Les fondements du droit hébraïque), 4 vol., Jérusalem, 1923.

GROSSMAN A., *Ḥakhme Ashkenaz ha-Rishonim. Meqorotehem, darkam be-hanhagat ha-ṣibbur, yeṣiratam ha-ruḥanit me-re'shit yishuvam ve-'ad li-gezerot 900-1096* [The Early Sages of Ashkenaz, Their lives, Ledership and Works (900-1096)], Jérusalem, The Magnes Press, The Hebrew University, 1988, 484 p.

HACOHEN M., *'Al halakhah u-mishpaṭ* (Au sujet de la *halakhah* et du droit), Coll. Maḥanayyim, Jérusalem, Merkaz Sapir, 1996.

HAYKIN M. A., « Teshuvah be-hetter 'agunah » (Pour une autorisation en faveur des *'agunot*) *Shanah be-Shanah* (1986), pp. 149-157.

HAUT I. H., « A problem in Jewish Divorce Law : an analysis and some suggestions », *Tradition* 16 (Sept. 1977), pp. 29-49.

HAUT I. H., *Divorce in Jewish Law and Life*, Studies in Jewish Jurisprudence (vol. 5), New York, Sepher-Hermon Press, 1983, 146 p.

HAZAN E., *Ta'alumot lev* (Responsa), 3 tomes, Livourne, 1897, 1893, 1903.

HIRSHBERG H. Z., *Toldot ha-yehudim be-'Afriqah ha-ṣefonit mi-me qedem ve-'ad zemannenu* [A History of the Jews in North Africa from Antiquity to Our Time], Jérusalem, Mossad Bialik, 2 vol., 1965.

JOSEPHE FLAVIUS, *Les Antiquités Juives.* Vol. I, Livre I à III. A. Introduction et texte/Flavius Josephe ; texte trad. et notes par E. Nodex avec la collaboration de G. Berceville, A. Paul, E. Warshawski, Paris, Ed. du Cerf, 1990, 155 p.

JOSEPHE FLAVIUS, *Les Antiquités Juives.* Vol. I, Livre I à III. B. Traduction et notes/Flavius Josephe : texte, traduction et notes par G. Berceville, A. Paul, E. Warshawski, Paris, Ed. du Cerf, 1990, 190 p.

KAHANA Y. Z., (édit.), *Sefer ha-'agunot, 'osef meqorot 'im perushim, berurim ve-he'arot,* (Le livre des *'agunot*, recueil des sources, avec explications et remarques), Jérusalem, Mossad Harav Kook, 1954, 495 p.

KAHANA Y. Z., (édit.), *Maharam mi-Rothenburg, Teshuvot, Pesaqim u-minhagim*, (Le Maharam de Rothenburg, *responsa*, décrets et coutumes), Jérusalem, 1963.

KATZ J., *Exclusiveness and Tolerance*, New York, Shocken, 1969.

KOHN J., « La protection juridique des 'agounoth par la Justice Française » *Kountrass* (octobre-novembre 1998), Jérusalem, pp. 34-38.

KRYGIER R., *La loi juive à l'aube du 21e siècle,* (ouvrage collectif sous la direction de R. Krygier), Paris, Ed. Messer, 1995, 224 p.

La Tradition du nouveau, Charte des principes du mouvement Massorti, Publication de la communauté Massorti « Adath Shalom », éditeur responsable : C. Machline, président d'Adath Shalom, Paris, [s. d].

LONDNER A., « Ha-pesiqot shelo 'osot harbeh ra'ash » (Ses arrêts font grand bruit), *Na'amat* (nov. 1992), pp. 28-30.

LUBETZKI Y., *En tna'y be-nissu'in*, (Pas de condition dans le mariage), éd. Y. Lubetzki, Vilna, Woronowski, 1930.

MARGALIOT E. Z., *Sefer ha-yashar le-Rabbenu Tam* (Le *Sefer ha-yashar* de R. Tam), d'après l'édition de Shraga Fisch Rosenthal, Berlin, 1898, New York, 1959 (rééd.).

MANTEL H. D., *Meḥqarim be-toldot ha-Sanhedrin*, (Recherches sur l'histoire du Sanhedrin), Tel Aviv, Devir, 1969, 460 p.

MEISELMAN M., *Jewish Women in Jewish Law*, Ktav Publishing House, New York, Yeshiva University Press, 1978, 218 p.

MEISLIN J., « Jewish divorce in American courts », *Journal of Family Law* 16, 1 (1977-78), pp. 19-35.

MEMMI A., *Portrait d'un Juif*, Paris, Gallimard, 1962. 383 p.

MIKHALSON M., « Sherlok Holmes shel 'agunot », (Le Sherlok Holmes des *'agunot*), *Yedi'ot 'aḥaronot* (10.10.90), pp. 18-19.

MUFFS Y., *Studies in the Aramaïc legal Papyri from Elephantine*, The Netherlands, Leiden, E. J. Brill, 1969.

NEHER-BERNHEIM, R., *Histoire Juive de la Renaissance à nos jours*, 2 vol., Paris, Durlacher, 1963.

OVADIA Y., « Teshuvot be-'inyan ha-'agunah ha-zequqah la-ḥaliṣah » (*responsa* au sujet de la *'agunah* soumise à la cérémonie du « déchaussement »)*Barkay* 6 (1990), pp. 108-159.

PAPERON B., « Le divorce dans la tradition hébraïque », *Revue de Droit Canonique 48/1*, Strasbourg, 1998, pp. 7-33.

PARIENTE I., « Teluyot ba-'avir » (Suspendues dans l'air), *Nogah* 23 (1992), pp. 36-37, 42.

PHYLLIS COHEN A., *The Modernization of French Jewry : Consistory and Community in the Nineteenth Century*, Hanover, New Hampshire, Brandeis University, 1977, 450 p.

PORTEN B., *Archives from Elephantine*, Berkeley and Los Angeles, University of California Press, 1968.

RAJAK T., *Josephus, the Historian and his Society, Classical Life and Letters*, Londres, Duckworth, 1983.

RAKEFFET-ROTHKOFF A., « Annulment of marriage within the context of the Geṭ », *Tradition* 15 (Printemps 1975), pp. 85-173.

RAKOVER N., « Yaḥase 'ishut bi-kfiyyah ben ba'al le-'ishto », (Les liens matrimoniaux dans la contrainte), *Shenaton ha-Mishpaṭ ha-'Ivri* 6-7, (1979/80), pp. 295-317.

ROZEN Tsvi A., *Dine mishpaḥah be-Yisrael ben qodesh le-ḥol*, Jérusalem, Hosa'at Papyrus, 1990.

RUBINSTEIN S. T., « Hetter 'agunot she-ba'alehen nishtamedu » (Mesure en faveur des *'agunot* dont le conjoint a apostasié), *Torah she be'al peh* 27 (1985), pp. 57-64.

RISKIN S., *Women and Jewish Divorce, The Rebellious Wife, the Agunah and the Right of Women to Initiate Divorce in Jewish Law. A Halakhic Solution*, New York, Ktav Publishing House, 1989, 196 p.

SAUTAYRA E. et CHARLEVILLE M., *Code rabbinique, Eben Haezer, traduit par extraits avec les explications des docteurs juifs, la jurisprudence de la Cour d'Alger et des notes comparatives de droit français et de droit musulman*, Imprimerie Centrale Algérienne, Alger, 2 vol., Tome I : Traités *'Ishut* et *qiddushin*, 171 p. Tome II : Traités *Ketubbot, Giṭṭin* et *Yibbum*, 353 p. ,1860.

SCHLESINGER B., *Jewish Family Issues : A Ressource Guide*, New York and London, Garland Publishing Inc., 1987.

SCHERESCHEWSKY B. S., *Dine mishpaḥah* [Family Law in Israel], Jérusalem, Rubin Mass LTD, Publisher, 4e éd., 1993, 471 p.

SCHWARTZ G., « Hetter me'ah Rabbanim », (Autorisation de cent rabbins), *Journal of Halakha and Contemporary Society* 11 (1986), pp. 33-49.

SCHWARZ S. H., « Conservative Judaism and the Agunah », *Conservative Judaism* 36 (automn 1982), pp. 37-44.

SHAANAN H. S., « 'Ofanim li-kfiyyat ha-geṭ », (Méthodes pour contraindre au *geṭ*), *Teḥumin* 11 (1990), pp. 203-214.

SHANOFF S.E., « The legal status of women in Israel », *Congress Monthly* 48 (juin 1981), pp. 9-12.

SHOHTMAN E., *Ma'amad ha-'ishah ba-ḥevrah u-va-mishpaṭ* (Le statut de la femme dans la société et dans le droit), (ouvrage collectif), Jérusalem.

Takanot, Comptes rendus des Conseils Annuels des Grands rabbins du Maroc, Institutions Israélites du Maroc, Direction des Affaires Chérifiennes, Casablanca, 1949 à 1955.

TA-SHEMA I., « Yeṣirato ha-sifrutit shel rabbenu Yosef Ha-Levi Ibn Migash » (La création littéraire de Yosef Ha-Levi Ibn Migash), *Kiryat Sefer* 46 (1971), pp. 136-146 et *Kiryat Sefer* 47 (1972), pp. 318-321.

TA-SHEMA I., « Gedarav shel sefer ha-ma'or 'al hilkhot Ha-Rif », *Ha-Mishpaṭ ha-'Ivri* 5 (1978).

TCHERNOWITZ C., *Toldot ha-Posqim*, (Histoire des décisionnaires), 1946.

TOUATI C., « Le *Mamzer*, la *zona* et le statut des enfants issus d'un mariage mixte en droit rabbinique » dans *Les Juifs au regard de l'histoire, Mélanges en l'honneur de Bernard Blumenkranz*, Paris, 1985, pp. 37-47.

TYCOCINSKI, C., *Taqqanot ha-Ge'onim*, (Les ordonnances des *Ge'onim*), Tel-Aviv et Jérusalem, Ed. Ḥavaṣelet, 1959.

URBACH E., *Ba'ale ha-Tosfot, toldotehem, ḥibburehem ve-shiṭatam*, (Les Tossafistes, leur vie, leur œuvre et leur méthode), Jérusalem, Mossad Bialik, 1968, 599 p.

VALENSI D., « 'Ad matay nisha'er 'agunot? 'Ad she-ha-mavet yatir 'otanu ? » (Jusqu'à quand demeurerons-nous des *'agunot?*), *Nogah* 13 (1987), pp. 25-29.

VERHEFTIG Z., « Kefiyyat geṭ la-halakhah u-le-ma'aseh », (La contrainte au *geṭ* selon la loi et dans la pratique), *Shenaton ha-Mishpaṭ ha-'Ivri*, 3-4, (1976/1977), pp. 153-178.

WEILL E., *La femme juive. Sa condition légale d'après la Bible et le Talmud*, Paris, Librairie A. Durlacher, 1907, [1ère éd. 1874], 144 p.

ZAFRANI H. *Les Juifs du Maroc, Vie sociale, économique et religieuse, Etudes de taqqanot et responsa*, Paris, Geuthner, 1972, 331 p.

ZAFRANI H., *Poésie juive en Occident musulman*, Paris, 1977.

ZAGOURI A., *Le divorce d'après la loi Talmudique. Chez les Marocains de confession Israélite et les Réformes actuelles en la Matière*, Tanger, Les Editions Marocaines et Internationales, 1958, 138 p.

ZAGOURI A., *Le Régime Successoral des Israélites Marocains et les Réformes Actuelles en la Matière*, Tanger, Les Editions Marocaines et Internationales, 1959, 138 p.

ZEMER MOSHE, « Purifyind Mamzerim », *The Jewish Law Annual* 10, pp. 99-113.

ZILBERG M., *Ma'amad ha-'ishi be-Yisra'el*, (Le statut personnel en Israël), (4e éd.), Jérusalem, 1965.

IV. Ouvrages sur l'histoire des Juifs de France

ABBÉ GRÉGOIRE, *Essai sur la Régénération physique, morale et politique des Juifs*, Ouvrage couronné par la Société royale des Sciences et des Arts de Metz le 23 août 1788, Metz, Imprimerie de Claude Lamort, 1789, 264 p.

ANCHEL R., *Napoléon et les Juifs*, Paris, Presses Universitaires de France, 1928.

ANCHEL R., *Les Juifs de France,* Collection «La roue de la Fortune», collection d'études historiques dirigée par J. Davout, Paris, éd. J. B. Janin, 1946, 293 p.

AYOUN R., *Les Juifs de France, De l'émancipation à l'intégration, 1787-1812*, Paris, l'Harmattan, 1997, 320 p.

BADINTER R., *Libres et égaux. L'émancipation des Juifs de France, 1789-1791*, Paris, Fayard, 1989, 237 p.

BERG R., *Histoire du rabbinat français, XVIe-XXe siècles.* Préface du Grand rabbin Jacob Kaplan, Paris, Editions du Cerf, 1992.

BERG R., *Histoire des Juifs à Paris, de Chilpéric à Jacques Chirac, Paris,* Les éditions du Cerf, 1997, 392 p.

BLUMENKRANZ B., *Histoire des Juifs en France*, Toulouse, Privat, 1972, 480 p.

FEUERWERKER D., *L'émancipation des Juifs en France, de l'Ancien Régime à la fin du Second Empire*, Paris, Albin Michel, 1976, 775 p.

GINSGURGER M., *Cerf-Berr et son époque*, Guebwiller, J. Dreyfuss, 1908, 34 p.

KAUFMAN Y. *L'attitude du Consistoire Central Israélite de France et d'Algérie face à la Séparation des Eglises et de l'Etat*, Thèse de doctorat, Université des Sciences humaines de Strasbourg, 1991, 504 p.

NAHON G., *Communautés judéo-portugaises du Sud-Ouest de la France (Bayonne et sa région) 1684-1791*, Paris, Thèse de troisième cycle, 1969, 575 p.

SCHWARZFUCHS S., *Les Juifs de France*, Paris, Albin Michel, 1975, 352 p.

V. Sociologie et démographie des Juifs

1. Ouvrages

ALLOUCHE-BENAYOUN J. et BENSIMON D., *Les Juifs d'Algérie, hier et aujourd'hui, mémoire et identité,* Toulouse, Privat, 1989, 290 p.

ALLOUCHE-BENAYOUN J. et BENSIMON D., *Les Juifs d'Algérie, Mémoires et identités plurielles,* Paris, Ed. Stavit, 1998, 433 p.

BACHI R., *Population Trends of World Jewry,* Hebrew University of Jerusalem, 1976.

BENSIMON D., *Immigrants d'Afrique du Nord en Israël; évolution et adaptation,* Paris, Ed. Anthropos, 1970, 615 p.

BENSIMON D., *L'intégration des Juifs nord-africains en France,* Paris-La Haye, Mouton, 1971, 263 p.

BENSIMON D., *Socio-démographie des Juifs de France et d'Algérie: 1867-1907,* Paris, Publications Orientalistes de France, 1976, 375 p.

BENSIMON D., *Les Juifs dans le monde au tournant du 21e siècle,* Paris, Albin Michel, Collection «Présences du Judaïsme», 1994, 183 p.

BENSIMON D. et DELLA PERGOLA S., *La population juive de France, socio-démographie et identité,* Jérusalem, Paris, The Institute of Contemporary Jewry, The Hebrew University of Jerusalem, C.N.R.S., 1984, 436 p.

BENSIMON D. et LAUTMAN F., *Un mariage. Deux traditions: Chrétiens et Juifs,* Editions de l'Université de Bruxelles, 1977, 248 p.

BITTON M., *Femmes juives. Une approche bibliographique,* (photocopies reliées), 1995, 57 p.

BITTON M. et PANAFIT L., *Etre juif en France aujourd'hui,* Paris, Hachette Littératures, 1997, 241 p.

CHOURAQUI A., *Les Juifs d'Afrique du Nord, (Marche vers l'Occident),* Paris, P.U.F., 1952, 398 p.

CHOURAQUI A., *Histoire des Juifs en Afrique du Nord,* Paris, Hachette, 1985, 620 p.

COHEN B., AYOUN R., *Les Juifs d'Algérie, 2000 ans d'histoire*, préf. de G. Nahon, Paris, J. C. Lattès, 261 p.

DELLA PERGOLA S., *Jewish and Mixed Marriages in Milan. 1901-1968*. Jerusalem, Institute of Contemporary Jewry, The Hebrew University of Jerusalem, 1972, 166 p.

DELLA PERGOLA S. et COHEN L., *World Jewish Population: Trends and Policies*, The Institute of Contemporary Jewry, The Hebrew University of Jerusalem, 1992, 334 p.

EISENBETH M., *Les Juifs d'Afrique du Nord, démographie et onomastique*, Alger, Imprimerie du Lycée, 191 p.

HASSOUN J., *Juifs du Nil* (textes réunis par J. Hassoun), Paris, le Sycomore, 1981, 259 p.

HAZELTON L., *Israeli Women. The Reality Behind the Myths*, New York, Simon and Shuster, 1977. (traduit de l'anglais par M. Bitton, *Les Israéliennes au-delà des mythes*, 1981).

Shenaton Statisti le-Yisra'el 1997, (Annuaire Statistique d'Israël), Ha-Lishka ha-Merkazit le-Statistiqah, Statistical Abstract of Israel, 1997.

TAÏEB J., *Etre Juif au Maghreb à la veille de la colonisation*, Paris, Albin Michel, «Présences du Judaïsme», 1994, 144 p.

TAPIA C., *Les Juifs sépharades en France, 1965-1985, Etudes psychosociologiques et historiques*, Paris, l'Harmattan, 1986, 410 p.

TEDGHI J., *Les Juifs d'Afrique du Nord, 1967-1985 : évolution socio-politique*, Paris VIII-I.N.A.L.C.O., thèse de doctorat, 1987, 467 p.

2. *Articles*

ALLOUCHE-BENAYOUN J., «Rôle et statut de la femme en Israël», *Yod* 8 (1978), pp. 25-52.

ALLOUCHE-BENAYOUN J., «Couples mixtes et transmission», in *Femmes et Judéité*, Actes des journées d'étude, Ecole des Hautes Etudes du Judaïsme-I.N.A.L.C.O., 1993, pp. 83-91.

Atlan A., *Rapports et Statistiques du Statut Personnel. Dossiers traités au Consistoire de Paris par les services du Statut Personnel pour les années 1996 et 1997*, Consistoire Israélite de Paris, Tribunal rabbinique, Paris, 1998, 29 p.

Attal-Lefi V., «La Famille juive dans la laïcité française», *Panoramiques* 7 (1992), pp. 108-112.

Ayoun R., «De la conquête au départ des français: les Juifs d'Algérie de 1830 à 1962», Paris, *Le Temps séfarade* 1 (décembre 1987), pp. 9-11.

Bachi R., «Buts et problèmes de la démographie juive», in *La vie juive dans l'Europe contemporaine*, Bruxelles, éd. de l'Institut de Sociologie de L'Université libre, 1965, pp. 37-46.

Bensimon D., «Réflexions sur les mariages mixtes», *Traces* 2 (1981), pp. 62-68.

Bensimon D., «Les femmes dans les tensions religieuses de la société israélienne», in *Femmes et Judéité*, Actes des journées d'étude, Ecole des Hautes Etudes du Judaïsme-I.N.A.L.C.O., 1993, pp. 45-54.

Bensimon D. et Della Pergola S., «Sondage socio-économique auprès des Juifs de France. Résultats préliminaires pour Paris» *Yod* 1 (1976), pp. 5-21.

Bensimon D., «Sondage socio-économique auprès des Juifs de France: résultats préliminaires pour la banlieue parisienne», *Yod* 2 (1977), pp. 55-68.

David R., «Le statut de l'épouse. Halakha ou politique de la Halakha», *Les Nouveaux Cahiers* 88 (1987), pp. 29-34.

Della Pergola S., «Demographic Perspectives of Mixed Marriages» in *Encyclopedia Judaica Yearbook* (1975-76), Jerusalem Keter Publishing, pp. 198-210.

Della Pergola S., «The French Jewish Population Study: Progress Report and Evaluation of Research Problems», in *Papers in Jewish Demography 1973*, Jerusalem, The Hebrew University, Jewish Population Studies, n° 10, 1977, pp. 79-107.

Della Pergola S., «A New Estimate of Greater Paris Jewish Population Size», in *Studies in Jewish Demography – Survey for 1972-1980*,

Jerusalem, The Hebrew University and London, Institute of Jewish Affairs, Jewish Population Studies, No. 14, 1983, pp. 18-32.

DELLA PERGOLA S., « L'effet des mariages mixtes sur la natalité dans une sous-population : quelques problèmes et résultats concernant la diaspora juive » in *Démographie et destin des sous-populations*, Paris, Association Internationale des démographes de langue française, 1983, pp. 223-236.

FARHI D., « Point de vue d'un rabbin libéral » [sur le mariage mixte], *Traces* 2 (1981), pp. 62-74.

FARHI D., « Mariage mixte et continuité juive », *Les Nouveaux Cahiers* 88 (1987), pp. 59-63.

GUTWIRTH J. et RAPHAËL F., « Mariage endogamique ou exogamique » in *L'Autre dans la conscience juive*, Presses Universitaires de France, 1974, pp. 197-208.

MASSERIK F., CHENKIN A., « U.S. National Jewish Population Study », *American Jewish Year Book* 74 (1973), pp. 264-306.

PEREZ M., *Le Chroniqueur* n° 33 (19 Heshvan 5753), 1993.

RABI V., « Mariage endogamique ou exogamique », *L'autre dans la conscience juive. Le sacré et le couple* ; XIIe-XIIIe colloques des Intellectuels de langue française, Paris, P.U.F., 1973, pp. 189-224.

RAPHAËL F., « La famille juive menacée », *Les Nouveaux Cahiers* 27 (1971), pp. 51-63.

ROUSSELIN P., « La prison à vie plutôt que le divorce », *Le Figaro* (18 février 1993).

SERFATY M., « Syndicalisme et Mentalités Juives : La Crise Sociale du Consistoire de Paris » (communication faite le 30 juillet 1997), XIIe Congrès Mondial des Etudes Juives, Université Hébraïque de Jérusalem, (sous presse).

SCHNAPPER D., « Mariage mixte et conversion, Le point de vue du démographe », *Les Nouveaux Cahiers* 88 (1987), pp. 48-51.

SITBON C., « Les Juifs de Sarcelles, intégration et identité », *Dispersion et Unité* 11, (1971), pp. 82-96.

TAÏEB J., « De Belleville à Créteil, les Juifs sépharades en France », *Les Nouveaux Cahiers* 87 (1986/87), pp. 65-67.

TAÏEB J., « Les Juifs du Maghreb au XIXe siècle : aperçus de démographie historique et répartition géographique », Paris, I.N.E.D., *Population* 1 (1992), pp. 85-103.

TAÏEB J. et TAPIA C., « Portrait d'une communauté », *Les Nouveaux Cahiers* 29 (1972), pp. 49-62.

TAÏEB J. et TAPIA C., « Le Judaïsme maghrébin après l'immigration des Juifs maghrébins », *Yod* 3 (1) (1978), pp. 85-97.

TAPIA C., « Vivre à Créteil ou à Belleville », *Les Nouveaux Cahiers* 43 (1975) pp. 22-29.

TAPIA C., « Vingt ans après : le judaïsme maghrébin en France » *Les Nouveaux Cahiers* 59 (1979-80), pp. 51-61.

TEDGHI J., « Yehude Maroqo ve-ha-Ṣionut » in *Yahadut Ṣarfat, ha-Ṣionut u-Medinat Isra'el*, [French Jewry, Zionism and the State of Israël], ouvrage collectif, The Ben Gourion University of the Negev, L'Institut National des Langues et Civilisations Orientales, Paris, 1992, pp. 299-321.

« Une enquête-sondage de la S.O.F.R.E.S. : Qui sont les Juifs de France ? », Agence Télégraphique Juive, Bulletin Quotidien d'Information, n° 1527, 11 février 1977, pp. 1-4.

WEINBERGER B., « The Growing Rate of Divorce in Orthodox Jewish Life », *Jewish Life* 7 (1976), pp. 9-14.

VI. Sociologie générale relative au divorce

AUBIN C. et GISSEROT H., *Les femmes en France : 1985-1995, Rapport établi par la France en vue de la quatrième conférence mondiale sur les femmes*, Paris, La Documentation Française, (Rapports pour l'O.N.U., Collection des rapports officiels), 1994, 149 p.

Bawin-Legros B., *Familles, mariage, divorce. Une sociologie des comportements familiaux contemporains,* Liège-Bruxelles, éd. Pierre Mardaga, 213 p.

Beaumel C., « Des mariages, des couples et des enfants », *I.N.S.E.E. Première* 624 (janvier 1999), 4 p.

Boigeol A., « L'image du divorce » in *Le divorce et les français,* Presses Universitaires de France, 1974, IIe partie, pp. 1-7.

Boigeol A. et Commaille J., « Divorce, milieu social et situation de la femme », *Economie et Statistique* 2 (1974), pp. 3-21.

Bozon M. et Héran F., « La découverte du conjoint. I.: Evolution et morphologie des scènes de rencontre », I.N.E.D.*Population* 6 (1987).

Bozon M. et Héran F., « L'aire de recrutement du conjoint », *Données sociales,* I.N.S.E.E., 1987.

Commailles J., « Le divorce en France. De la réforme de 1975 à la sociologie du divorce » Notes et études documentaires, 29 septembre 1978. *La Documentation Française.*

Commailles J., Festy P., *Le divorce en Europe Occidentale, La Loi et le Nombre*, Paris, I.N.E.D., 1983.

Couet C., Héran F., *Les Femmes. Portrait social*, Service du droit des femmes ; Collect. Contours et Caractères, (ouvrage collectif), I.N.S.E.E., Paris, 1995, 217 p.

Couet C. et Tamby I., *La situation démographique en 1993, Mouvement de la population*, I.N.S.E.E., 1996, 264 p.

Festy P. et Valetas M-F., « Le divorce et après », *Population et Sociétés* 215 (1987), 4 p.

Girard A., *Le choix du conjoint,* Paris, I.N.E.D/P.U.F, Travaux et Documents, Cahier n° 70, 1980 (3e éd.), 201 p.

Hill R., « Recent World Developments in Applied Family Sociology » in Actes du 4e Congrès Mondial de Sociologie, Milan-Stresa, vol. II, 8-15 septembre 1959, pp. 81-126.

Jaulerry E., « Les dissolutions d'unions en France, étudiées à partir des minutes de jugement », *Population*, numéro spécial, (1971), sous la direction de L. Roussel, I.N.E.D., pp. 143-172.

KAUFMANN J.-C., *Sociologie du Couple*, Presses Universitaires de France, 1993, 128 p.

KEIJOSSE R. et Tamby I., *La situation démographique en 1995, Mouvement de la population, I.N.S.E.E. Résultats,* I.N.S.E.E., 1997, 264 p.

KELLERHALS J. et TROUTOT P. Y., « Divorces et modèles matrimoniaux. Quelques figures pour une analyse des règles de l'échange », *Revue Française de Sociologie* 23 (1982), pp. 195-222.

LAUNAY C., Mariages 1994, « La nuptialité à son niveau le plus bas, avant une reprise ? » *I.N.S.E.E. Première* 438 (mars 1996), 4 p.

LÉVY M. L., « Divorces et divorcés », *Populations et Sociétés* 144, (1981), I.N.E.D. 3 p.

MUNOZ-PEREZ B. et RONDEAU-RIVIER M.-C., « Une nouvelle phase pour le divorce », *Données sociales* 1990, I.N.S.E.E., pp. 297-299.

ROUSSEL L., *Le mariage dans la société française*, I.N.E.D/P.U.F, Travaux et Documents, Cahier n° 73, 1975, 407 p.

ROUSSEL L, « Mariages et divorces. Contribution à une analyse systématique des modèles matrimoniaux », *Population* 6 (1980), pp. 1025-1039.

ROUSSEL L., « Du pluralisme des modèles familiaux dans les sociétés post-industrielles » in *Familles d'aujourd'hui*, Actes du colloque de l'A.I.D.E.L.F., Genève, Paris I.N.E.D., 1986, pp. 143-152.

SARDON J.-P., « Evolution de la nuptialité et de la divortialité en Europe depuis la fin des années 1960 », *Population* 3 (1986), pp. 463-481.

SEGALEN M., *Sociologie de la famille,* Paris, Armand Colin, 1981, 283 p.

SINGLY F. de, « Mobilité féminine par le mariage et dot scolaire » *Economie et Statistique* 91 (1977), pp. 33-34.

SINGLY F. de, « Le mariage informel », *Recherches Sociologiques* 22 (1) (1981), Université Catholique de Louvain, pp. 61-90.

SINGLY F. de, *Fortune et infortune de la femme mariée,* Paris, P.U.F., 1986.

SINGLY F. de, « Théorie critique de l'homogamie », in *Année Sociologique* 37 (1987), pp. 181-205.

SINGLY F. de, *Sociologie de la famille contemporaine*, Paris, Nathan, 1993.

THÈVENOT A., *Les femmes dans le divorce en France aujourd'hui (étude psychologique)*, Université Louis Pasteur, Strasbourg, (thèse de doctorat), 1993.

Vital Statistics of the United States Annual, Monthly Vital Statistics Report, U. S. National Center for Health Statistics of the United States, 1994.

Les Femmes en Ile-de-France, faits et chiffres, I.N.S.E.E. et délégation régionale aux droits des femmes d'Ile-de-France, 1995, 191 p.

Recensement de la population de 1990. Ménages-familles, Résultats du sondage au quart, *Insee Résultats* 227-228 (1992), 200 p.

VII. Ouvrages sur les Juifs et le droit

BERG R. et URBAH-BORNSTEIN M., *Les Juifs devant le droit français*, Paris, « Collection Franco-Judaïca », Les Belles-Lettres, 1984, 282 p.

BULZ E., *Le divorce en droit rabbinique dans ses rapports avec le droit laïque moderne*, La Chaux-de-Fonds, Imprimerie Coopérative, 1954, 144 p.

CHOURAQUI A., *La condition juridique de l'Israélite marocain*, Paris, Presses du Livre français, 1956, 289 p.

CHOURAQUI J. M., « La loi du royaume est la loi » : Les rabbins, la politique et l'Etat en France (1807-1905), *Pardès* 2 (1985), pp. 57-79.

CHOURAQUI J. M., « La loi de l'Etat est la Loi : Compréhension et implications d'un principe talmudique après l'Emancipation » *in Politique et Religion dans le Judaïsme moderne des communautés à l'Emancipation,* Textes réunis par Daniel Tollet (Actes du colloque tenu en Sorbonne les 18-19 novembre 1986), Paris, Presses de l'Université de Paris-Sorbonne.

KADOUCH L., *Divorce juif et tribunaux civils français, solutions les plus récentes de jurisprudence et de doctrine*, Paris, Librairie Lipshutz, 1935, 172 p.

KLEIN C., *Le Droit Israélien*, Presses Universitaires de France, 1990, 128 p.

LÉVY R., *Le divorce juif et les conflits de loi qu'il peut engendrer*, Paris, 1929, 187 p.

SMILEVITCH E., «Halakhah et code civil. Questions sur le Grand Sanhédrin de Napoléon», *Pardès* 3 (1986), pp. 9-28.

VALENSI A., *L'application de la loi du divorce en France. Tendance générale de la jurisprudence, résultats sociaux, projets de réforme.* Larose et Ténin, 1905, 344 p.

Kolibri 360 GmbH
Ferdinand-Jühlke-Straße 7
99095 Erfurt, Deutschland
produktsicherheit@kolibri360.de